国家社科基金重大项目"东亚国家书院文献整理与研究"
阶段性成果
湖南大学岳麓书院发展基金资助项目

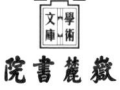

嶽麓書院 學術文庫

明代书院讲会研究

邓洪波 著

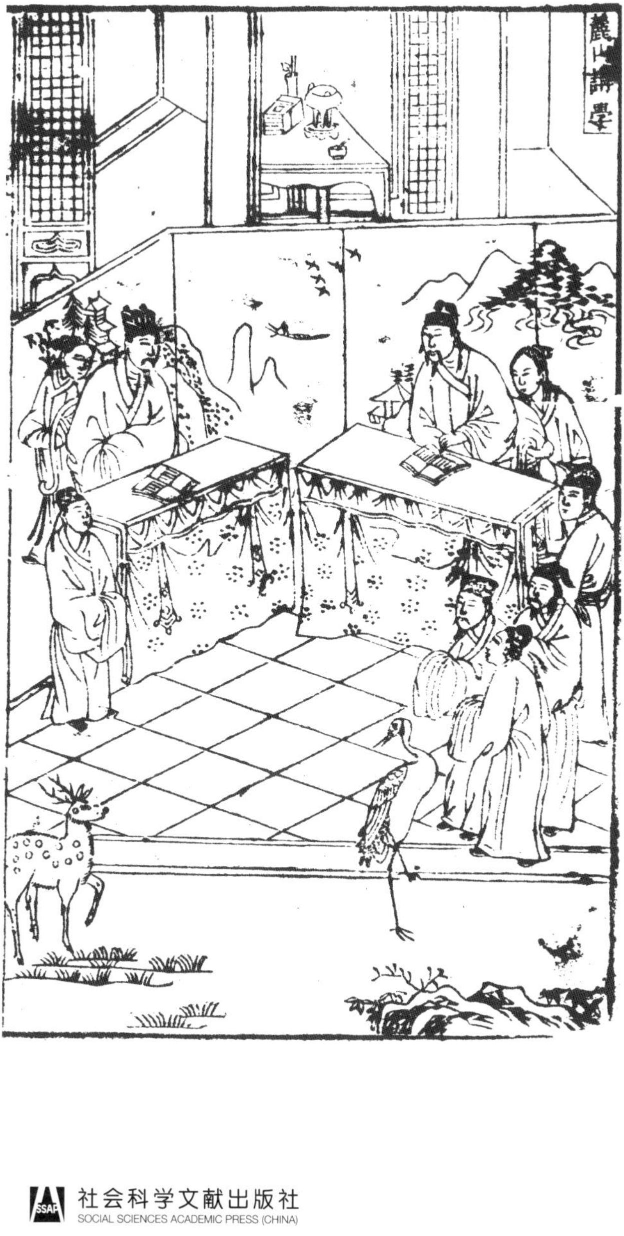

社会科学文献出版社
SOCIAL SCIENCES ACADEMIC PRESS (CHINA)

目　录

绪　论 …………………………………………………… 001
第一章　从沉寂到复兴：王、湛之学与书院讲会 ………… 030
　第一节　高压之下：集权统治下的明代前期书院 ……… 031
　第二节　王、湛的书院实践活动 ………………………… 047
　第三节　王、湛的书院观与书院讲会的复兴 …………… 057

第二章　随地举会，归之书院：讲会之发展趋势 ………… 068
　第一节　随地举会，联友共学 …………………………… 070
　第二节　会无定所，归之书院 …………………………… 080
　第三节　书院何以成为会所 ……………………………… 088

第三章　学术型讲会：学术组织的学术活动 ……………… 093
　第一节　会讲与讲会：活动与组织之间 ………………… 095
　第二节　学会、会学及其他 ……………………………… 111

第四章　教学型讲会：书院的日常教学活动 ……………… 118
　第一节　会文、会课：书院的考试活动 ………………… 119
　第二节　科举之会与科举之学 …………………………… 123
　第三节　科举之会的取向 ………………………………… 131

第四节　经学、史学、理学、文词、典故之会………… 135
　　第五节　舫课：西子湖的风雅盛会………………………… 137

第五章　教化型讲会：书院与儒学诠释的平民化………… 143
　　第一节　面向平民：书院发展的新动向…………………… 144
　　第二节　王、湛首开儒学平民化之先机…………………… 153
　　第三节　泰州学派的"百姓日用之学"……………………… 158
　　第四节　其他书院的平民化讲学…………………………… 165

第六章　地域讲会：各地书院之会实录…………………… 175
　　第一节　江右惜阴会………………………………………… 176
　　第二节　南直隶的三个会圈………………………………… 193
　　第三节　浙中王门书院讲学会……………………………… 212
　　第四节　其他地区的书院讲会……………………………… 220

第七章　由讲会而社团：天下东林讲学书院……………… 229
　　第一节　天下东林讲学书院概说…………………………… 231
　　第二节　东林书院的重建及其重构学统的讲学活动……… 237
　　第三节　社团与政治：东林开创的书院新传统…………… 245
　　第四节　东林之继：首善书院……………………………… 253

第八章　讲会的劫难：明季三毁书院……………………… 262
　　第一节　嘉靖之毁：矛头直指王、湛讲学………………… 263
　　第二节　万历之毁：张居正痛恨讲学……………………… 269
　　第三节　天启之毁：魏忠贤残害东林……………………… 281
　　第四节　禁毁笼罩下的明季书院…………………………… 293

结语 明代书院讲学的特点 ·· 297
 一 以讲为学，以会为学 ·· 297
 二 轮会与联属大会 ·· 305

附 录 ·· 322
 附录表1 明代书院统计 ·· 322
 附录表2 明代书院分省统计 ·· 323
 附录表3 明代书院分朝统计 ·· 324
 附录图1 明代书院发展轨迹参考Ⅰ ································ 325
 附录图2 明代书院发展轨迹参考Ⅱ ································ 326

参考文献 ·· 327

后 记 ·· 344

图表目录

图 3.1 明刊宋代岳麓书院朱张会讲图 …………… 098
图 8.1 王国光《司铨奏草》书影 …………… 272
图 8.2 明刊批评张居正毁书院的《白鹿洞示诸生》诗碑
…………… 280
表 3.1 明代讲会一词属性统计 …………… 110
表 4.1 书院教学之会情况一览 …………… 131
表 4.2 弘道书院课程与教材 …………… 134
表 8.1 万历禁毁书院情况一览 …………… 277
表 8.2 天启禁毁书院情况一览 …………… 290
表 9.1 明代新安六邑大会还古书院会纪一览 …………… 311

绪　论

一　研究的意义

书院是中国士人围绕着书，开展包括藏书、读书、教书、讲书、修书、著书、刻书等各种活动，进行文化积累、研究、创造与传播的文化教育组织。由唐而历五代、宋、元、明、清，经过1200余年的发展，书院得以遍布除今西藏之外的全国所有省区，数量至少有7000所，成为读书人文化教育生活不可或缺的组成部分。它为中国教育、学术、文化、出版、藏书等事业的发展，对学风士气、民俗风情的培植，国民思维习惯、伦常观念的养成等都做出了重大贡献。明代开始，它又走出国门，传到朝鲜、日本、印度尼西亚、新加坡、马来西亚等东亚、东南亚各国，甚至意大利那不勒斯、美国旧金山等欧美地区，为中华文明的传播和当地文化的发展做出了贡献。近代以来，因为新学、西学的加盟，它又成为沟通中西文化的桥梁。而1901年光绪皇帝的一纸诏令，将全国书院改为大、中、小三级学堂，更使它由古代迈向近现代，得以贯通中国文化教育的血脉。

在书院千余年的发展史上，明代承先启后，地位十分重要。虽然，书院因为明初罢书院而置官学，并以官学结合科举制度推行程朱理学，而有过近百年的沉寂，但在和王守仁、湛若水之心学结合以后，书院冲决长久压抑的力量，造就了一场倾动朝野的思想解放运动。于是，远远景从，讲会相连，书院再度辉煌，得到了突飞猛进的大发展。20世纪90年代有两次全国性的统计，有明一代创建兴复书院总数，分别是1962所、1699所，① 其数超过此前唐宋以降历代书院的总和，这是前所未有的盛局。随后的一些分省统计，数量多有超溢。可见明代书院的总数在2000所以上。其分布，总体上是从先进发达地区向边远落后地区推进，读书种子已经撒向神州边陲和发达省份的穷野之地，这标志着书院的发展进入了成熟的繁荣阶段。② 此外，乘学术辉煌之势的读书人，结成诸多学派，不仅涉足地方文化建设，在民间规范百姓，移风易俗，使书院具有了平民化特色，而且以同志相尚，品评人物，讽议朝政，使书院又具有了社团化、政治化的倾向。

"联讲会，立书院，相望于远近"，是明代书院生存状态最真实的写照，而讲会则是明代书院最显著的特点。何谓讲会？"明代数建书院，诸生肄举子业于其中者，实繁有徒，谓之课艺；其坐皋比，主讲席，诸学者环列以听，乃谓之讲会。"③ 以书院"课艺"为对应坐标系来定义"讲会"，这是清初讲学名家施璜在为紫阳书院作《会纪》按语时，所使用的方法及得出的一个结论，其基本要素是皋比讲席与学者环听，所指则为书院"课士之外"的"开讲"。而明代实际的情形要复杂得多，讲会和会讲、讲学会、会、学会、会学、开讲

---

① 参见本书附录表1、附录表2。
② 参见本书附录图1。
③ 施璜：《紫阳书院志》卷一六《会纪》，康熙刊本。

绪　论

之会等词经常混换互用，其义交错重叠，甚至训释互通，你中有我，我中有你，常常难以厘清。以上各词，就使用频率而言，"讲会"并不是最常见的，单字词"会"因其构词灵活方便，成为当年学者的最爱。而"会所以讲学明道也"，会之核心是讲学以明道。质此之故，后世学者多称讲会，且往往与讲学并列。久而久之，讲会与讲学又成混用之势。有鉴于此，本书根据明代的实际情况，取讲会之广义而叙事，执拥皋比讲席而环听之要素，关注各种名目之讲学、讲会、会讲、学会、会学。

在现实生活中，讲会源出于教学教育，又与学术、文化、政治、地方社会等关系紧密，诚如《明史》所说：

> 正、嘉之际，王守仁聚徒于军旅之中，徐阶讲学于端揆之日，流风所被，倾动朝野。于是搢绅之士，遗佚之老，联讲会，立书院，相望于远近。而名高速谤，气盛招尤，物议横生，党祸继作，乃至众射之的，咸指东林。[①]

而作为亲历者，万历学人沈德符的描绘更纷繁且耐人寻味，其称：

> 书院之设，昉于宋之金山、徂徕及白鹿洞，本朝旧无额设明例。自武宗朝王新建以良知之学行江浙两广间，而罗念庵、唐荆川诸公继之。于是东南景附，书院顿盛，虽世宗力禁，而终不能止。嘉靖末年，徐华亭以首揆为主

[①] 《明史》卷二三一《叶茂才传》，中华书局，1974，第6053页。

盟，一时趋鹜〔骛〕者人人自托吾道，凡抚台莅镇，必立书院，以鸠集生徒，冀当路见知。其后间有他故，驻节其中，于是三吴间，竟呼书院为中丞行台矣。今上初政，江陵公痛恨讲学，立意蕲抑，适常州知府施观民，以造书院科敛见纠，遂遍行天下折毁，其咸令之行，峻于世庙。江陵败而建白者力攻，亦以此为权相大罪之一，请尽行修复。当事者以祖制所无折之，其议不果行。近年理学再盛，争以皋比相高，书院事兴，不减往日。李见罗在郧阳，遂折参将衙门改造，几为武夫所杀，于是人稍有戒心矣。至于林下诸君子，相与切磋讲习，各立塾舍名书院者，又不入此例也。当正德间，书院遍宇内，宸濠建阳春书院于南昌，以刘养正为讲学盟主，招致四方游士，求李梦阳为之记。张璁尚为乡贡士，亦立罗山书院于其乡，聚徒讲学，其不自揆类此。①

忽略叙事者立场，透过良知之学、朝野之倾、世宗之禁、江陵之恨、权相之罪、理学之盛、武人之杀，以及中丞行台、宸濠书院、乡贡书院、东林党祸、讲学盟主、东南景附、纠集生徒等，我们可以看到书院讲会已经和学术流变、政治清浊、教育事业，乃至士气民风等都有既深且久的联系，其间之交相影响，交织盘结，实已构成一幅反映明代社会繁复景象的画卷。由此切入，对明代书院讲会及其相关联的各个方面进行系统而全面的研究，对于了解明代社会之教育、学术、文化、政治，乃至风俗民情，都将是一件极有意义的工作。

---

① 沈德符：《万历野获编》卷二四《畿辅》"书院"条，中华书局，1959，第608页。

二　研究现状

国内有关书院讲会的研究，始于20世纪20年代，由胡适开其端，至今已有百余年的历史。约略而言，大体上可分为三个阶段。第一阶段为20—30年代。在30年代引起学术界重视，以吴贤景、钱穆、谢国桢三位先生为代表，开创出以书院史、学术思想史、社会史为重心的三个研究范式。第二阶段为40—80年代，研究几乎中断。直到80年代，随着《古代书院的讲会制度》[①]《朱张岳麓会讲考略》[②]《关于讲会与会讲的答问》[③]《东林书院和东林党》[④] 等文章的发表，这种情况才得以改变。80年代的研究虽多有开拓进取，但从总体上看，尚属续继前贤之绝绪，并未超越30年代的水平，只能算是重新出发。20世纪90年代至今为第三阶段。随着资料的不断发掘整理，研究不断深入，书院史、社会文化史、学术思想史、政治史视角的研究不断取得标志性的成果。从中我们看到了超越前行的迹象。兹以第一、第三阶段为主，将主要的成果与观点述评如下。

1924年2月，胡适先生在南京东南大学发表《书院制史

[①] 王炳照：《古代书院的讲会制度》，《光明日报》1983年8月26日。王先生此文源出于其参与编写的《中国古代的书院制度》（上海教育出版社，1981，下称《制度》）第六章第四节，而此节则标明，乃参考吴景贤成果成文。另外，《制度》一书，还有东林书院、明末四毁书院等章节涉及相关的内容。此书是国内重启书院研究以来第二本书院类著作，也是最早最全面涉及书院讲会及相关问题的著作。

[②] 杨金鑫：《朱张岳麓会讲考略》，《岳麓书院通讯》1984年第2期。

[③] 李才栋：《关于讲会与会讲的答问》，《教育参考》，1986。此刊由江西教育学院印行，所传范围有限，外界知之甚少，有关观点系20世纪90年代成果介绍。

[④] 瞿东林：《东林书院和东林党》，《文史知识》1984年第11期。

略》的演讲，指出古代书院为"国内最高学府和思想渊源"，"与现今教育界所提倡的道尔顿制精神大概相同"。"书院之废，实在是吾中国一大不幸事"，因为它使得"一千年来学者自动的研究精神，将不复现于今日"。① 当日演讲分书院的历史与书院的精神两节。在历史部分，他将明代书院分为会讲式、考课式两类，其"会讲式的书院"称：

> 会讲式的书院，起自明朝，如无锡东林书院，每月订有开会时间，开会之先，由书院散发请帖，开会时由山长讲一段，讲毕，令学生自由讨论，各抒己见，互相切磋，终以茶点散会。②

在第二节，他将书院精神总结为代表时代精神、讲学与议政、自修与研究三条，兹将讲学与议政引录如下：

> 书院既为讲学的地方，但有时亦为议政的机关。为古时没有正式代表民意的机关，有之，仅有书院可以代行职权了。汉朝的太学生，宋朝朱子一派的学者，其干涉国家政治之气焰，盛极一时，以致在宋朝时候，政府立党籍碑，禁朱子一派应试，并不准起复为官。明朝太监专政，乃有无锡东林书院学者出面干涉，鼓吹建议，声势极张，此派在京师亦设有书院，如国家政令有不合意者，彼辈虽赴汤蹈火，尚仗义执言，以致为宵小所忌，多方倾害，死者亦多，政府并名之曰"东林党"。然而前者死后者继，

---

① 胡适：《书院制史略》，《东方杂志》第21卷第3期，1924年2月10日。
② 胡适：《书院制史略》，《东方杂志》第21卷第3期，1924年2月10日。

绪 论

其制造舆论,干涉朝政,固不减于昔日。于此可知,书院亦可代表古时候议政的精神,不仅为讲学之地了。①

胡先生以其固有的激情倡导民主、自由,其寄托于书院之会讲制度和讲学议政之精神,实则开示出书院讲会研究的两个方向。

吴景贤先生当为讲会研究之第一人。1934年9月他发表《紫阳书院沿革考》,②其中第四章为"紫阳讲会之研究",分讲会之沿革、讲会之规约、讲会之状况、讲会中之祠祀等四节,凡25个小节,洋洋万余言,对讲会与书院之关系、讲会之精神、讲会原始及其成立、紫阳规约之种类、讲会宗旨、讲会组织、讲会日期、讲会仪式、讲会材料、举会位次、课艺日录、会日供给、会友戒条、讲会与祠祀之关系,以及祠祀之意义、对象、仪式、祭器、祭品,等等,皆有论述。虽然仅以徽州府属紫阳书院一例来探讨讲会制度,尤其是紫阳之会属朱学阵营而并非当年王学主流讲会,其所得结论似有以偏概全之嫌,但吴先生依据文本,言必有据,其所做解剖麻雀式研究而得之观点,至今仍富有启发意义。如称"讲会之组织实施,实由于王、湛倡导之结果","讲会与书院之关系,在形式上,似为若即若离,甚可视为两种团体。然在实际上,讲会实为书院官学化后,学者借以自由传嬗学术思想之团体,亦可谓为书院堕落后,讲学精神之寄托"。又如:"讲会之精神,约有二端:一为研究学术之自由,二为讲习方式之合理。""如此自由研究,辨证讨论,实为当时教育中心之一大特色。"又如,

---

① 胡适:《书院制史略》,《东方杂志》第21卷第3期,1924年2月10日。
② 吴景贤:《紫阳书院沿革考》,《学风》第4卷第9期,1934年9月。以下引文皆出于此,不再标注。

指当时书院"课艺"之外之"坐皋比,主讲席,学者环列以听"之讲会,"仅为院内生员之课外活动,与后世之讲会性质仍有不同。后世所谓之讲会,虽在书院中举行,但其范围,则每出于书院之外。且其举行地点,亦不限定某一书院。惟其所讲论者,则时有一定之中心"。总之,他认为讲会为书院中的另一种组织,是书院之灵魂所在,兹将其文引录如下,以供参考:

> 书院中另有一种组织,与书院有连带关系,而复自成系统,对于学风之传播,为力至大,斯为"讲会"。会中有严密之组织,会时有固定之仪式,会友有共信之宗旨。厘而订之,各为"讲规"或"会约",是即讲会之章程。此种讲会讲规,在教育上学术上,均有极大之意义。今日之学者,研究学问,往往聚集同志多人,有所谓"学会"之组织者,似亦滥觞于此。是故,此种讲会,在当时可谓书院之灵魂,传播学术思想之有效方法,在今日仍不失其存在价值。

另一位研究讲会而有心得的学者是钱穆先生。1939年,抗战军兴,他以缔造新国民之宏愿而著《国史大纲》,在"社会自由讲学之再兴起"的标题下,将书院、讲会置于宋元明三代学术发展的大背景下考察。他将宋明讲学分成学校、学会两条路径,而将书院、讲会分置于两途,认为自私人寺庙读书、书院、州学、太学为一线,属于学校,形于讲堂,"惟政治上不上轨道,此线之进展即告终止"。而学会一线,实属私人讲学之传统,原本"为学校之变相",经二程、朱陆、王阳明及其弟子三期演变而至讲会,"完全脱离学校气味,变成纯粹之社会公开演讲与集会研究性质","讲学家可以不必顾到学校教育之种种方便，只在几次谈话中收作兴人才之效"。因而，"此种讲学，传播极快"，"社会学风逐步扩大，逐步普及，而此线之进展，亦逐步膨胀"。质此之故，"学校教育，渐渐转移变成社会教育，于是乃有所谓'讲会'之兴起"。正是在这样的知识背景下，他提出了自己对讲会的看法。其称：

> 讲会与以前讲堂精神又不同。讲会其先原于阳明之"惜阴会"，阳明弟子如王龙溪、钱绪山诸人，推行尤力（于是泾县有水西会，宁国有同善会，江阴有君山会，贵池有光岳会，太平有九龙会，广德有复初会，江北有南谯精舍，新安有程氏庙会等）。讲会有一定之会场、会期、会籍、会约、会主，所讲论之记录为"会语"等。以前讲堂是学者相集从师，讲会则由会中延请讲者。所请不止一人。会每年可举，每举旬日或半月。会所往往借祠堂或寺庙，会毕则主讲者又转至他所。如是轮番赴会，其事较前之讲堂，又为活泼展扩。如泰州心斋讲堂，则实近于讲会。盖渐次脱离书院性质，而近于社会演讲矣。①

1947年，钱先生发表《王门之讲会》，指出明代王门讲会是一种社会运动，且讲会之制与乡约、书院有关，其后则又演变为晚明之文人结社，实则点明了书院讲会与乡约、结社之间的关系。②

可以看出，在认同讲会自由精神这一点上，吴、钱二先生

---

① 钱穆：《国史大纲》（修订本），商务印书馆，1996，第805—806页。以上引文皆出于此。
② 钱穆：《王门之讲会》，见《钱宾四先生全集》第21册，联经出版公司，1998，第393—397页。

虽然表述略异，或谓自由研究，或谓讲学自由，但其实则一；而在处理书院与讲会的关系上，却是大不相同。吴先生认为讲会生于书院，虽每外出于书院，但实则是书院之灵魂。钱先生称讲会"渐次脱离书院性质，而近于社会演讲"，表明他已经注意到了二者之间的联系，但格于讲堂、讲会的对应区分，从一开始他就将书院和讲会区隔于取向不同的学校与学会二途。若此二途并行而又有联系，似乎自相矛盾。

如果说吴、钱二先生分别从书院史、学术思想史的视角开创了书院讲会研究的两个范式的话，那么谢国桢先生《明清之际党社运动考》中有关东林书院、首善书院与东林党的讨论，则为我们提供了由社会史研究切入来研讨讲会及其政治功用的范例。谢先生此书初成于"九一八"事变后他从日本归来的1931年，1934年出版，其谓"明亡虽由于党争，可是吾国民族不挠的精神却表现于结社"，因成此书，"以唤起民族之精神"。① 书中有几个观点，值得引起注意。一是指东林为党，且认为"东林这个名称本来是三党代为加上去的，但东林党实在有它的组织"。二是将东林党党人人格与党之本身分开评价，称"我们不能不佩服东林党人人格的坦白和直率，因为他们全是一伙书呆子，实在是太老实了"。② "但东林太存意气，在形如累卵的时局，他们还要闹家务，还存门户之见，置国是于不问，这也太不像话了"。③ 至于其由东林书院修复，到顾、高讲学志在世道，不尚空谈；由书院论学讲收天下之善而精神充满天下，到成为抱道忤时之士大夫、退居林下之官僚的大本营；由援救

---

① 谢国桢：《明清之际党社运动考》，上海书店出版社，2006，"自序"，第1页。
② 谢国桢：《明清之际党社运动考》，第45页。
③ 谢国桢：《明清之际党社运动考》，第5页。

| 绪 论 |

淮抚李三才而终至成党之社会史学方法的描述等,都值得借鉴。

20世纪90年代以来的成果,最先出自书院史研究领域。除了一些单篇论文之外,[①] 标志性的成果是李才栋先生《江西古代书院研究》、李国钧先生主编《中国书院史》中的相关讨论。李才栋先生在书中用三节48页的篇幅,对江西宋明著名的讲会、讲会式书院、泰州学派的书院与讲会、万历天启禁书院讲学等诸多问题进行研究之后,得出了三点结论:

(一)"讲会"与"会讲"两辞虽常有人混用,但实非相同概念而各有涵义。"会讲"系学术聚会、学术讨论或会同讲学等活动。而"讲会"乃学术组织、学术团体,故有"联讲会"之说。

(二)有人以为"讲会"与"会讲"之别,以是否有不同学术观点的争论来区分。此说不妥。正如明代吕楠说:"不同乃所以讲学,既同矣,又安用讲耶!"讲会或会讲都包含着各种各样的学术争论和讨论。

(三)"讲会"在宋代有,明清亦有。宋代有"会讲",明清亦有。[②]

[①] 如刘少雪《明代讲会与教化》,讨论讲会的历史演变,将讲会分成宣讲式、会馆式、书院式三种类型,指书院讲会尽管设于院内,其实仍然是一种独立的教育组织形式(《华东师范大学学报》1995年第3期)。又如王珽、吕思为《书院讲会的历史沿革及其启示》,由书院讲会而谈其对现代研究生教育的启发,认为研究生学术交流的制度化、学术交流与社会现实相结合两方面,可以从中找到借鉴(《交通高教研究》2004年第6期)。赵子富《明代的书院》,将明代书院分成讲会式书院、精艺式书院两种类型,从选址、招生、讲习内容、讲习方式、讲学主旨,以及与官府关系等几个方面介绍了讲会式书院的特点,值得关注(《中国文化研究》1996年夏之卷)。

[②] 李才栋:《江西古代书院研究》,江西教育出版社,1993,第318—319页。

李先生对此非常看重，视为最重要的研究成果，后来曾数度撰文申说，① 与同道展开争鸣，并将其收入文集《中国书院研究》。② 需要指出的是，李先生的观点，受到了研究江右王学与明代中后期江西教育的吴宣德先生的质疑，认为讲会和会讲之间，并没有一个非常明确的界线。③

李国钧先生主编的《中国书院史》第十二章第五节"明代书院与讲会"，讨论讲会的宗旨、组织、日期、仪式、程序、材料、会录、后勤供给等问题，④ 由李先生的学生柳光敏兄执笔。⑤ 其布局谋篇虽明显受吴景贤先生影响，但取材于稽山、水西、赤山、证人、共学、东林诸书院讲会，多有拓展，而且提出了讲会书院的概念，指其为书院教育发展的一个重要成就，值得借鉴。

除此之外，《中国书院辞典》中的有关词条，作为对一个时期研究成果的总结，亦值得引述如下：

    会讲 与书院教学、学术活动相联系的聚会。宋陈宓《流芳桥志》云：张琚、罗思、姚鹿卿、张绍燕、李燔、

---

① 李才栋：《关于书院讲会与会讲的再答问》，《教育史研究》1997年第4期；《关于书院刻书与讲会等问题的一封信》，《教育史研究》2001年第2期；《关于书院讲会的几个问题》，《中国书院》第4辑，湖南教育出版社，2002。
② 李才栋：《中国书院研究》，江西高校出版社，2005，第111—120页。
③ 吴宣德：《江右王学与明中后期江西的书院和讲会》，见《江右王学与明中后期江西教育发展》，江西教育出版社，1996，第266—326页；《讲会定义献疑》，《教育史研究》2001年第4期。
④ 李国钧主编《中国书院史》，湖南教育出版社，1994，第584—593页。
⑤ 柳光敏后以《明代书院发展史研究》一文申请博士学位，文中第五章为"书院的管理与明代讲会制度"，分为明代讲会的兴起、讲会实施以道德教育为目的的规戒管理、讲会实施以学术讲论为目的的组织管理、对清代书院管理的影响等四节，从管理的视角来讨论讲会制度，多有创获。

胡泳、缪惟一"会讲洞学毕"。明代胡居仁首开会讲,迄清,形式不一,既有书院讲会中的会讲,亦有书院外进行的会讲;既有定期举行的会讲,亦有随时相约的会讲。

讲会 又称联讲会。一种与书院教学、学术活动相联系的学术组织。开展活动时,一般均有特定课题,或有关读书、问难、规劝等具体内容。据讲会规约,规定时间、地点、主持人等。宋淳熙六年(1179)朱熹曾以《白鹿讲会次卜文韵》赋诗;明代以胡居仁倡办较早,至明中叶后,渐及南北,规矩亦趋邃密,如惜阴会、青原会、紫阳会、东林会等。①

社会史方面,文社及会社等方面的研究,多少涉及书院讲会。徐林先生《明代中晚期江南士人社会交往研究》就注意到了以书院为基地的士人的游历与讲学,是一种跨越地区性和超越身份地位甚至阶层的社会交往,它使得士人"在交流学问中扩大了社会交往面","加强了士人之间的联系,也促进了士人文化创造"。②陈宝良先生的《中国的社与会》一书,提到了两种文化生活型会社,即文人的诗社,学者的讲学会,认为讲学会大盛于正德以降,至清渐衰,而晚清又有新式学会的产生。③何宗美先生的《明末清初文人结社研究》,对书院讲学和文人结社、讲会之兴与文人结社十分关注,认为"明代书院在时期和地域分布以及活动方式上与文人结社有着一致的地方","衡量某地文化在明代是否繁荣的两个重要因

---

① 季啸风主编《中国书院辞典》,浙江教育出版社,1996,第698、700页。
② 徐林:《明代中晚期江南士人社会交往研究》,上海古籍出版社,2006,第59—64页。
③ 陈宝良:《中国的社与会》,浙江人民出版社,1996,第307—312页。

素，一是书院多少，讲学风气如何，二是文人结社是否活跃"。而讲会和结社合一，"是讲会社团化之体现"，它表明"一个志同道合的友人群体而非传道授业的师生群体"的形成。① 这些对我们理解书院讲会之特点，多有启发。兰军的《联讲会，立书院：浙江阳明学讲会研究》，② 主要以个案研究为例，探讨了浙江绍兴、杭州、金华等地的"阳明学"讲会，揭示了王学士人群体通过书院讲会在浙江广泛传播阳明学说的动态过程。兰文亦以浙江书院为线索，考察了阳明学在浙江传播的过程中与地方社会的互动，如与寺庙、赋役改革的关系等。

曹晔《明代的理学讲会与地方礼教——以绍兴府为中心的考察》一文，③ 以明代的绍兴府为研究对象，揭示了明代理学士人群体在其地讲学活动的运行实态，及其社会影响。曹文认为，明代的绍兴讲会主要有季本倡导的"蓬莱会"，以在任官员为主导力量的"书院讲会"，以周汝登、陶望龄等为了祭祀王阳明的"证修社"，以刘宗周、周汝登为组织核心，并力揭"致良知"之学的"证人社"四种存在形态。研究表明，这四种讲会，均有着严密的组织化管理，并通过制定严格的会讲"条约"，来指导、约束会讲士人的活动。在以"证人社"作为精细分析对象的基础上，曹文最后指出，绍兴府的这些会

---

① 何宗美：《明末清初文人结社研究》，南开大学出版社，2003，第61—62、115、123—125页。而其续作《明末清初文人结社研究续编》（中华书局，2006），对东林、复社人物关系之考证，也能给我们提供不少讲会资料的线索。

② 兰军：《联讲会，立书院：浙江阳明学讲会研究》，博士学位论文，湖南大学，2017。

③ 曹晔：《明代的理学讲会与地方礼教——以绍兴府为中心的考察》，《中国文化研究》2019年第4期。

绪 论

讲活动将儒家礼仪向基层渗透的工夫推向纵深。在这个过程中,不仅形塑并加深了在地士人对儒士群体的自我身份认同,亦广泛地促进了地方教化工作的开展。曹文对绍兴讲会"条约"类史料的文本考察方式,亦为笔者的研究提供了较有价值的资料参照。俞舒悦《明代书院讲会的平民化传播研究》一文,[1] 主要从社会传播的角度讨论了明代书院讲会的社会影响。俞文认为,书院讲会通过士人群体将"百姓日用之学"的宣讲口语化、仪式简单化的"平民化"传播,为社会各阶层间的交流提供了新的交往方式,推动了晚明文化思潮的发展,让基层社会的平均素质得到了提高。然而,需要指出的是,俞文重在广泛论述明代书院讲会的社会影响,对区域性的书院讲会及其组织、运行等情况,则缺乏考察与分析,无法较为深入地揭示明代书院讲会的前因后果。

由社会文化史视角切入,研究明代讲会和学术思想、地方文化之间的互动关系,是最近廿余年兴起并值得特别注意的动向,最具标志性的代表人物是中国台湾的吕妙芬先生。自1998年起,她先后发表了《阳明讲学会》[2]《圣学教化的吊诡:对晚明阳明讲学的一些观察》[3]《阳明学派的构建与发展》[4]《阳明学者的讲会与友论》[5]《明代宁国府的阳明讲会活动》[6]《明代

---

[1] 俞舒悦:《明代书院讲会的平民化传播研究》,硕士学位论文,广西大学,2019。
[2] 吕妙芬:《阳明讲学会》,《新史学》第9卷第2期,1998。
[3] 吕妙芬:《圣学教化的吊诡:对晚明阳明讲学的一些观察》,《近代史研究所集刊》第30期,1998。
[4] 吕妙芬:《阳明学派的构建与发展》,《清华学报》新29卷第2期,1999。
[5] 吕妙芬:《阳明学者的讲会与友论》,《汉学研究》第17卷第1期。
[6] 吕妙芬:《明代宁国府的阳明讲会活动》,《新史学》第12卷第1期,2001。

吉安府的阳明讲会活动》[1]《晚明江右阳明学者的地域认同与讲学风格》[2] 等系列论文，并于 2003 年 4 月以《阳明学士人社群：历史、思想与实践》为题出版。[3] 该书收入上述所有论文的内容，并做了修订补充，分上下两部凡九章。上部五章，讨论学派与讲会的关系，并以吉安、宁国二府及浙中地区的王学讲会活动为例，展现其共同成长的历史。下部四章，从思想与实践两个层面探讨讲会对学派定位与成长、讲学同志的联属与凝聚、圣学教化的施行、地域文化的认同等所做的贡献，意在提升思想和总结规律。书中有几个重要的观点，更值得引述，一是关于讲会及阳明讲会的定义，其称：

> 何谓讲会，广泛地说，讲会就是讲学的聚会。但是明代的讲学聚会有许多种形式，例如书院中日常的讲学，朋友们不定期地交游、相晤问学的聚会，教化地方大众、类似乡约的社会讲学，以及地方缙绅士子们组成的定期讲学活动等。……所谓的阳明讲会，可以说是指一种始于明代中期，由乡绅士子们集结组成，以阳明学为主导且兼具学术与道德修养目的的定期聚会。这样的界说，也大略勾勒出阳明讲会的成员、地域、时间和内容。[4]

因此，她在书中依讲会成员、举会时间、举会地点、活动的形

---

[1] 吕妙芬：《明代吉安府的阳明讲会活动》，《近代史研究所集刊》第 35 期，2001。
[2] 吕妙芬：《晚明江右阳明学者的地域认同与讲学风格》，《台大文史哲学报》第 56 期，2002。
[3] 吕妙芬：《阳明学士人社群：历史、思想与实践》，"中研院"近代史研究所，2003。
[4] 吕妙芬：《阳明学士人社群：历史、思想与实践》，第 73—75 页。

| 绪 论 |

式与内容四个方面展开对阳明讲会的讨论。

二是关于讲会和书院的关系。她在承认"讲会和书院关系密切"的同时,又主张不应该将讲会视为隶属于书院内的活动,其称:

> 讲会与书院关系密切,虽然讲会经常利用书院举行,但是从上文的分析,讲会是地方乡绅士子的学术交友活动,又常假佛寺或道观举行,并不完全等于书院内的讲学或会讲,不应该将之视为隶属于书院内的活动。……从明代阳明讲会和阳明书院修建的关系看来,讲会常是书院的前身,即因着讲会兴盛之后,会友大增,原有建筑已不敷使用,此时会友和地方官深感需要一个可供固定会讲的会所,故兴修旧书院或增建新书院。由此我们可以说讲会不仅不是书院复兴后才提倡的活动,相反的,阳明讲会的兴盛还可视为某些书院复兴的重要基础。①

吕妙芬社会文化史的研究路向影响很大,已然成为一个新的研究范式,中国大陆学者陈时龙就以其为范例,完成了颇有意义的《十六、十七世纪徽州府的讲会活动》一文。② 此后,陈氏继续完成了《讲学与范俗:明代安福复真书院的讲学活动》③ 一文。此文以江西吉安府安福县南乡的复真书院为例,探讨了其讲学活动兴衰,以及讲学内容嬗变等问题。陈文揭示出,

---

① 吕妙芬:《阳明学士人社群:历史、思想与实践》,第 98—99 页。
② 此文载《政治大学历史学报》第 20 期,又作为附录收入氏著《明代中晚期讲学运动(1522—1626)》(复旦大学出版社,2007)。
③ 陈时龙:《讲学与范俗:明代安福复真书院的讲学活动》,《井冈山大学学报》2018 年第 4 期。

复真书院从一开始作为邹守益、刘文敏、刘邦采等著名阳明学者的江右王门讲学重镇，探讨"心性之学"，到后来因为一些著名阳明学者的相继去世，以及万历初年朝廷对讲学活动的严厉打击，其讲学规模缩小，讲学宗旨亦由商讨学问向净化风俗转移。此文以微观的视角、深入的分析，还原了复真书院讲会因应政治权势转移、社会道德重整的详细历程，是不可多得的精彩个案研究。

钱明的《中晚明的讲会运动与阳明学的庶民化》[①]主要论述了明代讲会在基层社会的实践。钱文指出，明代讲会除了学术性较强的讲学聚会，还存在着颇显庶民性、宗族性特征的"乡会"。钱氏认为，明代"乡会"的社会管理功能已超过了讲学教化，其学术性、精英性也已逐渐让位于庶民性、宗族性。他将"讲"与"会"对举，比较分析了二者之异同，即随举之"会"的特征在于它的群众性，而书院之"讲"的特征便在于它的精英性，而无论群众式的随举之会还是精英式的书院之讲，其目的都是为了崇德教化、净化社会。在这个基础上，钱文进而揭示出，借由随举的"乡会"，阳明学在中晚明的一大面相即在于从"精英"到"草根"的转向与变异。这一转化过程主要发生在远离政治中心的江右地区及其它边缘地区。这是一个非常重要的提示，为本研究关注明代书院讲会"平民化"的动态过程提供了有益的借鉴。

学术思想史领域对书院讲会的研究，以陈来先生《明嘉靖时期王学知识人的会讲活动》一文[②]最引人注目。陈先生的

[①] 钱明：《中晚明的讲会运动与阳明学的庶民化》，《地方文化研究》2013年第3期。

[②] 陈来：《明嘉靖时期王学知识人的会讲活动》，《中国学术》第4辑，商务印书馆，2000。后来该文收入氏著《中国近世思想史研究》（商务印书馆，2003）一书。

| 绪　论 |

研究吸取了书院史研究的相关成果，也提到了讲会与会讲的区别，但侧重于王学知识人的思想交往和话语传播方式的会讲、会游活动，意在揭示阳明学作为一种跨地域的话语体系的形成的某种机制与因素。所论包括阳明讲会的兴起与流行、邹守益主导的江右惜阴会、王畿主导的江左水西会、罗汝芳的游学讲会，以及讲会与乡约、祠祀的关系等。其结论是阳明学讲会、会讲、会游活动使得"各地的阳明学者们跨县、府、省到其他地区传播、交流学习的心得，促进了阳明学的传播和深入"，其所体现的是"各个地区知识人的大跨度的频繁往来"，"更是文化同质性的大大提高。"也就是说，王门讲会是阳明学作为一种"跨地域的话语体系"得以形成的重要机制。因此，他质疑海外地域研究将中国明清思想"归约到地方宗族、阶级等下层基础的研究案例"之类的范式。① 由方式方法而上升到哲学的高度，仍是思想史家的风范。彭国翔先生的《良知学的展开：王龙溪与中晚明的阳明学》，② 纯然是一本哲学史著作，但其所附《王龙溪先生年谱》，则提供了王畿这一讲学名家讲会四方的线索，足资参考。

思想史家吴震先生《阳明后学研究》一书的重心是阳明学及其后学的发展，但他也认为"阳明学的思想展开过程，就是一部讲学运动史"，③ 因而辟有一章讨论阳明后学与讲学运动。而作为该书副产品的《明代知识界讲学活动系年：1522—1602》，④ 以年系事，专讲讲学、讲会活动，所涉讲会

---

① 陈来：《中国近世思想史研究》，第 338—408 页。
② 彭国翔：《良知学的展开：王龙溪与中晚明的阳明学》，生活·读书·新知三联书店，2005。
③ 吴震：《阳明后学研究》，上海人民出版社，2003，第 423 页。
④ 吴震：《明代知识界讲学活动系年：1522—1602》，学林出版社，2003。

粗略计算有180余个，其中40余个与书院有关，因而成为本书最重要的参考文献。

陈时龙先生的《明代中晚期讲学运动（1522—1626）》，① 广集方志与文集资料，参考前述吕妙芬、陈来、吴震等先生的成果，以实证史学的方法，梳理与重建明代中晚期一百年的讲学讲会活动的历史，所论涉及学术史、思想史、文化史、社会史诸方面，指向甚广，新见甚多。其百年讲学史之兴起、高潮、挫折、反思、回归、终结的分期；兴起期在王、湛之外，强调吕楠的贡献；将耿定向作为反思期的主角，并强调其在讲学转向中所起的作用；回归期突出东林书院网络的功用；将首善书院从东林后继的阴影中拉出，而让其独立门户；否定泰州学派的主流地位，而将其置于讲学的旁系；等等，皆让人耳目一新，多生启迪。全书对书院持久关注，在讲学的大前提下处理书院与讲会的关系，以嘉靖五年（1526）惜阴会的成立为标志，将书院讲学和地域性讲会断为两种讲学模式，在承认"利用书院，进行讲学，成为王阳明及其门人讲学的主要模式"的同时，又认为"阳明学的传播并不是依托于某些单个的著名书院，而是建立在更广泛的基础上。遍及各地的地域性讲会，就是阳明学传播的最有效机制，而这一机制的建立始自嘉靖五年安福惜阴会的创办"。也就是说，陈先生认为被王学先后利用的书院和讲会是互不相属且有高下之分的两种不同讲学模式。然而，在谈到地域讲会的好处时，又说它"既可以充分地发挥缙绅在地方上的影响，又能有效地解决讲学的经费问题，还能规避政治风险。事实证明，即使在中央政权对于书院及讲学采取最严厉的打击措施的时候，讲学活动仍然能够

---

① 陈时龙：《明代中晚期讲学运动（1522—1626）》。

在地方缙绅和地方官的保护下进行"。① 如此看来，在打击之下能够规避风险而继续讲学的究竟是书院还是讲会，似乎又有些错乱。

需要指出的是，在中晚明讲学与思想史研究方面，另有一本研究专著不容忽视，此即刘勇《中晚明士人的讲学活动与学派建构——以李材（1529—1607）为中心的研究》。② 刘著认为，中晚明的士人讲会或讲学，除了存在以"阳明学"为宗旨的学问网络，亦并存着诸多异于王学的学问派系，是谓多元共生的理学格局。研究者不应该将中晚明的讲学、思想等相关议题，局限于"阳明中心论"的研究范式。在此视域下，刘氏以江西丰城李材（见罗先生）为考察中心，详细探究了其"止修"学说的生成、意涵、传衍，以及与"阳明学"相争等过程。刘氏指出，讲学（讲会）作为一种学术传播无可替代的现实手段，既是一种有效的传播途径，同时也是一种论说和辩论方式，有助于证成自家学说宗旨的成立和合法性。通过对李材"止修"学的研究，刘氏进而揭示出在各家学说多元竞争的晚明时代，理学学者以书院讲会、书籍刊刻等形式，冀望将个体的自得之学与道统之传有机结合起来，并广泛传扬，以期凌驾前贤、直接孔孟之效。晚明士人许孚远曾言："道在天下，本无人我，亦无古今，但得更相发明，何妨同异？……今日吾侪各有著述，要之以发明此理，岂敢遽以为是，而谓度越前人者哉？"③ 此间论调，当可看作是明代书院广泛讲学（讲会）活动意涵的鲜明表露。总之，刘氏的研究，

---

① 陈时龙：《明代中晚期讲学运动（1522—1626）》，第 48—58 页。
② 刘勇：《中晚明士人的讲学活动与学派建构——以李材（1529—1607）为中心的研究》，商务印书馆，2015。
③ 许孚远：《大学述》，日本尊经阁文库藏万历二十二年序刊本。

为我们看待明代讲会中的学术内涵、组织架构、社会意义等问题，提示了更为重要、客观的思考与研究路径。

政治史研究领域的主要关注点是东林书院与明季禁毁书院，涉及学术与政治的关系问题，而聚讼较多的是对张居正禁毁书院的评价与东林党两大问题。

对张居正禁毁书院一事，历来毁誉不一，毁者自毁，誉者自誉，各有立场，也各有理由，可以置而不论，最近倒是有两种叙述方式值得注意。一是刘岐梅博士视张居正为王学的修正者而不是反对派，指王学末流讲学有四大弊端，张起而矫之，严禁那些违背阳明讲学宗旨、为自私自利之计的书院讲学，以统一思想，捍卫改革成果。并指张之修正和后来东林学派及王学内部刘宗周、黄宗羲之修正极为相似，同归由王返朱之途。① 王学修正者一说有些新意，但这样处理，张居正之禁讲学似乎是为了王学的正统，而张似乎又和东林学派成了同一条战线的战友。要让人信服，似乎很难。二是邓志峰博士从晚明统治学说涵泳的君道与师道切入，将王门讲学运动和包括张居正禁学在内的所有对书院的禁毁，置于师道复兴和维持君道的维度考察，② 常有独到见解，对我们思考学术与政治两者的关系颇有启发。

对东林书院的争讼，起于樊树志先生《东林非党论》③《东林书院的实态分析——"东林党"论质疑》④ 二文。樊先生质疑的是学术界视东林书院为议政讲坛并称为东林党的传统

---

① 刘岐梅：《论张居正禁讲学》，《孔子研究》2004 年第 5 期。
② 邓志峰：《王学与晚明的师道复兴运动》，社会科学文献出版社，2004。
③ 樊树志：《东林非党论》，《复旦学报》2001 年第 1 期。
④ 樊树志：《东林书院的实态分析——"东林党"论质疑》，《中国社会科学》2001 年第 2 期。

观点，认为东林书院是学术机关，不是政治团体，更不是政党，东林党乃政敌之诬称，应将东林党界定为东林运动或东林学派。其立意在将对东林书院的评价从偏重政治的旧习中拉回到学术的层面。① 但强调学术功用并不能否定其政治功用，李庆先生就质疑"东林非党论"，认为无论从东林人士自己的表述，还是他们在万历中晚期以后的实际活动来看，东林都明显是一个政治性的团体，也就是党，只是这个党是一个我国古代传统的朋党和现代政党之间的过渡阶段的党。② 2006 年，张秉国博士征引实证，撰文质疑樊、李二先生，认为东林党最先为政敌诬称，但东林人士并无组党意识，称之为党或政治团体均不恰当。东林书院在实质上是学术性团体，但并不排除议政的可能性。作为一个历史名词，其具体含义似不应用现代观念去界定。③ 以上之再三质疑，实际上是一种视角的转换，更是讨论不断深入的体现，它使我们对书院讲学作用于晚明政治和学术之程度又有了更多一层的了解。

国外对书院讲会及相关问题的研究成果，也不容忽视。从文献资料上看，早在 1953 年，大洋彼岸的哥伦比亚大学就有 Busch Heinrich 的 *The Tung-Lin Academy and It's Political and Philosophical Significance*（《东林书院及其政治、哲学意义》）发表，④ 可见东林讲会很早就引起了西方学者的注意，可惜的是，我们至今还

---

① 樊树志《晚明史（1573—1644）》一书，也有专章"东林书院与东林党"对此进行论述。而在导论中，樊先生还讨论了东林学派对传播西学的贡献（复旦大学出版社，2003）。
② 李庆：《"东林非党论"质疑》，《中国典籍与文化》2004 年第 3 期。
③ 张秉国：《"'东林非党论'质疑"的质疑》，《聊城大学学报》2006 年第 5 期。
④ 季啸风主编《中国书院辞典》附录"中国书院研究文献索引"，第 1013 页。

未见此文,对其观点的介绍只能暂付阙如。就已知的情况而言,讨论明代书院讲会的英文论著皆出自 John Meskill（约翰·梅斯基尔）之手。1969 年,他发表"Academies and Politics in the Ming Dynasty"（《明代书院与政治》）一文,[1] 专论明季三毁书院和政治的关系。他认为嘉靖朝的禁书院主要是政治上的广东派与张璁的先后出局导致的连锁反应——1534 年,方献夫辞去大学士职;1535 年,张璁也离去;1536 年,作为张璁反对者的夏言入阁;1537 年,书院即遭攻击,并认为万历七年张居正的禁讲学运动是"个人行动","通过毁去支持徐阶的书院达到权力的集中",而天启五年的禁讲学毁书院活动则更是受党争的政治风气的干扰所致。此外,该文还用较长的篇幅充分讨论以湛若水为代表的"广东学派"与王阳明的王学的讲学活动的发展。[2]

1982 年,John Meskill 出版研究明代书院的专著 *Academies in Ming China: A Historical Essay*（《明代书院:历史散论》）。[3] 本书作为美国亚洲研究协会的专论推出,它的出版,改变了明代书院作为宋代书院研究的一个延续,或作为王学研究的附庸的命运,被誉为明代书院研究领域的奠基之作。全书分开端、明代初期的书院、复兴、明代前期书院的建构和活动、改革中的书院等五章,主要以江西白鹭洲、白鹿洞,福建南溪,河南百泉,陕西弘道,南京东林,湖广问津等七所书院为例,展开讨

---

[1] John Meskill, "Academies and Politics in the Ming Dynasty", Charles O. Hucker, *Chinese Gouernment in Ming Times: Seuen Studies*, New York and London: Columbia University Press, 1969, pp. 149-174.
[2] 陈时龙:《明代中晚期讲学运动（1522—1626）》,第 21—22 页。
[3] John Meskill, *Academies in Ming China: A Historical Essay*, Tucson, Arizona: The University of Arizona Press, 1982.

论。而在序言部分，除了交代研究缘起外，他还特别提到了当年马可·波罗依其在白鹿洞等书院的体念，而向西方介绍中国书院，并将其与当时欧洲的学院进行比较，而且将书院译作学院（Academy），得出了中国书院注重道德问题探讨的结论。①在书中，他讨论了讲会的问题，认为"中国书院举办讲学或哲学讨论，允许书院学生以外的人参加。这些书院被视为知识训练和演讲的主要中心，最后成为议论攻击的目标。他们的影响感觉起来不仅是在知识分子的生活中，还在社会的、政治的甚至可能是经济的生活中"。不失为中肯之论，可资借鉴。

在东亚，同属汉字儒家文化圈的朝鲜和日本，都曾仿行中国制度创建书院传播儒学，比之英美世界，几无文化隔阂。韩国岭南大学丁淳睦教授，继1979年出版《韩国书院教育制度研究》②之后，又于1990年出版《中国书院制度》一书，其中第二章有一节专门讨论书院学术传授的方式、方法。③作为教育史家，他敏锐地注意到宋代的朱陆鹅湖之会和明代王阳明稽山书院讲会、江右惜阴会的联系，认为讲会是明代书院很重要的讲学方式，并以连山、复真、复初、正学、东林诸书院讲会为例，介绍讲会制度及其训民化俗的功用。

大久保英子先生的《明清时代书院之研究》是日本书院研究的巨制，第三章专门讨论明代书院与庶民阶层抬头的有关问题。④她将关注的重点放在与泰州学派、东林学派有关的书

---

① 孙立天：《读 John Meskill 的〈明代书院：历史散论〉》，《中国书院》第7辑，湖南大学出版社，2006，第395—406页。
② 〔韩〕丁淳睦：《韩国书院教育制度研究》，岭南大学出版部，1979。
③ 〔韩〕丁淳睦：《中国书院制度》，文音社，1990，第133—139页。
④ 〔日〕大久保英子『明清時代書院の研究』國書刊行會、1976、131—162頁。

院，认为书院教育的平民化体现在教学内容和书院组织、参与者身份的平民性两个方面。并将明代书院教育平民化归结为工商业的发达所致。在她看来，明代书院的儒者不同于往昔经商而不言利的士大夫，不仅书院的教育内容涉及利，而且与商人关系甚密，商贾可以入院讲学，商贾子弟也可以入院肄业。这是庶民阶层渐强的体现。这种讨论饶有意味，为我们理解明代书院教育的特色留下了有益的思考。

小野和子先生的《明季党社考——东林与复社》，① 是日本政治史研究的名著，集中讨论东林书院讲学和东林党的问题。全书分东林党和张居正、万历前期的对外问题、东林党的形成过程、东林书院和党、东林党和李三才、天启的政局、复社运动、南京福王政权下的党争、复社人士的抵抗运动等九章。对本书最有启发的是书院网络和书院与党的有关论述。如称"书院中的讲学，通过那样的自由交流，和乡里社会的状况、国家的状况，进而和天下的状况都有关联。他们的讲学，不是限于一个地域社会的利害，而是想要通过书院的学问，和天下国家相联系，奔波各地的积极交流，是实现那样远大理想的一个阶梯"。又如"书院本身虽说是作为私塾并带有各种不同的主张而被设立的，但是学问的交流却未必是学派式自由的，在那样交流的基础上，可称为书院的全国性的网络在渐渐形成"。又如"书院的研究学问，也就是探究'道'的场所，是以此为中介的人和人的结集的场所。但是，如果那学问是实践性的，且具有政治内容的话，从书院到朋党之间的距离就绝对不远了，朋友关系成为促成自身的政治性党派的形成，也就是当然的事了"。②

---

① 〔日〕小野和子『明季黨社考——東林と復社』同朋舍、1996。
② 〔日〕小野和子：《明季党社考》，李庆等译，上海古籍出版社，2006，第148、162页。

虽然我们不同意书院是私塾的说法，但所有这些讨论，开阔了我们的视野。

三　研究的思路、方法与对象

以上研究现状的综述表明，明代书院讲会这一课题的研究已经取得了不少成果，为进一步深入全面研究打下了良好的基础，尤其是多领域多视角的探索，启发良多，而诸阁本《四库全书》《四库存目丛书》《续修四库全书》《中国方志丛书》《中国地方志集成》《中国历代书院志》《中国书院史资料》《阳明后学文献丛书》等大型文献的整理与出版，更为综合、系统的研究提供了可靠的文献保证。在此前提条件之下，我们可以做如下思考。

一是书院史的研究，能不能跃出教育史的界限，不再局限于讲堂内外，不再拘泥于讲会、会讲的异同，放下一些细部的纠缠，扩大视野，更上层楼，更多地关注讲会所涉及的学术、思想、地方文化建设等问题，在大文化的背景下定义书院，并由此出发去研究与评价书院讲会。

二是学术思想领域的研究，能不能在形而上之外，思考形而下的问题，不拔高讲学、讲会，而重视书院作为学术团体、学术平台的作用，并进而对书院积累、研究、创造、传播文化的功能有全面的认同，视书院为宋元以降中国思想的策源地、大本营，从书院集聚的学人群体而不是某个思想家个体去思考学术的传播、学派的形成等问题。

三是社会政治史领域的研究，能不能视书院为民间社会组织，注意它对地方社会文化、士气、学风、民俗、教育，甚至宗教的贡献，进一步关注轮流主会、联属大会、远程约会等制度机制，及由此而形成的讲会会圈、书院网络，重视社团书院，并由此出发去定义东林党的性质，评价它的作用。

总之，我们希望进一步发掘资料，在已有成果的基础上，运用实证史学的方法去研究分析，从不同的视角对书院讲会进行综合、系统的考察，试图还原性呈现一个立体的书院讲会场景，大致构建出明代书院讲会的历史谱系。

有鉴于此，本书的研究范围为整个明代。明初书院沉寂，并无讲会，但这种现象是专制政治的结果，也是明代中后期讲会兴起的一个重要前提，而且它可以为明季三毁书院提供渊源有自的一种解释，此所谓前后呼应。故而高压之下的明初书院生存状态也作为背景而成为本书的讨论对象。

本书第一章，讨论王、湛之学与书院讲会的结合，及由此而来的明代学术与书院的一体化繁荣。认为王、湛复兴的书院讲会传统，经由其后学倡导，于是联讲会，立书院，相望于远近，形成了风动东南、倾动朝野的盛局。

第二章，在呈现讲会随地而举、随缘而结、在在有之、无岁不行的盛况，即落实第一章所揭明代书院与学术一体繁荣的同时，于繁复的讲会背后，努力探寻、揭示出讲会的发展趋势，即随地举会，归之书院。

第三、四、五章，属同一个板块，根据讲会所涉学术程度的深浅，大致将其分成学术、教学、教化三种类型，展开讨论。叙事的观照点是：书院是积累、研究、创造、传播文化的组织，书院讲会针对不同的受众分别指向学术创造、传播与普及三个不同层次。三类讲会分而各有品位，自成特色，总而带动全局，共创繁荣。

第六章，分地域记录各书院讲会实况，体现书院讲会的地域性特征。八十余个书院之会，是我们构建书院讲会历史谱系的基础，在江左、江右、浙中、关中、湖广、两广等地域特征

| 绪　论 |

之外，我们还可以看到王门、湛门、阳明后学、东林学人等以同志相尚的同质性联会，而透过惜阴会、水西会、丽泽会、家会、族会、乡会、邑会、六邑大会、九邑大会、四府大会、五郡大会、江浙两省大会等大小不一、形态各异的讲会会圈，我们又能了解在消融地方性的过程中交织成的书院网络。凡此种种，可谓异彩纷呈。这一章和前三章一起，纵横交错，合而观之，则庶几可成书院讲会立体形态之景象。

第七、八章，以天下东林讲学书院群为例，演示由讲会而至社团的路径，展示社团书院讲学、品人、涉政的典型特征，意在揭示书院讲会的精神品质，进一步丰满其立体形象。而在专制政治体制之下，社团书院特征呈现之时，即是学术与政治矛盾形成之际，于是招致了嘉靖、万历、天启三毁书院的劫难。劫难中，明代书院的辉煌之势虽然一步步被断送，但书院讲会的品格却得到了锻炼与提升。

结语部分，讨论明代书院的讲学特点，将书院讲会的讲学形式总结为以讲为学、以会为学，而将其组织方式概括为轮流主会、联属大会。

第一章　从沉寂到复兴：王、湛之学与书院讲会

元代末年，战火纷繁，大江南北，生灵涂炭，宋元以来兴盛全国的书院大多毁于战乱之中。20 余年残酷的战争，使这一文化教育组织勃兴的势头大大削弱。而明初推行高压集权统治，"置州县学而罢书院"，更将它推入百余年的发展"低谷期"。直至明代中期，王、湛之学与书院一体化之后，明代书院才走上繁荣之路。

书院与学术的一体化，是我们在讨论南宋理学与书院关系时提出的一个概念，主要有两层意思。一是理学家掀起的书院复兴运动，使理学和书院从形式到内容相互渗透交融，形成一种互为依托、互为表里的结构形态，二者盛衰同时、荣辱与共，有着休戚相关的共同命运。二是在实际的生存状态中，这种一体化关系有形可察、有迹可循，大致体现在理学家的书院情结，学人、学派与书院结合，书院讲学倡导理学精神，将书院与理学的一体结构通过制度程序规范化等四个方面。[①] 我们认为，自从书院和理学在南宋共创繁荣之后，学术创新、学理

---

① 邓洪波：《南宋书院与理学的一体化》，《湖南大学学报》2004 年第 5 期。

第一章 从沉寂到复兴：王、湛之学与书院讲会

传播、学派成长、学术大师的成名等，类皆以书院为中心展开，中国学术的发展差不多成了书院的内部事务，书院与学术两者之间一荣俱荣，一损俱损，盛衰同时，隐显与共。宋元书院和程朱理学共创辉煌。元末明初百余年，经战争破坏与人为抑制，书院受压而归于沉寂，理学和官学、科举结合而趋于衰败。及至正嘉之际，王守仁、湛若水始以联讲会、立书院的方式，以书院为基地共倡心学，两者重新结合，再创辉煌。

王守仁、湛若水两位大师，都很重视书院的建设，将其视作研究、宣传自己学术思想的阵地，其学几变而定于书院，其教亦传于书院，在书院的讲学过程中，不断完善、发展自己的学术主张与思想体系。可以说，他们在正德、嘉靖年间的努力开启了中国历史上继南宋以降的第二个书院与学术互为表里、一体发展的趋势：新的理论在书院中崛起，新崛起的理论又一次推动了书院勃兴。史称"自武宗朝王新建以良知之学行江浙两广间，而罗念庵、唐荆川诸公继之，于是东南景附，书院顿盛，虽世宗力禁而终不能止"，[①]"缙绅之士，遗佚之老，联讲会，立书院，相望于远近"，其"流风所被，倾动朝野"，[②]势不可挡。这和数百年前南宋书院与程朱理学一体化发展的情况基本一致，它说明，包容文化创造功能的书院有着强大的生命力，任何人为的抑制都阻止不了其走向再次辉煌的步伐。

第一节 高压之下：集权统治下的明代前期书院

明代前期书院的发展历程，可以分为两个阶段。第一阶

---

① 《万历野获编》卷二四《畿辅》"书院"条，第608页。
② 《明史》卷二三一《叶茂才传》，第6053页。

段，自洪武至天顺年间（1368—1464），共97年，历太祖洪武、惠帝建文、成祖永乐、仁宗洪熙、宣宗宣德、英宗正统、代宗景泰、英宗天顺，凡七帝八次纪年，创建兴复书院共计143所，年平均数只有1.474所。这个记录非常可怜。和元代相比较，时间仅少一年，书院总数却只有元代的35%，年平均数也只有元代2.888所的一半多一点。此所谓比上严重不足，而放在整个明代比较则更差。时间占1/3强，书院则只占总数的7.3%，可谓微不足道；八朝书院之和，比正德一朝少7所，比嘉靖朝少453所，比万历朝少145所，简直无法比较；而其年平均建复书院数，也不及天启年间魏忠贤禁毁书院时候的一半，更远远低于整个明代年平均数的7.083所。因此，明初近百年的书院，基本处于沉寂而无闻的状况。

与明初书院冷落局面形成鲜明对照的是明代官学的兴盛。《明史·选举志一》载："天下府、州、县、卫、所，皆建儒学，教官四千二百余员，弟子无算，教养之法备矣。……盖无地而不设之学，无人而不纳之教。庠声序音，重规叠矩，无间于下邑荒徼，山陬海涯。此明代学校之盛，唐宋以来所不及也。"① 当时学校兴盛，书院沉寂，这种状况的出现是有其历史原因的。

第一，这是明初书院政策的必然结果。洪武元年（1368），明太祖"因元之旧"，曾令山东曲阜立洙泗、尼山二书院，各设山长一人主持。但这种情况很快改变，也是在当年，他下令"改天下山长为训导，书院田皆令入官"。② 我们知道，按照元代官制，训导为书院山长的助手，可以由山长聘请。改山长为

---

① 《明史》卷六九《选举志一》，第1686页。
② 雍正《宁波府志》卷九《学校》，雍正十一年刻乾隆六年补刻本。

第一章 从沉寂到复兴：王、湛之学与书院讲会

训导，实际上是将书院降级，进行冷处理。而将书院赖以生存的学田入官，则是当年元世祖忽必烈曾大加批评的灭绝书院的措施，如今朱元璋堂皇而行，其要从经济上搞垮书院之意不言自明。其后，朱元璋对书院采取了进一步的措施，或"例罢生徒"，或"革罢训导"，或"置州县学而罢书院"，对书院实施了实际的禁绝行动。于是，在历史文献中，就留下了不少关于明初官学兴而书院废的文字材料，兹将其抄录如下：

> 西湖书院者，大德中廉访使徐公琰所创，以祠唐刺史白公居易、宋知州事苏公轼、林处士逋也，其制如州县学。而国朝之制，置州县学而罢书院，司风纪者惜其遂废。①

> 新建县儒学，乃元之宗濂书院也……国朝洪武五年，遂以书院为新建县儒学，于今六十余年矣。其居讲席者非一人，而兴造修复者亦屡矣。②

> （洪武五年）革罢训导，弟子员归于邑学，书院因以不治，而祀亦废。③

> 弋阳县儒学，旧为南山书院，宋季叠山先生谢君直所建。后雁兵燹，书院迁于弋阳。国朝洪武初，诏天下郡县皆立学以造士，书院遂改为今学也。永乐丙申，山水骤

---

① 徐一夔：《始丰稿》卷一三《故元松江府儒学教授孔君墓志铭》，光绪二十六年钱塘丁氏嘉惠堂《武林往哲遗著》本。
② 光绪《江西通志》卷七〇《建制略》，光绪七年刻本。
③ 雍正《宁波府志》卷九《学校》"慈湖书院"条。

发，溪流涨衍，学宫漂溃，故址独存，师生讲肄、春秋祀事、居处礼仪一切迁就而已。①

景定中，郡守方澄孙创樵溪书院以祠公。元至正辛巳，邵武路同知万布哈移创于郡治东南樵溪五曲之上。洪武初，以书院为府学，祠堂遂废。②

姑苏来鹤楼，在鹤山书院内。初，蜀魏文靖公为宋名儒，登宰执，后家平江。元世立书院祠之，置学官弟子员肄业其中。国朝例罢生徒，而书院犹存，文靖公神主在焉。永乐以来，凡遣大臣行视水利、巡抚地方，皆居院以治事，屡加修葺。宣德、正统间，巡抚尚书周文襄公往来居之最久。③

宋元时，书院领于官，赐额割田，主以直学、山长。迨我朝定制，并归于学，而书院废。④

上引材料表明，明代初年有一个罢废书院的"国朝之制"存在，其表现有四。一是从洪武元年（1368）"改天下山长为训导"，到五年"革罢训导"，用五年时间，将宋元以来形成的书院山长、训导之职从官学系统中剔除出去，使其失去行政

---

① 胡俨：《颐庵文选》卷上《弋阳县重修儒学记》，《景印文渊阁四库全书》第 1237 册，台湾商务印书馆，1986。
② 王直：《抑庵文集》后集卷五《重建宋丞相李公祠堂记》，《景印文渊阁四库全书》第 1242 册。
③ 彭韶：《彭惠安集》卷五《来鹤楼合祠碑铭》，《景印文渊阁四库全书》第 1247 册。
④ 郑岳：《郑山斋集》卷一一《立诚书院记》，万历十九年郑象贤刻本。

第一章　从沉寂到复兴：王、湛之学与书院讲会

依托，亦即使书院的存在丧失法律依据。于是，"书院之建非制也"，没有合法地位的明代书院，也就招致了后世的几多禁毁。二是"书院田令入官"，让书院失去了生存之基。三是改书院为府、州、县学。此所谓给出路，让各地各级书院转型为各级地方学校。四是"例罢生徒"，将在书院肄业的"弟子员归于邑学"。于是，书院不得不废，不得不罢。尽管"司风纪者惜其遂废"，但地方难抗朝廷之命，"置州县学而罢书院"，也就成了明代的"国朝定制""祖宗之制"。

第二，与"革罢"书院同时并行的是大力倡导和发展各级官学教育。明初奉行"治国以教化为先，教化以学校为本"[①]的思想，以"内设国学，外设郡学及社学，且专宪臣以董之"[②]作为文教政策的主干。早在元至正二十五年（1365），朱元璋就改应天府学为国子学，称帝后改建于南京鸡鸣山下，称国子监。永乐年间，国都北迁，又增国子监于北京，于是中央有南、北国子监并立。洪武二年（1369），令郡县皆立学校，于是地方官学纷纷兴复。如明代湖南设7府8州56县，仅洪武年间就创建和兴复府学6所、州学6所、县学47所。[③]其中岳麓书院所在的长沙与善化二县县学及长沙府学，均在洪武初年重建，以后又不时整修、扩建。当时，全国各府、州、县学生员，定额四十、三十、二十不等，"未几即命增广，不拘额数"。地方官学的师资配备合理，管理严谨，以府学为例，"国朝学校之制，郡设教授一、训导四、弟子员四十，俱

---

① 《明史》卷六九《选举志一》，第1686页。
② 雍正《河南通志》卷四三《学校下》"伊洛书院"条，《景印文渊阁四库全书》第536册。
③ 冯象钦、刘欣森：《湖南教育史（第一卷）》，岳麓书社，2008，第363页。

廪于官。每训导教弟子员则以十人为率,而日课其业,教授则月考四十人所课有进与否,而加程督焉"。① 生活上,规定地方学校师生"月廪食米,人六斗,有司给以鱼肉",国子监学生更是"厚给廪饩,岁时赐布帛文绮,袭衣布靴。正旦元宵诸令节,俱赏节钱",还供养诸生妻子,帮助婚娶,发给探亲"道里费"。生员政治待遇较之前更厚,洪武二十一年、二十四年,国子监生员任亨泰、许观获廷对第一,太祖诏撰题名记,立石监门,以为褒扬,于是"进士题名碑由此相继不绝","洪武二十六年尽擢监生刘政、龙镡等六十四人为行省布政、按察两使及参政、参议、副使、佥事等官。其一旦而重用,至于如此。……盖台谏之选,亦出于太学。其常调者乃为府、州、县六品以下官"。遍布全国的学校,优厚的生活和政治待遇,使天下士子无不乐而趋之,由是学校兴盛一时,以至有"无地而不设之学,无人而不纳之教。庠声序音,重规叠矩,无间于下邑荒徼,山陬海涯"② 的记录出现。

在城乡地区广泛设立社学,将其纳入官学体系,以教养童蒙子弟,是明代文教政策的重要内容。建国之初,朱元璋就要求"恁台省大官人用心提调,教各州县在城并乡村,但有三五十家,便请个秀才开学,教军民之家子弟入学读书,不妨他本业,务要成效"。③ 这就是后来被各种文献记载的府州县率五十家设一社学的诏令,时在洪武八年(1375)。作为朱明"国朝之制",它被推行于全国。据统计,④ 明代有社学1438所,其中知县所建1060所,知州所建69所,知府所建177

---

① 徐一夔:《始丰稿》卷一二《送俞齐赴会试序》。
② 以上引文凡未标注者,皆见《明史》卷六九《选举志一》。
③ 嘉靖《东乡县志》卷上,嘉靖刻本。
④ 王兰荫:《明代之社学》,《师大月刊》第25期,1936。

所，杂职官员如同知、参政、推官、通判等所建24所，合计1330所，占总数的92.49%，而民间义民所建仅6所。这些社学遍布城乡，以朱元璋的《御制大诰》、明代律令、朱子《小学》、《孝经》、《孝顺事实》、《百家姓》、《千字文》等为主要教材，并辅之以经史历算等基本知识，意在普及教化。非常明显，社学的广泛设立，将原本属于乡村家族书院的生源抢占殆尽，严重制约了明初书院的发展。

第三，明代前期书院的落寞沉寂，除了与上述明政府大力发展学校教育而不提倡书院的政策有关外，还有一个重要原因，那就是明初的政治形势与元初大不相同。元代是周边少数民族建立的政权，前朝"不仕新朝"的知识分子多以节义而耻于出仕，于是隐居山林，授徒讲学，形成书院发展之势。明朝则是推翻蒙古贵族而建立起来的汉族地主阶级政权，它以"驱逐胡虏，恢复中华"为口号，对于素有夷夏之防而处压迫之下的汉族士大夫有很大的感召力。因而，他们纷纷"出山"，参与其政，如"以道义名节自励"，不就元代三衢书院山长之职，"始来归明"的谢应芳；[①] 元末为龙溪书院山长，入明则出为德清县丞的熊鼎；[②] 归依朱元璋，赞襄反元义举的元末大儒刘基、宋濂、李善长等。在光绪《湖南通志·人物志》中，可以找到很多"宋遗民"，但却几乎看不到所谓的"元遗民"。同时，明政府又实行"推访""采举"等政策，务使野无遗才。这样，即使有如戴良、王逢[③]等个别"忠一不二"的人不肯归服退而讲学书院，也无法造成大的声势以改变书院的沉寂局面。

---

① 《明史》卷二八二《谢应芳传》，第7224页。
② 《明史》卷二八九《熊鼎传》，第7417—7418页。
③ 《明史》卷二八五《戴良传》："元亡后，惟（戴）良与王逢不忘故主，每形于歌诗，故卒不获其死云。"第7312页。

第四，明政府极力提倡科举，实行八股取士，并将举业与学校紧密结合。洪武三年（1370）下诏曰："使中外文臣皆由科举而进，非科举者毋得与官。"① 以提高科举的重要性。宣德（1426—1435）以后，时人皆以"科目为盛，卿相皆由此出"。又规定"科举必由学校"，"学校则储才以应科目者也"，学校教育与科举的联系更加密不可分。这样，士人为博取功名则唯有趋就学校，书院之学遂日渐冷清；政府既获隽于学校、科场，更无意再兴书院。因此，明初百余年间，书院不得振兴，而处于沉寂状态。

以上所论四点，是明初学校兴而书院废的原因所在。但问题是，宋元以来就已经形成学校、书院共为王朝文教事业两翼的共识，为何到明代却倒退成唯有学校育才，而"无俟于书院"② 呢？明代中期的有识之士有"书院者，辅学以成俊者也"，③ 书院"所以匡翼夫学校之不逮也"④ 的认识，为何开国之初，却有

---

① 见《明史》卷七〇《选举志二》，第 1695—1696 页。
② 有学校而不需书院的言论，在明人述作中时常可见，如陈伯献《重修宣成书院立田记》就说："我朝学校遍天下，师有定员，祀有隆典，教有成法，而生徒有常廪，若无待于书院者。"见雍正《广西通志》卷一〇四，《景印文渊阁四库全书》第 568 册。又如邓淮《鹿城书院集序》称："夫以圣朝学校遍天下，若无俟于书院者。"见雍正《浙江通志》卷二六三，《景印文渊阁四库全书》第 526 册。
③ 李梦阳《空同集》卷四二《东山书院重建碑》，其文称："盖书院者，萃俊而专业者也。夫士群居则杂，杂则志乱，志乱则行荒，故学以养之者大也。书院以萃之者其俊也。俊不萃则业不专，业专则学精，学精则道明，道明则教化行，而人知亲长之义。人知亲长之义，则盗贼可不兵而平也。故书院者，辅学以成俊者也。"《景印文渊阁四库全书》第 1262 册。
④ 王守仁《万松书院记》，其文称："惟我皇朝，自国都至于郡邑，咸建庙学，群士之秀，专官列职而教育之。其于学校之制，可谓详且备矣。而名区胜地，往往复有书院之设，何哉？所以匡翼夫学校之不逮也。"见《王阳明全集》卷七，吴光、钱明、董平、姚延福编校，上海古籍出版社，1992，第 252—253 页。

第一章 从沉寂到复兴：王、湛之学与书院讲会

"肆惟祖宗创业垂统，建学育才，在在有之，若无俟于书院也"①的言论呢？难道作为开国之君的朱元璋的逻辑就简单到既有学校就得裁撤天下书院吗？推究其中的原因，则与集权专制不无联系。

明太祖朱元璋出身低微，他早年为僧托钵化缘，后来加入韩山童、韩林儿父子一系的反元武装集团。这一集团以"明王出世""弥勒佛下生"相号召，信奉摩尼教（明教）、白莲教、弥勒教，其信仰与以儒者为代表的上层文化隔阂甚大，因而朱元璋对儒生并不信任，称其为"竖儒"。②同样，以刘基为代表的儒生亦不尊重韩林儿，不仅不依太祖之令行礼膜拜，而且高呼："牧竖耳，奉之何为！"③"牧竖""竖儒"之称，透露出明初统治者和儒士之间关系紧张、缺乏信任感的现实。在这种情势之下，朱元璋一改宋代即有的皇帝与士大夫"共治天下""共定国是"的政策，走向专制独裁的集权之路。于是，明廷废除实行千余年的宰相制度，朝纲独断于皇帝一人；独创朝堂之上毒打朝臣的"廷杖"，酷刑之下，斯文尽丧；设立"寰中士夫不为君用"罪，诛杀不仕明朝的文人学士；④实施厂卫制度，特务横行，人心恐慌；刊立卧碑于天下学校，以十二条禁例限制诸生言行。在这样的大背景下，历代被视为士

---

① 秦民悦：《建龙眠书院记》，光绪《续修庐州府志》卷一七，光绪十一年刊本。
② 《明史》卷二八五《文苑传》："太祖大怒曰：'竖儒与我抗邪！'械至阙下，命弃市。"第7320页。
③ 《明史》卷一二八《刘基传》："初，太祖以韩林儿称宋后，遥奉之。岁首，中书省设御座行礼，基独不拜，曰：'牧竖耳，奉之何为！'"第3773页。
④ 《明史》卷九四《刑法志一》："贵溪儒士夏伯启叔侄断指不仕，苏州人才姚润、王谟被征不至，皆诛而籍其家。寰中士夫不为君用之科所由设也。"第2318页。

林渊薮的书院顺理成章地成为禁绝对象，也就不足为奇了。也就是说，明初集权专制的高压政治，是造成书院沉寂百年最主要的原因。①

诚然，我们讲明初书院的百年沉寂，并不是说书院就完全停止了活动。以"改天下山长为训导，书院田皆令入官"的洪武元年（1368）为例，此年二月，韶州知府徐炳文暨同知指挥使司事张秉彝就率文武宾属，重修因为"元政不纲，湖湘盗起"而毁于至正十二年（1352）的相江书院，纪念曾任职于韶州的北宋理学大师周敦颐，并请许存仁作记，考求宋元以来，"书院之兴废"与"世道升降"之间的关系。许在记文中要求："自今伊始，凡韶之人士相与进趋堂陛之下者，可不益思趵勉矜奋，刮磨其偏陂荒陋之惑，而涵濡乎中正仁义之归，出为盛时之秀民乎！"② 又如刘咸，永乐十四年（1416）秋从西川调任河南时，曾寻访伊川书院遗址于"兽蹄鸟迹"之间，"发为一诗，以示河南诸学官，冀或有以相兴新之者"。虽然他的倡议七八年间无人响应，但他不以"向之冀者竟无一人义举"而放弃，最终以"尽出廪资"而带动知府李遵义、教授杨旦等人"欣然割俸以相厥役"，于二十二年重修书院，并"命有司岁择谨厚者一人复其家，俾守之"。③

以上所举，是地方官在冷寂之时谋求书院建设的例证。此外，还有像永乐二十年（1422）乐昌人白思谦那样，"思建一书院，以为造就后人计"的民间人士。他们"历代相传，他

---

① 以上所论，受余英时先生《从政治生态看朱熹学与阳明学的分歧》一文启发甚多。余先生文载《东亚文明研究通讯》第6期，2005。
② 许存仁：《相江书院记略》，同治《韶州府志》卷一八，同治十三年刊本。
③ 刘咸：《伊川书院碑记》，雍正《河南通志》卷四三，《景印文渊阁四库全书》第536册。

第一章 从沉寂到复兴：王、湛之学与书院讲会

无所期，惟以大建书斋，延名师益友，令予子弟日游习其中，得以沉酣经术，学业大成为望"。这是民间力量援引宋元以来的惯例以创建书院的事迹，"可以慰先人造就之志，并以答朝廷乐育之恩"，其目的是使自家子弟"处有通人之目，出为王国之桢"。①

凡此种种，都可以说明，中央对书院的压制已经在民间，尤其是远离政治权力中心的乡村社会，于官绅士民对教育的渴求之中开始解构。事实上，正统以后，地方官绅致力于书院建设的举动，已经开始影响、撼动朝廷，使得中央政府一改原来对书院的压制态度，转而开始支持书院。如嘉靖《建宁府志》卷一七"建阳环峰书院"条下载，"正统、成化间，历奉礼、兵二部勘合，官为修理名贤书院"。民国《名山新志》卷一一亦载，"正统九年，诏改生徒肄业之所为书院"。这些事件虽然不见于正史、政书等官方正式文献之中，但绝不是无中生有，它预示着长达百年之久的书院冷寂时代的终结，以及书院行将开始恢复发展的新时代的到来。

明代前期书院发展的第二个阶段，从明宪宗成化到明孝宗弘治年间（1465—1505），共41年。这一阶段时间比第一阶段少56年，但创建兴复书院数却多出30所，达到173所，从总体上显现出书院恢复性发展的势头。其中，成化23年间共建复书院78所，年平均数为3.391所，在明代各朝中分居第六、第七名；弘治18年间共建复书院95所，年平均数为5.277所，在明代历朝中则分居第四、第五位。② 这种有些巧合的梯级上升数据，恰巧也展示了明初书院由冷清逐渐走向热闹的发展态势。

---

① 白思谦：《凤山书院记》，民国《乐昌县志》卷八，民国铅印本，1931。
② 详情参见本书附录之表1、表3、图2、图3。

明代书院在成化、弘治年间摆脱困境，开始步入恢复性发展的轨道。纵观其表现，主要有两个方面。其一，朝廷对书院之设已无禁忌，皇帝赐额并令地方官建复书院的事情时有发生。据《明宪宗实录》卷一九八记载，李敏任浙江按察使时，遇丧守制，在家乡河南襄城县南紫云山麓创建书院，有"屋若干楹，积书数千卷，日与学者讲读其中"，又购地三十余亩，"以供教学者之用"。到成化十五年（1479），他出任兵部右侍郎，即奏请将书院"籍之官以为社学，因请敕额，并令有司岁时修葺"。其请求得到了批准，明宪宗赐额"紫云书院"。《续文献通考》也有成化二十年明宪宗令地方官重建江西贵溪县象山书院，及弘治二年（1489）明孝宗批准修复江南常熟县学道书院的记录。这些都说明，朝廷已开始改变近百年来罢废、轻视书院的政策，清楚表明了对书院予以支持的态度，这为书院的复兴埋下了伏笔。

其二，宋元时期一些著名书院得到修复并开展了卓有成效的教学活动。如湖南长沙岳麓书院，在宣德七年（1432）、成化五年（1469）两度修复一些建筑，尽管没有恢复教学，但"百数十年丘墟之地，顿觌大观，厥功伟矣"，[①] 这些努力毕竟为岳麓书院的重振奠定了基础。到弘治初年，经陈钢、杨茂元、李锡、彭琠、王瑫等历任长沙府行政长官的经营，岳麓书院得以规复旧观，生徒云集，并在院长叶性的主持下，重新开始了其"振文教于湖南，流声光于天下"[②] 的辉煌历程。又如江西庐山白鹿洞书院，正统三年（1438）重建，结束了其荒废87年的历史。天顺间开始了教学活动。到成化间，江西巡

---

① 赵宁：《岳麓书院志》卷三《贤郡守传》，康熙二十七年镜水堂刻后印本。
② 赵宁：《岳麓书院志》卷八《请叶司训主岳麓书院教启》。

第一章 从沉寂到复兴：王、湛之学与书院讲会

抚、布政使、提学使及南康府知府、星子县知县等各级地方长官竭力经营，"务使今日白鹿洞，即昔日之白鹿洞"，书院的创建、学田、藏书等基本恢复宋元盛期的规模，吴慎、查杭、胡居仁、方文昌等先后主持书院教学。正是这样一批从宋元始就享有盛誉的书院的兴复、讲学，带动了各地的书院建设，书院发展从此即呈上升趋势。

成化、弘治年间，书院开始复兴，这一趋势的背后藏有诸多历史原因，其中一个最直接也最重要的原因就是学校与科举的结合及其带来的危害。科举与学校的紧密结合，既促进了学校的发展，也给它的衰落埋下了种子。据《明史·选举志》载，明中叶以来，科场"贿买钻营，怀挟倩代，割卷传递，顶名冒籍，弊端百出，不可穷究，而关节为甚，事属暧昧，或挟恩仇报复，盖亦有之"，可谓士风日下。八股功名，容易引人走上利禄之途，从而使学校变成科举的附庸，反过来蠹坏学校教育，诚如洪熙元年（1425）浙江布政司右参议戴同吉所称"近年以来，为师者多记诵之学，经不能明，身不能正；生徒放旷而不敢责；有所问辩而不能对。故成材者少，无良者多"。[①] 大较说来，学校之弊已有如下数端。一是师资不够，质量低下。洪熙元年就缺 1800 余员，[②] 即全国有 43% 的教官位置空缺。后来朝廷多次下令举人充任教官，但"举人厌其卑冷，多不愿就"，不得已只得取用岁贡生，而岁贡生的"言行文章不足为人师范"。这样，在师资问题上就形成了一个怪圈，能够胜任者"厌其卑冷"而不就，"不足为人师范"者却以其微薄之俸而长期滥竽其间。二是学生的质量下降。英宗之

[①] 《明宣宗实录》卷一〇。以下明代诸帝实录皆出自"中研院"史语所校勘《明实录》，"中研院"，1962。不再一一标注。

[②] 《明宣宗实录》卷八。

043

际，边储空虚，国家为巩固边防，始开生员纳粟免试进入国子监读书之例，于是在地方学校和南北国子监就出现了许多纳绢、纳粟、纳米、纳银、纳草、纳马、纳牛等出身的生员、监生，他们只知"财利可出进身，则无所往而不谋利，或买卖或举放或取之官府或取之乡里，视经书如土苴，而苞苴是求，弃仁义如敝屣"，"士气士节由此而丧"。① 三是学校成为利欲之所。明中叶以后，学校诸生认真读书的很少，即使用功，也只对八股津津乐道，因此有士子"登名前列，不知史册名目、朝代先后、字书偏旁者"②的极坏记录，大部分人是为了食廪免役等优待而入学籍的，形成了"各处儒学生员多虚縻廪禄"，"衰老残疾并不堪教养之人滥溷在学"③的局面。国子监的学生甚至连记诵之学也不去做。正统十三年就有十分之七的举人依亲入监，在家优游，连国子监的门都不进的记载。④ 在监诸生则常常为拔历出任等与纳粟生争吵不休，甚至轮番告状到礼部，相互倾轧。⑤ 此类事件的时常发生足见当时成为科举附庸的学校教育之败坏。教育乃治化之本，出现这种情况使很多有识之士忧心于怀，历朝都不断有人提出整改措施，但累不见效。久而久之，上下都对学校渐失信心，并反其道而行之，转而向往、倡导书院教育。关于这一点，王守仁在《万松书院记》中有过委婉的表述，他说："惟我皇明，自国都至于郡邑，咸建庙学，群士之秀，专官列职而教育之。其于学校之

---

① 《明宪宗实录》卷四〇。
② 顾炎武著，黄汝成集释《日知录集释》卷一六，岳麓书社，1994，第584页。
③ 《明孝宗实录》卷二一二。
④ 《明史》卷六九《选举志一》，第1680页。
⑤ 《明宪宗实录》卷一四六。

第一章 从沉寂到复兴：王、湛之学与书院讲会

制，可谓详且备矣。而名区胜地，往往复有书院之设，何哉？所以匡翼夫学校之不逮也。"匡翼实则是替代的代名词，学校不行了，以书院取而代之，希望借书院以继续国家的教育职能似乎成了当时知识界的共识。于是，久受冷落的书院又逐渐成为社会各界关注的"热点"，并开始走出低谷。

成化、弘治时期的书院建设，虽然处于恢复性发展时期，但其来势甚好，并且形成了比较明显的特色。首先，是书院向边远地区的推进。西北静宁州，成化年间知州祝翔创建的陇干（河阳）书院，是陇东地区历史上第一所书院。西南地区，弘治年间创建的浪穹龙华书院、太和苍山（苍麓）书院、腾越秀峰书院、蒙化明志（崇正）书院，按白新良先生的统计，也是云南历史上的第一批书院。巡按御史樊祉所建辽右、辽左、崇文三书院，也表明书院第一次被推广到了东北地区。此时书院的地理分布已大大超越宋元时期，这意味着书院行将在更大的空间获得更快的发展。

其次，著名学者开始关注书院讲学，再启书院与学术一体化之门。最典型的代表是吴与弼（1391—1469）及其学生胡居仁（1434—1484）、陈献章（1428—1500）。吴与弼为江西崇仁人，是明初崇仁学派的始祖，他自正统、景泰年间开始，直到成化五年（1469）逝世，大多数时候都在家乡的小陂书院讲学，死后也被学者奉祀院中。崇仁之学为理学，强调身心修养，主敬主静，主张在"静观"之中反求于"吾心"，人称"兼采朱陆之长"，实为明代王学的"发端"。

胡居仁为江西余干人，师从吴与弼，绝意科举，专心问学。自崇仁归家后，胡氏先后在余干创建礼吾、南谷、碧峰三书院讲学，直至成化二十年（1484）逝世。其间，他还于成化三年、十六年两度应聘，主讲庐山白鹿洞书院。除此之外，

他还应进士姚灏之聘，主讲贵溪桐源书院，与张元桢、罗伦、娄谅等会讲于弋阳奎峰、余干应天寺，开明代会讲之先声。胡氏之学，以主忠信为本，求放心为要，出入起居则以敬为主，人称"穷理居敬"。其学术主张及书院教育思想，集中体现在他的《碧峰书院赋》及《续白鹿洞学规》中。《碧峰书院赋》称：

> 云山青青，涧泉泠泠。考槃之所，硕人之情。赖陈君之好义，日创始以经营。与吾心之有合，来此以落其成。喜进修之多士，远负笈而执经。悦藏修之有此，期学力而日增。慨吾德之疏薄，忧圣道以难明。叹真儒之去远，惧功利而日兴。训注繁而理昧，孰能免乎冥行。嗟吾同类兮，立志毋轻；主敬存其心兮，曰虚与灵；穷理致其知兮，曰详以精；反躬践其实兮，曰笃志以诚；德业致其盛兮，庶不虚此生；此峰增其辉兮，得人而名。[①]

《续白鹿洞学规》是继朱熹《白鹿洞书院揭示》之后，影响最大的白鹿洞学规，分为六条：正趋向以立其志、主诚敬以存其心、博穷事理以尽致知之方、审察几微以为应事之要、克治力行以尽成己之道、推己及物以广成物之功。

细读这些诗赋，体味这些学规的条文，我们可以清楚地感知到学术与书院再度契合的先声，这是一种自宋末以降即已久违于世的蓬勃气息，预示着书院发展的新契机。

陈献章为广东新会人，人称白沙先生，是江门学派始祖。早年他求学于小陂书院的生活十分有趣，其事见于《明儒学案》，兹引如下：

[①] 胡居仁：《胡文敬集》卷三，《景印文渊阁四库全书》第1260册。

| 第一章　从沉寂到复兴：王、湛之学与书院讲会 |

陈白沙自广来学。晨光才辨，先生手自簸谷。白沙未起，先生大声曰："秀才，若为懒惰，即他日何从到伊川门下？又何从到孟子门下？"[1]

或许正是因为这次在书院睡懒觉被老师批评的经历，陈献章一生都对书院兴趣不大。他自崇仁返家，讲学于碧玉楼、江门钓台、小庐山书屋、嘉会楼，直至弘治十三年（1500）逝世，其讲学之地除小庐山书屋（亦名小庐山书院）之外，其他地方都不以书院相称。成化十七年（1481），陈氏甚至还辞去了江西提学藩臬联合邀约其主讲白鹿洞书院的聘任。应该说，他对书院的贡献，主要在于培养了湛若水这样的著名学生，而湛若水所到之处，必建白沙书院以祀其师。最终湛氏与王守仁一起，再度将书院与学术一起推向历史的巅峰。

第二节　王、湛的书院实践活动

王守仁（1472—1529），字伯安，号阳明，浙江余姚人。因曾隐居会稽阳明洞，又曾创办过阳明书院，故世称阳明先生。又以其封新建伯，故又称王新建。王守仁家世为望族，其父王华为成化十七年（1481）辛丑科状元。虽然读书治学为阳明必做之事，但在弘治十二年（1499）中进士踏入仕途之前，他和书院似乎没有发生过联系。正德元年（1506），历经任侠、骑射、辞章、神仙、佛氏"五溺"而"始归于圣贤之学"的王守仁，刚获与湛若水"定交讲学"之乐不久，即因忤逆宦官刘瑾而遭贬谪贵州龙场驿之灾。从此，

---

[1] 黄宗羲：《明儒学案》卷一《崇仁学案一》，中华书局，1985，第15页。

他开始了二十余年的书院讲学实践活动,并形成了自己的书院观。

正德三年(1508)早春,前往贵州途中的王守仁来到长沙,游岳麓书院,赋长诗《游岳麓书事》以记之,内有"殿堂释菜礼从宜,下拜朱张息游地"① 之句,其对朱熹、张栻两位讲学于书院的学术大师的崇敬,于此可见。

正德三年三月,王守仁到达龙场驿,当地民众为其创建龙冈书院,王氏作《龙冈新构》诗以记之,诗序称:"诸夷以予穴居颇阴湿,请构小庐。欣然趋事,不月而成。诸生闻之,亦皆来集,请名龙冈书院,其轩曰'何陋'。"② 在这里,他留下了诸多诗作,《诸生来》讲"门生颇群集,樽斝亦时展。讲习性所乐,记问复怀腼";《诸生夜坐》记"分席夜堂坐,绛蜡清樽浮。鸣琴复散帙,壶矢交觥筹。……讲习有真乐,谈笑无俗流。缅怀风沂兴,千载相为谋"之乐;《诸生》则称:"人生多离别,佳会难再遇。如何百里来,三宿便辞去。……嗟我二三子,吾道有真趣。胡不携书来,茆堂好同住!"《龙冈漫兴五首》则直言"寄语峰头双白鹤,野夫终不久龙场"。《春日花间偶集示门生》说:"闲来聊与二三子,单夹初成行暮春。改课讲题非我事,研几悟道是何人?阶前细草雨还碧,檐下小桃晴更新。坐起咏歌俱实学,毫厘须遣认教真。"龙冈书院师生的多彩生活,王守仁的追求与志向,在这些诗作中表现得淋漓尽致。"诸生相从于此,甚盛。恐无能为助也,以四事相规,聊以答诸生之意:一曰立志,二曰勤学,三曰改过,四

---

① 王守仁:《游岳麓书事》,《王阳明全集》卷一九,第 690 页。
② 《王阳明全集》卷一九,第 697 页。下引五诗,皆出于此,分见第 697,699,700,702,713 页。

曰责善。"① 这就是有名的《教条示龙场诸生》，是为龙冈书院学规，也是王守仁长时间书院教学实践经验的理论总结。

龙场不仅仅是王守仁第一次从事书院教学实践的地方，更是他的悟道之所。据《年谱》记载，王氏"日夜端居澄默，以求静一，久之，胸中洒洒。……忽中夜大悟格物致知之旨，寤寐中若有人语之者，不觉呼跃，从者皆惊。始知圣人之道，吾性自足，向之求理于事物者误也。乃以默记《五经》之言证之，莫不吻合，因著《五经忆说》"。② 如果说龙场悟道是王学形成的标志，那么龙冈讲学则是王学传播的开始。王氏高足钱德洪曾说："先生之学凡三变，其为教也亦三变：少之时，驰骋于辞章；已而出入于二氏；继乃居夷处困，豁然有得于圣贤之旨：是三变而至道也。居贵阳时，首与学者为'知行合一'之说；自滁阳后，多教学者静坐；江右以来，始单提'致良知'三字，直指本体，令学者言下有悟：是教亦三变也。"③ 由此可知，王守仁之学历经三变而最终定于龙场悟道，是为学术史上"王学"的真正形成，而王学的传播则开始于龙冈书院的讲学，其教习方法即是刚刚发明的"知行合一"之说。

正德四年（1509），王守仁在龙冈书院宣讲其知行合一的新学说，声名传到主管贵州一省学政的提学副使席书处，二人往复问辨之后，遂有了王氏贵阳文明书院讲学④之活动。关于

---

① 王守仁：《教条示龙场诸生》，见《王阳明全集》卷二六，第974页。
② 见《王阳明全集》卷三三，第1228页。
③ 钱德洪：《刻文集序说》，见《王阳明全集》卷四一，第1574页。
④ 王守仁贵阳讲学之地，为文明书院，而不是《年谱》所记之贵阳书院，今人多有辨证，然学者仍有沿用《年谱》而不察其误者，谨再予申说，祈能引起注意。

这次讲学,《年谱》是这样记载的:

> 始席元山书提督学政,问朱、陆同异之辨。先生不语朱、陆之学,而告之以其所悟(知行合一)。书怀疑而去。明日复来,举知行本体证之《五经》诸子,渐有省。往复数四,豁然大悟,谓:"圣人之学复睹于今日。朱、陆异同,各有得失,无事辩诘,求之吾性,本自明也。"遂与毛宪副修葺书院,身率贵阳诸生,以所事师礼事之。①

文明书院为省城贵阳的著名书院,创建于元皇庆(1312—1313)年间,元末毁于兵燹。明弘治十七年(1504),提学副使毛科重修,有文会堂及"颜乐""曾唯""思忧""孟辨"四斋,"选聪俊幼生及各儒学生员之有志者二百余人,择五经教读六人,分斋教诲"。② 可见这是一所规模很大、规制严密,且分专业、分年龄进行层次教学的书院。初到其地讲学,王守仁比较谦逊,有诗为证,其称:

> 野夫病卧成疏懒,书卷长抛旧学荒。
> 岂有威仪堪法象?实惭文檄过称扬。
> 移居正拟投医肆,虚度仍烦避讲堂。
> 范我定应无所获,空令多士笑王良。③

---

① 《王阳明全集》卷三三,第1229页。
② 徐节:《文明书院记》,转引自谭佛祐《王阳明"主贵阳书院"证误》,载秦家伦主编《王学之思:纪念王阳明贵阳"龙场悟道"490周年论文集》,贵州民族出版社,1999,第298—300页。
③ 王守仁:《答毛拙庵见招书院》,《王阳明全集》卷一九,第703页。

第一章 从沉寂到复兴：王、湛之学与书院讲会

尽管王氏内敛谦虚，但他的新学说开人心智，"士类感德，翕然向风"，并借助院中 200 余生徒，得以迅速在黔地传播，深入人心。甚至到嘉靖十三年（1534），王门弟子王杏到贵州任监察御史时，"闻里巷歌声，蔼蔼如越音。又见士民岁时走龙场致奠，亦有遥拜而祀于家者"，因而感叹"师教入人之深若此"，乃应贵阳龙冈、文明两书院数十门人之请，创建王公祠以为纪念。①

在结束龙场贬谪生活之后，王守仁历任庐陵、滁州等地方官，及南京刑部、鸿胪寺、太仆寺，北京吏部等两京京官。其间王氏虽然也到处讲学，但不专以书院为讲坛。直至正德十二年、十三年，他以巡抚身份在江西南安、赣州，福建汀州、漳州镇压农民起义，即所谓"破山中贼"之时，感到有必要修建书院来讲学，以"破心中贼"。于是正德十三年（1518），王守仁在赣州建复六所书院，其中新建的义泉、正蒙、富安、镇宁、龙池五所书院为社学性质，它们以教民化俗为主；修复的濂溪书院则以传播心学为要。在南昌，王氏派门人冀元亨到宁王朱宸濠的阳春书院，试图通过讲正学的方式来规止宁王的反叛之心。在庐山，王氏先是派门人蔡宗兖任白鹿洞书院洞主，并乘刻印全面解构程朱理学的《朱子晚年定论》《传习录》之勇，将自己手书的《修道说》《中庸古本》《大学古本序》《大学古本》，"千里而致之"，驰送白鹿洞书院，并刻石于明伦堂，"是欲求证于文公也"，② 开始对这一程朱理学的大本营进行实质性颠覆。十五年正月、十六年五月，他自己又两次来到白鹿洞书院，集门人讲学其中，留诗题字，遗金置田，

---
① 《王阳明全集》卷三六《年谱附录一》，第 1330—1331 页。
② 郑廷鹄：《白鹿洞志》卷六，见朱瑞熙、孙家骅《白鹿洞书院古志五种》，中华书局，1995，第 212 页。

"欲同门久聚,共明此学",① 多有建树。在给邹守益的信中,王氏更提出了抢占白鹿洞书院这一朱学堡垒的要求。其称:

> 同事者于中、国裳、汝信、惟濬,遂令开馆于白鹿。醉翁之意盖有在,不专以此烦劳也。区区归遁有日,圣天子新政英明,如谦之亦宜束装北上,此会宜急图之,不当徐徐而来也。蔡希渊近已主白鹿,诸同志须仆已到山,却来相讲,尤妙。此时却匆匆不能尽意也,幸以语之。②

所谓开馆于白鹿洞、主讲白鹿洞、束装北上会于白鹿洞云云,皆是"醉翁之意盖有在",质言之,就是希望自己的门徒尽快占领白鹿洞,将这一朱学堡垒变为王学阵地。此后,王门弟子出入其间,昔日的理学圣地俨然变为心学的大本营。

正德十六年(1521)八月到嘉靖六年(1527)九月,王守仁因建奇伟之功而遭诽谤,其学被指为伪学,他便由江西返家,在余姚、绍兴等地专事讲学,日与门人讲明"致良知"之说。其间,他自己撰写了《稽山书院尊经阁记》《万松书院记》,阐述了"六经者,吾心之记籍也"的基本主张,而门人则为他建复稽山、阳明二书院作为宣传、倡学的大本营。

稽山书院在浙江山阴卧龙山西岗(今属绍兴),范仲淹首建,石待旦为第一任山长,③ 南宋时为纪念朱熹建祠,后渐办学。嘉靖三年(1524),绍兴知府南大吉因信奉阳明之学,"以座主称门生",乃扩大其规模,增建明德堂、尊经阁、瑞

---

① 《王阳明全集》卷三四《年谱二》,第1280页。
② 王守仁:《与邹谦之》,《王阳明全集》卷五,第178页。
③ 乾隆《绍兴府志》卷五三《人物志十三》,乾隆五十七年刊本。

泉精舍等,"聚八邑彦士,身率讲习以督之"。当时讲学盛况空前,"环坐而听者三百余人",多为王门干将。其中,"萧璆、杨汝荣、杨绍芳等来自湖广,杨仕鸣、薛宝铠、黄梦星来自广东,王艮、孟源、周冲等来自直隶,何秦、黄弘纲等来自南赣,刘邦采、刘文敏等来自安福,魏良政、魏良器等来自新建,曾忭来自泰和",年龄最大的是时年六十八岁,且"以能诗闻于江湖"的海宁人董沄。先生临之讲学,"只发《大学》万物同体之旨,使人各求本性,致极良知以至于至善。功夫有得,则因方设教,故人人悦其易从"。①

阳明书院在绍兴城西郭门内光相桥之东,嘉靖四年(1525)十月,由门人集资创建。这座创建于"伪学"诽谤声中,公开以"阳明"为名的书院,被认为"是阳明学派走向成熟的一个客观标志,它表明阳明弟子不仅茁壮成长,而且有志于以此为基地开拓未来"。②

嘉靖六年(1527)九月,居闲讲学六年之久的王守仁再度被起用,以左都御史总督两广及湖广军务的身份,赴广西镇压田州、思恩岑猛之乱。赴任途中,他经衢州、常山、南昌、吉安、肇庆各地,一路讲学不辍,大会士友三百余人于螺川,并致书浙中的钱德洪、王畿,要他们团结"绍兴书院中同志",严"会讲之约","振作接引",对家乡书院可谓念念不忘。在广西军旅之中,"闻龙山之讲,至今不废,亦殊可喜"。③ 平乱的同时,他更在当地举乡约、重礼教、兴学校,"日与各学师生朝夕开讲","务在兴起圣贤之学",以挽救日益陷溺之人心士风。七年六月,他在南宁创建敷文书院,聘其

---

① 《王阳明全集》卷三五《年谱三》,第1290页。
② 《王阳明全集》卷三五《年谱三》,第1309、1321页。
③ 《王阳明全集》卷一八《别集十》,第638页。

门人季本主讲。八月，发布《经理书院事宜》，[1] 要求书院"法立事行"，进行制度化建设。九月，又批复苍梧道梧州府，"照依南宁书院规制，鼎建书院一所"，"以淑人心"。[2] 十月，与钱德洪、王畿、何胜之通信时称近来"余姚、绍兴诸同志又能相聚会讲切，奋发兴起，日勤不懈，吾道之昌，真有火燃泉达之机矣，喜幸当何如哉"，[3] 希望"早鼓钱塘之舵"，"一还阳明洞"，与浙中书院诸友聚会。十一月，他不幸病逝于归家途中。这些都说明晚年的王守仁书院情结日深。

嘉靖九年（1530）二月，王守仁丧柩回到绍兴家中，"每日门人来吊者百余人，有自初丧至卒葬不归者。书院及诸寺院聚会如师存。是时，朝中有异议，爵荫赠谥诸典不行，且下诏禁伪学"。但这些阻止不了各地门人对老师的悼念。十一月王氏下葬，"门人会葬者千余人，麻衣衰屦，扶柩而哭。四方来观者莫不交涕"。[4] 可以说，王氏人生的落幕和数百年前的朱熹极其相似——在先师殁后，他们的门人都不顾伪学禁令，毅然聚会书院，一守师道，哭送心丧如仪。

湛若水（1466—1560），原名露、雨，字元明，号甘泉，广东增城县甘泉人。学者称为甘泉先生，称其学为甘泉学。29岁师从陈献章于江门，悟出"随处体认天理"的心学方法，白沙先生视其为衣钵传人。湛亦十分敬重老师，视陈氏为道义之师，终身以父之礼事之。弘治十八年（1505），湛若水高中进士，在北京与王守仁定交，"共以倡明圣学为事"。弘治正

---

[1] 《王阳明全集》卷一八《别集十》，第638页。
[2] 王守仁：《批苍梧道创建敷文书院呈》，《王阳明全集》卷三〇，第1123页。
[3] 《王阳明全集》卷三五《年谱三》，第1323页。
[4] 《王阳明全集》卷三五《年谱三》，第1327页。

第一章 从沉寂到复兴：王、湛之学与书院讲会

德之际，湛若水在北京十年，历官编修、侍读等职。其间曾出使安南（今越南），并居家守丧。嘉靖三年（1524），湛若水升南京国子监祭酒，直至十九年致仕，他都在南京，历任南京礼部侍郎，以及吏、礼、兵三部尚书等职。湛若水既与王守仁相约"共以倡明圣学为事"，故无论为官居家，皆以讲学为己任，在北京如此，在南京主持学政更是如此，直到致仕之后便专事讲学。嘉靖三十九年（1560）四月十九日湛氏病重，弥留之际，他还在叮咛学生要按照会约讲习，相观而善。二十二日，湛氏以95岁高龄逝世于禺山书院（精舍）。由此可见，为了弘扬师说，为了遵守与王守仁的共同约定，湛若水一生，尤其是40岁至95岁这一阶段，半个多世纪无日不在讲学，以其"道德尊崇，四方风动，虽远蛮夷，皆知向慕，相从士三千九百有余"。① 也有人说，"合天下之士，出其门者四千人，车从所至，咸有精舍"。②

湛若水所至必讲学，讲学之所或国子监，或州县学，或书院，或精舍，或会馆，或寺观，或行窝，似乎并不拘泥，但湛氏对书院情有独钟，"平生足迹所至，必建书院以祀白沙"，这一点和他的老师陈献章大不相同。这样做，或许也正是为了弥补白沙与书院失交的缺憾。与王守仁相比，他先生而后逝，以其老寿而阅历了更多的书院。据罗洪先为湛氏所作墓志记载，他曾先后创建、讲学的书院有数十所之多，"于其乡，则有甘泉、独冈、莲花；馆谷于增城、龙门，则有明诚、龙潭；馆谷于羊城，则有天关、小禺、白云、上塘、蒲涧；馆谷于南海之西樵，则有大科、云谷、天阶；馆谷惠之罗浮，则有朱

---

① 罗洪先：《墓志》，见湛若水《湛甘泉先生文集》卷三二，康熙二十年刊本。
② 洪垣：《墓志铭》，见《湛甘泉先生文集》卷三二。

明、青霞、天华；馆谷韶之曲江，则有帽峰；英德则有清溪、灵泉；馆谷南都，则有新泉、同人、惠化；馆谷溧阳，则有张公、洞口、甘泉；馆谷扬州，则有城外、行窝、甘泉山；馆谷池州，则有九华山、中华；馆谷在徽州，则有福山、斗山；馆谷福建武夷，则有六曲、仙掌、一曲；……馆谷湖南，则有南岳、紫云"，① 仅以上所列就达 37 所。此外，地方志所记，至少还有安徽休宁天泉书院，江苏江浦新江书院，江西庐山白鹿洞书院、安福复古书院，湖南衡阳石鼓书院、南岳白沙书院等，估计总数不会少于 50 所，在整个中国书院发展史上，湛若水的贡献可与朱熹相媲美。

湛氏与书院的不解情缘，还体现在他关心地方书院建设，为各地书院所作的文章上。据陈来、乔清举先生发现的嘉靖十五年、万历七年刊本《湛甘泉先生文集》统计，② 湛氏为全国各地书院所作的文章有数十篇之多，其内容涉及建院、祭祀、学田、聘请主讲、会讲、作文等问题，说明他对书院建设的关心、支持与指导都是立足于现实的。除此之外，文集中所收《福山书堂讲章》《莲洞书院讲章》《青霞洞讲章》《九华山中华书堂讲章》《斗山书堂讲章》《会华书院讲章》《韶州明经馆讲章》《独冈书院讲章》《甘泉洞讲章》《天泉书堂讲章》《天华精舍讲章》《天关精舍讲章》《白沙书院讲章》《樵语》《新泉问辨录》《天关语录》《问疑续录》等，更直接记载了他在各地讲学的具体内容，而《大科训规》，则是他为书院制定的具体规章制度，共 62 条之多。凡此种种，皆足以体现其拳拳经营书院的苦心。

---

① 《湛甘泉先生文集》卷三二。
② 乔清举：《甘泉文集考》，《中国哲学》第十七辑，岳麓书社，1996，第 583—633 页。

第三节　王、湛的书院观与书院讲会的复兴

在长期的书院讲学实践中,王守仁、湛若水形成了他们颇具心学特色的书院观。约而言之,它包括书院的意义、书院的教学方法、书院与学术的关系、书院的教化功用[①]等。以下我们将结合王、湛文集中有关书院的文本来探讨这些问题。

关于书院,王守仁将其定位为"匡翼夫学校之不逮"的角色,认为书院存在的价值和作用就在于补救官学的流弊,而讲求古圣贤的明伦之学。这种观点主要体现在他的《万松书院记》中,其称:"惟我皇明,自国都至于郡邑,咸建庙学,群士之秀,专官列职而教育之。其于学校之制,可谓详且备矣。而名区胜地,往往复有书院之设,何哉?所以匡翼夫学校之不逮也。"在他看来,"国家建学之初意"就是明人伦,但因为受到科举影响,这种建学的本意贯彻不了,"自科举之业盛,士皆驰骛于记诵辞章,而功利得丧,分惑其心,于是师之所教,弟子之所学者,遂不复知有明伦之意矣","怀世道之忧者,思挽(亦作勉)而复之","乃增修书院","揭以白鹿洞之规,抡彦选俊,肄习其间,以倡列郡之士","期我以古圣贤之学",而所谓古圣贤之学,即在于明伦。也就是说,书院是在官学"不复知有明伦之意"的情况下,替代官学去讲明伦之学的,此即所谓书院之设"所以匡翼夫学校之不逮也"。至于为什么要以书院去匡翼官学,王守仁用了一个军事上的比喻:"譬之兵事,当玩弛偷惰之余,则必选将阅伍,更

[①] 王守仁利用书院实施教化的问题,将在下面做专门讨论。

其号令旌旗,悬非格之赏以倡敢勇,然后士气可得而振也!"①非常明显,在王守仁那里,书院和官学同属国家学政队伍中的两军,当官学受科举之累而迷失讲求明伦之学的前进目标时,他便将其撤下,用书院替换,以便继续朝着讲求明伦的目标前进。可见,以书院匡翼学校,实如部队换防。

从以上的叙述可知,王守仁认为国家设学校和地方建书院的本意相同,都是为了讲学明伦,官学涣散,则可以用书院去"匡翼"。那么,何谓明伦之学,又该如何去讲求明伦之学呢?在《万松书院记》中,他做了如下论说:

> 尧、舜之相授受曰:"人心惟危,道心惟微,惟精惟一,允执厥中。"斯明伦之学矣。道心也者,率性之谓也,人心则伪矣。不杂于人伪,率是道心而发之于用也。以言其情,则为喜怒哀乐;以言其事,则为中节之和,为三千三百《经曲》之礼;以言其伦,则为父子之亲、君臣之义、夫妇之别、长幼之序、朋友之信,而三才之道尽此矣。舜使契为司徒以教天下者,教之以此也。是固天下古今圣愚之所同具,其或昧焉者,物欲蔽之,非其中之所有不备,而假求之以外者也。是固所谓不虑而知,其良知也;不学而能,其良能也。孩提之童,无不知爱其亲者也。孔子之圣,则曰:"所求乎子以事父未能也。"是明伦之学,孩提之童亦无不能,而及其至也,虽圣人有所不能尽也。人伦明于上,小民亲于下,家齐国治而天下平矣。是故明伦之外无学矣。外此而学者,谓之异端;非此而论者,谓之邪说;假此而行者,谓之伯〔霸〕术;饰此

---

① 王守仁:《万松书院记》,《王阳明全集》卷七,第252—254页。

而言者,谓之文辞;背此而驰者,谓之功利之徒、乱世之政。虽今之举业,必自此而精之,而后不愧于敷奏明试;虽今之仕进,必由此而施之,而后无忝于行义达道。斯固国家建学之初意,诸君缉〔葺〕书院以兴多士之盛心也。

既然"明伦之学"下而"孩提之童亦无不能",上而"圣人有所不能尽",包含如此多重性,那么,讲求明伦之学的书院有高下之分、等级之别,就是情理之中的事情了。这从王守仁为各级各类书院撰写的诗文中就可以看出端倪。《万松书院记》所讲的杭州万松书院,就是省级书院,它收浙江一省彦俊,而"思有以大成之"。《稽山书院尊经阁记》[①]所记之书院为府级,如前所述,它聚绍兴府所属"八邑彦士"。《紫阳书院集序》[②]明确说,徽州知府熊世芳大新紫阳书院,"萃七校之秀而躬教之"。《平山书院记》[③]称,杨温甫建书院"使吾乡之秀与吾杨氏之子弟诵读其间",则可知其为家族乡村书院。《送毛宪副致仕归桐江书院序》[④]乃言,书院为毛氏卜居"归老"之地,意在遂其"退处"之志。《东林书院记》[⑤]则说,书院为宋儒杨时"讲学之所"。而贵阳的龙冈书院、文明书院,则是王守仁自己发明并传播"知行合一"这一学说的地方。至于赣州城中他所建复的6所书院,如上所述,义泉、正蒙等5所完全是社学性质,濂溪书院则为赣府一府十二州县士人肄业之所。王氏晚年在南宁、梧州兴建的敷文书院,讲圣贤

---

① 《王阳明全集》卷七,第254—256页。
② 《王阳明全集》卷七,第239—240页。
③ 《王阳明全集》卷二三,第889—890页。
④ 《王阳明全集》卷二二,第872—873页。
⑤ 《王阳明全集》卷二三,第898—899页。

之学而救人心的成分就更大。凡此种种，都可以说明，王守仁认定书院是有等级差异的，书院讲学也有层次区别，也就是说，书院是一个有着不同层次不同类型的文化教育组织，它自成一系，与官学并行，共同承担国家所赋予的讲学明伦的责任。

以书院作为宣讲、倡大自己学说的基地，并借讲学颠覆程朱理学的大本营，是王守仁书院观的重要内容。王氏之学三变而定于书院，其教三变而从书院开始的情况，我们在上一节已经做过介绍，这里再引他在稽山书院讲学的材料，进一步明了其操作情形。嘉靖四年（1525），王氏门人、绍兴府知府南大吉"慨然悼末学之支离"，拓新稽山书院，又建尊经阁，集八邑之士，"将进之以圣贤之道"，遂请王氏"一言以谂多士"。于是，王阳明就发表了其著名的六经为"吾心之记籍"，"六经之实，则具于吾心"的主张，其称：

> 六经者非他，吾心之常道也。故《易》也者，志吾心之阴阳消息者也；《书》也者，志吾心之纪纲政事者也；《诗》也者，志吾心之歌咏性情者也；《礼》也者，志吾心之条理节文者也；《乐》也者，志吾心之欣喜和平者也；《春秋》也者，志吾心之诚伪邪正者也。君子之于六经也，求之吾心之阴阳消息而时行焉，所以尊《易》也；求之吾心之纪纲政事而时施焉，所以尊《书》也；求之吾心之歌咏性情而时发焉，所以尊《诗》也；求之吾心之条理节文而时著焉，所以尊《礼》也；求之吾心之欣喜和平而时生焉，所以尊《乐》也；求之吾心之诚伪邪正而时辨焉，所以尊《春秋》也。
>
> 盖昔者圣人之扶人极，忧后世，而述六经也，犹之富家者之父祖，虑其产业库藏之积，其子孙者或至于遗忘散

第一章 从沉寂到复兴：王、湛之学与书院讲会

失，卒困穷而无以自全也，而记籍其家之所有以贻之，使之世守其产业库藏之积而享用焉，以免于困穷之患。故六经者，吾心之记籍也，而六经之实，则具于吾心，犹之产业库藏之实积，种种色色，具存于其家，其记籍者，特名状数目而已。而世之学者，不知求六经之实于吾心，而徒考索于影响之间，牵制于文义之末，硁硁然以为是六经矣。是犹富家之子孙，不务守视享用其产业库藏之实积，日遗忘散失，至于窭人丐夫，而犹嚣嚣然指其记籍曰："斯吾产业库藏之积也。"何以异于是？呜呼！六经之学，其不明于世，非一朝一夕之故矣。尚功利，崇邪说，是谓乱经；习训诂，传记诵，没溺于浅闻小见，以涂天下之耳目，是谓侮经；侈淫辞，竞诡辩，饰奸心盗行，逐世垄断，而自以为通经，是谓贼经。若是者，是并其所谓记籍者而割裂弃毁之矣，宁复知所以为尊经也乎！[①]

我们从"乱经""侮经""贼经"的言辞中，可以感知到他对于支离末学的猛烈批评的态度，更可以从他希望"世之学者既得吾说而求诸其心焉"的迫切追求中，体味到他借书院传播学说的急切心情。

王守仁乘平乱大胜之势，将瓦解朱熹学说的文章千里致送并刊立白鹿洞书院，集合自己的门人在洞中讲学，其占领程朱理学阵地之意十分明显，这里暂且不论。早在正德十年（1515），王守仁就借为《紫阳书院集》作序之机，公开批评朱子之学"失之支离琐屑"，大力推销"心外无事""心外无理""心外无学"的主张，在朱子家乡，王氏开始了其颠覆紫阳学说的活动。其称：

---

① 王守仁：《稽山书院尊经阁记》，《王阳明全集》卷七，第254—255页。

豫章熊侯世芳之守徽也，既敷政其境内，乃大新紫阳书院以明朱子之学，萃七校之秀而躬教之。于是校士程曾氏采摭书院之兴废为集，而弁以白鹿之规，明政教也。来请予言以谂多士。夫为学之方，白鹿之规尽矣；警劝之道，熊侯之意勤矣；兴废之故，程生之集备矣。又奚以予言为乎？然予闻之：德有本而学有要，不于其本而泛焉以从事，高之而虚无，卑之而支离，终亦流荡失宗，劳而无得矣。是故君子之学，惟求得其心。虽至于位天地，育万物，未有出于吾心之外也。孟氏所谓"学问之道无他，求其放心而已矣"者，一言以蔽之。故博学者，学此者也；审问者，问此者也；慎思者，思此者也；明辨者，辩此者也；笃行者，行此者也。心外无事，心外无理，故心外无学。是故于父，子尽吾心之仁；于君，臣尽吾心之义；言吾心之忠信，行吾心之笃敬；惩心忿，窒心欲，迁心善，改心过，处事接物，无所往而非求尽吾心以自慊也。譬之植焉，心其根也；学也者，其培拥之者也，灌溉之者也，扶植而删锄之者也，无非有事于根焉耳矣。朱子白鹿之规，首先以五教之目，次之以为学之方，又次之以处事接物之要，若各为一事而不相蒙者。斯殆朱子平日之意，所谓"随事精察而力行之，庶几一旦贯通之妙也"欤？然而世之学者，往往遂失之支离琐屑，色庄外驰，而流入于口耳声利之习。岂朱子之教使然哉？故吾因诸士之请，而特原其本以相勖。庶几乎操存讲习之有要，亦所以发明朱子未尽之意也。①

---

① 王守仁：《紫阳书院集序》，《王阳明全集》卷七，第239—240页。

第一章　从沉寂到复兴：王、湛之学与书院讲会

非常明显，发明朱子未尽之意是假，推广自己致良知的心学是真。这说明，王守仁已经深谙利用书院传播学术之道。正是利用书院这块阵地，他将自己的思想理论迅速推广于东南各地，以至倾动朝野，最终取代程朱理学而风行数百年之久。

王守仁关于书院的教学方法和理论，集中体现在《教条示龙场诸生》中。教条作于正德三年（1508），虽然是为训诲在龙冈书院学习的"诸夷子弟"而作，比较浅近，仅以立志、勤学、改过、责善"四事相规"，但实际上它揭示了讲学求道的逻辑理路，十分符合教育教学规律。只是，当时王守仁初讲知行合一之说，其教初变于书院，相对而言，其心学特色还不明显。

湛若水的书院观也很有心学特色。他虽以"随处体认天理"相标榜，但其学说和王阳明的"致良知"没有本质区别，亦以发挥心学为己任，并钟情于书院的讲学、会讲，重悟性而轻积累，对宋元时期以程朱为代表的"道问学"的书院观多有批判。兹举一例来做说明。王门高弟邹守益创建广德州（今安徽广德市）儒学尊经阁，"居六经于其上，而习诸生于其下，凡为阁三间六楹，而列二翼于前为燕居，会之以门为复初书院"，因请湛若水作记，记曰：

> 甘泉子曰："夫经也者径也，所由以入圣人之径也。或曰警也，以警觉乎我也。传说曰'学于古训'。夫学觉也，警觉之谓也。是故六经皆注我心者也，故能以觉吾心。《易》以注吾心之时也，《书》以注吾心之中也，《诗》以注吾心之性情也，《春秋》以注吾心之是非也，《礼》《乐》以注吾心之和序也。"曰："然则何以尊之？"曰："其心乎！故学于《易》而心之时以觉，是能尊

《易》矣；学于《书》而心之中以觉，是能尊《书》矣；学于《诗》而心之性情以觉，是能尊《诗》矣；学于《春秋》《礼》《乐》，而心之是非和序以觉，是能尊《春秋》《礼》《乐》矣。觉斯存之矣，是故能开聪明，扩良知。非六经能外益之聪明、良知也，我自有之，彼但能开之、扩之而已也。如梦者、醉者，呼而觉之，非呼者外与之觉也，知觉彼固有之也，呼者但能觉之而已也。故曰六经觉我者也。"[1]

既然聪明、良知为我心固有，六经所起的作用仅在于唤醒那固有的聪明才智、良知，使其觉之、开之、扩之而已，那么其逻辑推导的必然结果就是，当聪明、良知"觉之"以后，六经就将变得无用，而被搁置起来。更何况在湛氏看来，还有一部分人"不必外求诸经"，是"不必呼而能觉之类也"，对于他们来说，经书更没有任何意义，这样六经的存在就变得完全没有必要了。另外，因为"六经皆注我心"，即便是尊经，皆可在心中完成，也可不必去体会那些经书，这是文中所反复强调的，其结果也必然是读书不求甚解，并不重视书籍。受这种观念的直接影响，有明一代书院的藏书事业不甚发达，前不敌宋元，后不及清代。这既是一种消极影响，又是明代书院特色的真实反映。

复兴书院会讲、讲会的传统，致力于讲会制度建设，是王、湛书院观的重要内容。书院会讲、讲会是宋元已有的传统，王、湛的贡献在于，在复兴书院的同时，也积极倡导讲会。以湛若水为例，其在南京周围各地讲学，首开富山、斗

---

[1] 湛若水：《广德州儒学新建尊经阁记》，《湛甘泉先生文集》卷一八。

山、天泉、新泉诸书院讲会,以下将做专门介绍。年过九十尚游南岳,过石鼓、白沙、甘泉各书院,遍与湘赣门人及阳明后学邹守益等人讲学论道,种种情形亦为人所熟知,此不赘述。这里谨介绍其致力大科书院讲会建设的情况。在《大科训规》中,有三条涉及院中讲会,兹摘引如下:

一、远方及近处有德行道艺先觉之人,可为师法者,必恭请升座讲书,以求进益。闻所未闻,孔子之圣,亦何常师?

一、朔望升堂,先生讲书一章或二章,务以发明此心此学,诸生不可作一场说话听过,亦必虚心听受,使神意一时相授,乃有大益。

一、诸生朔望听讲之后,轮流一人讲书一章,以考其进修之益。[①]

以上迎请院外先觉之师讲书、院中先生朔望升堂讲书、诸生轮流讲书的记载,实际上就是书院的讲会或会讲活动,先觉与先生之讲会安排在作为"师生讲学之地"的凝道堂进行,诸生轮讲除了在凝道堂之外,也可以在进修、敬义二斋进行。而先觉之临时恭请、先生之定期升堂、诸生之轮讲,也说明大科书院之讲会已经形成制度,且已经包括学术(先觉升堂)、教学(师生讲书)两种类型。如果将这些条文和"诸生用功须随处体认天理"等规定一并考察,就会发现其心学特色不言自明。

[①] 湛若水:《大科训规》,《湛甘泉先生文集》卷六。以下有关讲学、会讲之地的引文亦出此《训规》。

王守仁复兴书院讲会的努力和贡献是公认的，王门最早的讲会是由王守仁亲自主持的。据《年谱》记载，嘉靖四年（1525）九月，"先生归，定会于龙泉寺之中天阁。每月以朔、望、初八、廿三为期"，"咸集于此，以问学为事"。为了使讲会走向正规，不致因人之去留而聚散，他以书壁的形式对讲会的日期、原则和具体操作程序、方法等提出了要求。其称："予切望诸君勿以予之去留为聚散，或五六日、八九日，虽有俗事相妨，亦须破冗一会于此。务在诱掖奖劝，砥砺切磋，使道德仁义之习日亲日近，则势利纷华之染亦日远日疏，所谓相观而善，百工居肆以成其事者也。相会之时，尤须虚心逊志，相亲相敬。大抵朋友之交，以相下为益，或议论未合，要在从容涵育，相感以成；不得动气求胜，长傲遂非，务在默而成之，不言而信。其或矜己之长，攻人之短，粗心浮气，矫以沽名，讦以为直〔道〕，挟胜心而行愤嫉，以坏族败群为志，则虽日讲时习于此，亦无益矣。"① 十月，阳明书院落成，讲会移至书院举行。其后，钱德洪、王畿等先生主持其事，讲会坚持数十年不断，阳明书院成为浙中王门重镇。

次年，刘邦采、刘晓受其影响，在江西安福开惜阴会，间月为会五日，集同志讲学，王守仁为作《惜阴说》，指出："五日之外，孰非惜阴时乎？离群而索居，志不能无少懈，故五日之会，所以相稽切焉耳。呜呼！天道之运，无一息之或停；吾心良知之运，亦无一息之或停。良知即天道，谓之'亦'，则犹二之矣。知良知之运无一息之或停者，则知惜阴矣；知惜阴者，则知致其良知矣。"② 由惜阴而引至致良知，

---

① 《王阳明全集》卷三五，第1294页。
② 王守仁：《惜阴说》，《王阳明全集》卷七，第267页。

其意在把握讲会的方向。嘉靖六年（1527），王守仁在给安福诸同志的书中，对惜阴会的运作表示满意，多有激赏："诸友始为惜阴之会，当时惟恐只成虚语，迩来乃闻远近豪杰闻风而至者以百数，此可以见良知之同然，而斯道大明之几，于此亦可以卜之矣。"①

安福王门子弟没有辜负老师期望，一直坚持惜阴之会，到嘉靖十五年（1536），惜阴会以复古书院为中心扩散，并衍变为五郡大会。对此，《年谱》是这样记录的："师在越时，刘邦采首创惜阴会于安福，间月为会五日。先生为作《惜阴说》。既后，守益以祭酒致政归，与邦采、刘文敏、刘子和、刘阳、欧阳瑜、刘肇衮、尹一仁等建复古、连山、复真诸书院，为四乡会。春秋二季，合五郡，出青原山，为大会。凡乡大夫在郡邑者，皆与会焉。于是四方同志之会，相继而起，惜阴为之倡也。"② 二十七年，邹守益又作《惜阴申约说》，造会簿，签会约，提倡相规相勉，立自考、家考、乡考之簿，书德业以示劝，书过失以示戒，稽师门传习之绪，进一步完善会中制度，并请钱德洪、王畿到会讲学，使惜阴会约成为书院讲会制度的典型代表。从此，讲会林立于东南各地，并形成社团书院（讲会式书院），开拓出新的书院讲学形式，极大地促进了学术和书院的发展。

---

① 《王阳明全集》卷三五《年谱三》，第1303页。
② 《王阳明全集》卷三六，第1330页。洪波按，《年谱附录》将此条附于嘉靖十三年，误。实为十五年。

第二章　随地举会，归之书院：
讲会之发展趋势

明代书院的辉煌，是王、湛及其后学在正德、嘉靖、隆庆、万历年间（1506—1620），历时百余年，以联讲会、立书院的形式营造出来的。这个时期，创建兴复书院1108所，占全明已知建复年代书院总数的72.37%，其中仅嘉、隆两朝（1522—1572）50年时间，就有663所，占总数的43.3%，其勃然兴起、浩然兴盛之势，由此了然可见。从本书附录表3所列的年平均数中，我们也能同样看到这种兴盛辉煌的情况。正德、嘉靖、隆庆、万历四朝创建兴复书院的年平均数，分别是9.375、13.244、11.166、6.276所，都是前所未有的高数值，而且又分居全明第三、第一、第二、第四位，尤其是嘉、隆两朝，高居明代历朝之上，前后则有正德、万历拱卫，形成一个最高峰，昭示出书院空前的发达之势。仔细分析以上数据的变化轨迹，我们可以知道，由王、湛两位大师开创的书院向上勃发的趋向始于正德年间，而在他们先后逝世的嘉靖年间，这种上升的势头仍然不减，并且能在隆庆、万历时期维持高速发展的局面，这种情形要归功于他们的门人及后学。

王门弟子中有不乐仕进，一生讲学传道于下者，如钱德洪

第二章 随地举会，归之书院：讲会之发展趋势

"在野三十年，无日不讲学，江、浙、宣、歙、楚、广，名区奥地，皆有讲舍"；① 王畿"林下四十余年，无日不讲学，自两都及吴、楚、闽、越、江、浙，皆有讲舍"，② 正是他们的努力使王学获得了广泛的社会基础。王门弟子中也有位至公卿，甚至官拜宰相而讲学倡导于上者，以徐阶为代表。他在嘉靖、隆庆之际执政朝廷，"素称姚江弟子，极喜良知之学。一时附丽之者，竞依坛坫，旁畅其说"，③ 于是各地建书院，联讲会，"其流风所被，倾动朝野"，这又使得王学及传播王学之书院获得了广泛而崇高的社会声誉。可以说，这些遍布社会各阶层的王门弟子和再传弟子们的努力，将王学和书院一起推向了发展的新高潮，最终使明代书院摆脱了前期近百年的沉寂，形成辉煌盛大的局面。

王、湛之学以强调人的主观能动性为长处，鼓荡之下，无论士绅官民，类多相信人人可以为尧舜。于是满街都是圣人，到处可见坛席，人们以极大的学术热情立会讲学，形成了联友共学，随缘结会，不择场所，随地举会的盛景。细言之，家会、族会、乡会、邑会、郡会、联郡大会、江浙大会、留都之会、京师之会，无地不会；旬会、月会、季会、年会，无岁不会。要之，会如家常茶饭，以至田夫野老皆知有会，盛况可谓空前绝后。而更为难能可贵的是，其中的有识之士不为会众之热情痴醉蛊惑心智，仍能保持理性，及时接引，将近乎群众运动的随举之会导入书院的规范与制度之中，使其持续而有序地发展，良性成长。本章我们既要了然随地举会之盛况，又要寻觅会之归于书院的演变轨迹。

---

① 《明儒学案》卷一一《浙中王门学案一》，第225页。
② 《明儒学案》卷一二《浙中王门学案二》，第238页。
③ 《万历野获编》卷八《嫉谄》，第215页。

第一节 随地举会，联友共学

"随地举会"见于《五峰书院志·明蘋斋陈先生传》，其称：

> 先生讳其蔥，字生南，号蘋斋，东阳安文人。为邑诸生，豪宕任侠，喜快饮。……执贽往谒春洲，春洲大喜曰："生南至，吾道有人矣。"自是一变而归绳尺，殚虑研精，进取甚勇，知之所至，行必践之。……其所讲学，永康则五峰，东阳则文山、西庵，随地举会，接引后学，悃款详密，言不足则继之以歌，无有智愚，莫不感动。自春洲没，广其传，使勿替者，先生力也。①

上文所称"春洲"为东阳人陈其蔥之族兄，他师事邑人杜惟熙（号见山），而杜又以王阳明入室弟子永康人卢可久为师，则陈其蔥为阳明四传弟子。陈其蔥之名不见于《明儒学案》，卢、杜之名也仅见于书后附案，而不列入浙中王门，可见五峰书院一支在王门中的地位并不高。但其讲学不以儒家书院、佛教庵寺为意，随地而举，唯以接引后学为怀，悃款详密，言之歌之，感动智愚，实具阳明后学讲学之十足神韵，而"随地举会"一词，更是对阳明后学讲学实态恰如其分的概括。

"随地举会"，还可表述为"随地结会"。如王畿为钱德洪所作的《行状》中，就称"君自闻学以来，无一息不在于道，

---

① 程尚斐：《五峰书院志》卷二《传略》，赵所生、薛正兴主编《中国历代书院志》（第九册），江苏教育出版社，1995，第 177 页 b—178 页 a。

切切以取友论学为事。时江、浙、宣、歙、楚、广,会城名区,皆有讲舍、书院,随地结会,同志士友,咸设皋比以待"。① 在吕本为钱德洪所作的墓志铭中,也有这样的记载:

> (钱德洪)遍游宣、歙、江、广间,随地结会,风声所召,虽深山邃谷,亦有愿求一见,获闻绪言,以没世者。如在韶,则陈豹谷延主明经书院;溧阳,则史玉阳聘主嘉义书院;宛陵,则刘初泉聘主狮子岩与水西精舍;蕲州,则沈古林聘主崇正书院;江右,则督学王敬所大辟讲舍于怀玉山,群八邑士,聘公为山长,若冲玄,若斗山,若青原,若君山,若福田,若衢麓,若复真,若复古诸书院,往来敷教二十年,不可枚举,各有《规约》,有《会语》,凡若干卷,载公《全集》中。年七十,作《颐闲疏》驰告四方,不复远游矣。每春秋仲丁,止会东南同志于天真书院,因为湖上浃旬之游。②

钱氏二十余年遍游东南,不分通都大邑与深山邃谷,随地结会,与王学同志讲学于书院、精舍、讲舍之间,各有规约、会语传世。七十岁之后,他虽停止远游,但仍然坚持每年春秋两会同志于杭州天真书院,临终前一月,还在"念同志之会"。其立会讲学、孜孜不倦的态度,令人感慨。

---

① 王畿:《刑部陕西司员外郎特诏进阶朝列大夫致仕绪山钱君行状》,见《徐爱、钱德洪、董沄集》,钱明编校整理,凤凰出版社,2007,第413页;又见《王畿集》卷二〇,吴震编校整理,凤凰出版社,2007,第591页。
② 吕本:《明故刑部陕西司员外郎特诏进阶朝列大夫致仕绪山钱公墓志铭》,《徐爱、钱德洪、董沄集》,第418页。

由上可知,"会"是一种接引同志、启迪后学的教学方式。既然会可以随地而结,随地而举,那么,解读"随地举会""随地结会"的文化意涵,至少就有两个方面值得引起特别注意。一是"会"之易行,且人所乐见、普遍接受,其结果是"会"之流行、盛行,而成一种学术时尚。二是"会"之兴起率性而为,有着很大的随意性,但最后则趋于规范。其始可以不择场地,借家庙、宗祠、佛寺、道观举行,甚至可以联舟共车,周流遍转,其终则必要求专门的会所,由祠庙寺观而归于书院。

以下我们先讨论"随地举会"所代表的会之盛行。举会之盛,体现在诸多方面。试举一二,以见其概。李懋明说:"敝乡学会如家常茶饭,无地不有,无岁不行。即鹭洲书院,创于万历年间,自甲午至甲子卅余年,会讲无间。"[1] 此乃极言会之普通常见,而这普通的背后即是普遍的兴盛。试想,学会已如家常茶饭,何其多也,何其盛也!若会不致随地而举,又何敢称已如家常茶饭之普通常见。

钱德洪说:"戊申与龙溪赴青原、复古会,今九年而再至,穷乡邃谷,田夫野老,皆知有会,莫不敬业而安之。"[2] 此言会之深入穷乡邃谷,田夫野老知而敬业,已经取得了化民成俗的预期效果。

王畿说:"予赴会水西,太平杜子质偕同志二十余辈诣会所,请曰:'质昔闻先生之教,归而约诸乡,立会于九龙。始而至会者惟业举子也,既而闻人皆可以学圣,合农工商贾皆来与会。兹幸先生至,敢请下教,以坚其约!'乃携贡子玄略、周子顺之、吴子崇本、王子汝舟,从蓝山,历宝峰,以达九龙。会者长少余三百

---

[1] 许大益:《依仁会纪》,刘绎:《白鹭洲书院志》卷七,江西人民出版社,2008,第 161 页。

[2] 钱德洪:《惜阴会语》,《徐爱、钱德洪、董沄集》,第 177 页。

第二章 随地举会，归之书院：讲会之发展趋势

人，乡中父老亦彬彬来集，以一见为快，学究及庵僧先期俱有梦兆，以为之征。会三日。"① 由泾县水西会，到太平县九龙会，由二十余人到三百余人，由从事举业的读书人到农工商贾等普通民众，由学究到庵僧，我们看到了会的推广，会众人数的增加，以及与会者身份由单一向多元的扩充，实乃"会"之兴盛之路。

邹守益说："吾邑惜阴之会始于丙戌，复古（书院）之创始于丙申。凡我同会，或五六年，或七八年，或逾十年，逾二十年，甚者三十年矣。……自今以往，共订除旧布新之策，人立一簿，用以自考；家立一会，与家考之；乡立一会，与乡考之。"② "九邑同志胥会于青原，以无忘先师惜阴之训，耄倪欣欣也。泰和、万安之交，联属为一会，凡二十余年，会于梅陂，会于先天阁，会于云津，会于古城，会于智海，每速予临之，有三至五至者焉。"③ 此言会之长盛不衰，三十年的坚毅努力，使惜阴会由安福一县而扩至九邑，由人而家而乡而邑而郡，终至推广于江右，大盛于东南。

会之盛况，更可由会众人数直接得以呈现。一般而言，随地所举之会，会众数十人、数百人不等，这在16世纪的小农经济社会，已经是一个相当大的数目了。数十人、数百人举会数日，甚至一旬半月，而且一地甫完又转一地，周流不息，这样的盛会，即便是今日也较为罕见。更有甚者，会众近千人、千余人、数千人、近万人的记录亦累累见诸文献。如邹守益主盟青原惜阴会时，"远者年聚，近者月会，小会人百，大会人千"。④ 王时槐主持的

---

① 王畿：《书太平九龙会籍》，《王畿集》卷七，第172页。
② 邹守益：《惜阴申约》，《邹守益集》卷一五，董平编校整理，凤凰出版社，2007，第734页。
③ 邹守益：《泰和万安会语》，《邹守益集》卷一六，第755页。
④ 沈佳：《明儒言行录》，《景印文渊阁四库全书》第458册。

西原惜阴会,"四方来学者千百人"。[1] 宁国府志学书院之会,请王畿主讲,观听者"几数千人"。[2] 罗汝芳主持宛陵会,"大集六邑之士友长幼千余人"。[3] 邹守益"会白鹭",讲《大学》《中庸》合一之旨,"学使王敬所率生儒以千计听讲"。[4] 冯从吾与布政使汪可受、按察使李天麟等会讲于宝庆寺,"同志几千余人,相与讲心性之旨"。[5] 万历四十二年(1614),"按台紫海龙公偕茶台见平张公,会讲关中书院,乡士大夫及孝廉诸生约千有余人,而环桥观听者不可胜计"。[6] 徐阶任内阁首辅时,京师灵济宫之会更为有名,载于《明史》,其中《罗汝芳传》称:"大会于灵济宫,听者数千人。"《欧阳德传》则称:"当是时,德与徐阶、聂豹、程文德并以宿学都显位,于是集四方名士于灵济宫,与论良知之学,赴者五千人。都城讲学之会,于斯为盛。"[7] 余懋衡任永新知县,建明新书院,请王时槐、邹元标、邹德泳"主盟振铎,为讲明德新民之学,凡五日,永新绅衿皆在,父老子弟圜听之者近万人,人人自得,如坐春风中"。[8] 凡此种种,当年讲会盛况可以概见。

当然,明代中后期立会讲学的主力是阳明后学中的讲学名

---

[1] 刘遇奇:《西原惜阴会序》,光绪《吉安府志》卷一九,中华书局,2016,第756页。
[2] 沈懋学:《王龙溪老师八十寿序》,见沈氏《郊居遗稿》卷五,万历三十二年刊本;亦见《王畿集》附录四,第854页。
[3] 王畿:《宛陵会语》,《王畿集》卷二,第43页。
[4] 耿定向:《东廓邹先生传》,《邹守益集》卷二七,第1388页。
[5] 冯从吾:《关中书院记》,见冯氏《少墟集》卷一五,《景印文渊阁四库全书》第1293册。
[6] 冯从吾:《圣学启关臆说序》,见《少墟集》卷一三,《景印文渊阁四库全书》第1293册。
[7] 《明史》卷二八三《儒林列传》,第7277页。
[8] 余懋衡:《自敬吟》,见余氏《余少原先生集》之《涧滨癐言》,转引自〔日〕小野和子《明季党社考》,第159页。

家，他们居家讲学，结会家乡，或者为官讲学，举会地方，甚至游学四方，大会天下同志以启后学。从他们的个人经历，我们更能看到"会"之盛况。兹举王畿、罗汝芳、邹守益三人为例来做说明。

王畿与前述钱德洪并称浙中王学掌门人，与钱之"随地结会"一样，王畿也是"所至接引无倦色，自两都、吴、楚、闽、粤，皆有讲舍，江、浙为尤盛，会常数百人"。① 对此，赵锦在为王畿所作的《龙溪王先生墓志铭》中，有更为清楚的叙述：

> 其接引同志、启迪后学，亹亹款款，使人人各得其愿而欲亲，日以为常而罔倦，则若出于其性，而非他人之所与能者。尝言："同于愚夫愚妇为同德，异于愚夫愚妇为异端。使自处太高，不谐于俗，只成自了汉，非一体之学。"车辙所至，会常数百人，讲舍遍于吴、楚、闽、越，而江、浙为尤盛。年至八十，犹不废出游。有规之者，则曰："非故好劳，但念久安处，则日就怠荒，欲求与朋友相切劘，自了性命，非专以行教也。"呜呼，此岂寻常之士所易窥测者哉！②

由上可知，随着王畿车辙所至，"会"亦遍于吴、楚、闽、越各地讲舍，分布可谓广泛。而王氏以不做自了汉自警，

---

① 周汝登：《王畿传》，《王畿集》附录四，第836页。关于王畿讲学，《明儒学案》卷一二记作："先生林下四十余年，无日不讲学，自两都及吴、楚、闽、越、江、浙，皆有讲舍，莫不以先生为宗盟。年八十，犹周流不倦。"第238页。
② 赵锦：《龙溪王先生墓志铭》，《王畿集》附录四，第830—831页。

日怀与同志切劘之念，且与愚夫愚妇同德，正是其年至八十犹不废出游，会于天下同志和后学之原因所在。

在阳明后学中，罗汝芳（号近溪）以讲学名高，与王畿（号龙溪）齐名，并称"二溪"，史有"龙溪笔胜舌，近溪舌胜笔"之说。罗氏讲学"若春行雷动，虽素不识学之人，俄顷之间，能令其心地开明，道在视前，一洗理学肤浅套括之气，当下便有受用"。[①] 终其一生，孜孜以举会讲学为事。仅门人曹胤儒一人所记之大小会，就有四十多次，诚可谓多矣。谨将其辑录如下，当年会之兴盛，于此可见一斑。

还在求学期间，罗汝芳就"联数十友为会，虽作举子业，而商订理学居多"。"会考省中，缙绅士友大举学会"，得以拜颜钧为师。参加乡试，"诸同志大会于滕王阁数日"。参加会试，"诸同志大会于灵济宫"。不应廷试而归家，与聂豹、罗洪先、邹守益、胡宗正、王畿、钱德洪、颜钧等名家切磋问学数年，除参加邹守益的复古、青原惜阴系列讲会之外，尚有"大会江省数月""集会九邑同志""邀会乐安""讲里仁会于临田寺"等诸多为会记录。廷试时，"定会所于灵济宫"，集新旧同年、同志"数十百人，联讲两月，人心翕然，称盛会也"。出仕做官，任太湖知县，"立乡约，饬讲规，敷演圣谕六言"。赴任刑部主事，"沿途讲学，不以官为意"。任宁国府知府，"联合士民，各兴讲会"，建志学书院，"集郡缙绅"，"相与讨论"，"郡邑庠生侍坐听之，人各感动。其中奋发兴起者"百余人。又"修水西书院，联徽、宁、广德之士大夫讲会其间，理学丕振"，因得"以学会、乡约治郡"之名。由宁国入觐，"合部寺台省及觐会诸贤，大会灵济宫"，"悉心推

---

① 《明儒学案》卷三四，第 762 页。

演,听者跃然,详见《灵济宫会语》"。为父母守丧期间,"建前峰书屋于从姑山,四方来学者日益众",居家讲学之外,又"周流天下,遍访同志,大会乐安,大会南丰,大会韶州,由郴桂下衡阳,大会刘仁山书舍,每会必有会语"。服除起用,"北上过江省,大会旬日。遂从大江南东,沿途如饶州、安庆、宁国、留都、扬州,凡相知同志者,络绎邀师讲会","缙绅士友无日不会,处处聚乐,名虽入京,实则联友共学也"。过真州,"方建书院","大集生徒讲学逾旬"。六十岁寿辰,"郡中同志数百人,大会于旴之玄妙观,旬日始解"。随后参加"乐安大会","昼饮席间,夜卧联榻,坐起咏歌,无非是学也"。任职云南四年,历官屯田副使、提学副使、左参政,在昆明五华书院,"相与定期集士子讲学作文以为常",有《五华会语》传世。"初至腾越,警报虽急",仍"合缙绅士民会讲于来凤山堂"。筑晋宁、安宁二州城时,"暇日辄临乡约,其父老子弟集聚听讲者动以千计,风闻远近,争斗渐息,几于无讼"。以贺事入京,"同志毕集,日为会",忤张居正,解官致仕。时在万历五年(1577),学禁正严,但他不以"讲学罢官"为念,反以"去官正好讲学",尝称:

  人患无实心讲学耳,人肯实心讲学,必无祸也。党人者,好名之士也,非实心讲学者也。

因此,休归十二年间,仍然立会讲学不断。如万历七年,偕二子作粤闽之游,历肇庆、南海、惠州,由潮州入闽,"所在大会而后归",二子虽病逝肇庆,但并未改变讲会行程。十二年,学禁解除,又逢七十岁生日,"远近学者毕来称贺","大会月余"之后,从永丰,入吉安,过安福,至永新,适泰和，拜会王时槐、邹善、颜钧、胡直等江右学术名家，以"了数十年期约会"。十三年，"大会同志于江省"。十四年，偕楚中周柳塘从建昌出游，从鄱湖至玉山，入浙河，下钱塘，过嘉兴、姑苏、无锡、南京、芜湖、泾县、宁国、祁门、饶州，"所至与同志及名流无不倾倒"，"随举会"讲学，其中"留都之会届一月，殆无虚日"，"芜湖大会、泾县大会，宁国缙绅士民一时云集"。十五年，赴福建建阳，"大会数日，有《建阳会语》"。途中经新城、泰宁，"士友毕集"。十六年病逝，门人数百人私谥曰明德先生，祀于明德堂，且"月联友为会，每会诵《近溪子全集》数条，共相劝勉云"。①

总之，罗汝芳一生，于己"无一息不在学"，于人"无一人不勉以学"，为官"无一地不以学为政"，不论居家、做官，还是游学四方，舟车所至，必"随举会"讲学，诚所谓"联友共学"，"无日不会，处处聚乐"，宜乎古人有"大会同志，东南之学丕振"② 之称，今人有 16 世纪后半期"影响最大的讲学者之一"③ 之誉。

与罗汝芳有着同样影响力的还有江右王学领袖邹守益，他是最早建书院立讲会的王门高弟之一。王阳明生前，邹守益以广德州通判的身份建复初书院，开复初会以广播王学；居家则经营安福县惜阴系列讲会于城乡，以王阳明《惜阴说》训士。王氏逝世后，他又建复古书院、复真书院、连山书院、青原会馆，将惜阴会推广至吉安九邑乃至江西各郡。又与王畿、钱德洪

---

① 曹胤儒：《罗近溪师行实》，《罗汝芳集》附录，方祖猷、梁一群、李庆龙等编校整理，凤凰出版社，2007，第 833—851 页。
② 王时槐：《近溪罗先生传》，《罗汝芳集》附录，第 856 页。
③ 陈时龙：《明代中晚期讲学运动（1522—1626）》，第 265 页。陈先生虽将罗氏列为明代讲学旁系，但对其影响力则给予了充分肯定。

一起因祭立会，以会证学，努力经营杭州天真书院于王学根本之地，在冲玄观、怀玉书院、闻讲书院等地开江浙两省同志大会，共证文成之学。另在徽州、宁国等地推动水西会、宛陵会、斗山会等。诚如罗洪先所说，"知教之不可豫也，则立书院，建祠宇，广乡约，以浚其源"，数十年间，邹守益仆仆于途，"无一日而众不与聚，亦无一日而不与众偕"，到处会讲、讲会，大倡阳明之学。① 计其一生，凡立会八十次，其中常会七十，大会一十，可谓多矣。② 有关情况，门人耿定向有记，兹引如下：

> 自南雍免归，继室之嘉礼甫成逾月，即出西里讲学。明年游南岳，寻游庐阜，若越之天真、闽之武夷、徽之齐云、宁之水西，咸一至焉。而境内之青原、白鹭、石屋、武功、连山、香积，岁每再三至。远者经年，近者弥月，常会七十，会聚以百计，大会凡十，会聚以千。绛帷一启，云拥星罗，或更端承禀于函丈之前，或簪笔记述于比席之后，负墙侧聆者肩摩，环桥跂睹者林立，而先生温言和气，随机转授，曲譬广证，随事发挥，若无往非可教之人，无感非可动之物然者。盖先生居尝齐顺逆之境若晴雨，视荣贵之遇如浮云，而于会友明学，则若饥之于食，寒之于衣，植根自天，而不容自已矣。③

---

① 罗洪先：《明故南京国子监祭酒致仕东廓邹公墓志铭》，《罗洪先集》卷二〇，徐儒宗整理，凤凰出版社，2007，第807—808页；亦见《邹守益集》卷二七，第1376页。
② 邹守益立会讲学次数，王吉《复真书院志》卷三《先贤列传》计为百次，其称："（邹守益）既归，日讲学，尤喜山水之游，若南岳、庐埠、武夷，屐齿及之，如青原、白鹭、武功、复真，积岁每再至，会以百计，侧听者踵相接也。"康熙二十三年刊本。
③ 耿定向：《东廓邹先生传》，《邹守益集》卷二七，第1391—1392页。

在耿定向看来，一生举常会七十、大会凡十的邹守益，已然是一个职业的立会讲学名家。对邹氏而言，"会友明学"，"若饥之于食，寒之于衣，植根自天，而不容自已矣"，纯粹是自然之举，若不随地举会，接引同志，开启后学，他就会有饥寒交迫之感。正是一大批邹守益式的职业讲学名家的努力，才使王门后学形成了"无一日而众不与聚，亦无一日而不与众偕"的学术氛围，形成了"四方同志讲会日博"，"联友共学"，"无日不会，处处聚乐"[①]的盛局。

综上所述，我们可以用"随地举会，于斯为盛"这个短语来做总结。正是讲学名家坚定执着、不择场所的率性之为，才令讲会之如家常茶饭，出现了无地不有、无岁不行、小聚以百、大聚以千的盛况。这是讲会的一个方面，即随意、简单、易行、不拘场地等非正式行为，使得"会"的门槛变得很低，可以随时随地甚至随人而举，很快就勃然兴盛。而另一方面，这些非正式因素的存在又成了影响、制约"会"之进一步发展的阻力。于是，在追求持续发展的进程中，书院作为"居肆成艺"的正式场所，地位日益凸显，超迈宫观、佛寺、家庙、祠堂、楼台、亭阁等非正式场所，成为立会讲学的主要处所，更形成了随地举会、归之书院的态势。

第二节　会无定所，归之书院

随地举会、随地结合，说白了就是会无定所，它的最大好处是讲会可以不受场所的限制而到处举行，其在短时间内形成盛势，实属理所当然。但从长远来看，会所无着的弊端也十分

[①] 钱德洪：《贺程后台序》，《徐爱、钱德洪、董沄集》，第162页。

明显，朝不保夕，无以为继，也是题中之义。考察明代各地所举之会，我们可以发现一个有意思的现象，即那些没有固定会所的讲会、会讲，只可称名一时，难得久远影响，而那些以书院、会馆等为会所的讲会，却能长盛不衰，留芳史册。如江右之惜阴会、江左之水西会，以及顾、高之东林会和冯从吾之关中会，等等，这些长久的讲会无不以书院为会所，它们坚持数十百年，成为当时学者和后世研究者皆无法回避、难以绕过的对象。因此，我们认为"会无定所，归之书院"是一个应该特别注意的问题。

总而言之，书院成为会所有两条路径。一条是先有书院，后有会事。如吉安白鹭洲书院，它与白鹿洞、鹅湖书院齐名，宋元以降就以江右教育、学术中心著称，到明代，"院必有长，会必有程"。① 按其《馆例》规定，院中之会分举业与理学两种，诸生"日有日功，月无忘之"，"日课"之外，每月逢三、八日"会文"，朔、望日"会考"，会期很密。② 至于理学雅会，虽无定期，但讲而无间。嘉靖年间，学使王宗沐邀邹守益举会，讲《大学》《中庸》之旨，听讲者以千计；万历、天启间，院中讲会定名为"正学会"，王时槐有《续白鹭洲书院正学会条》传世；崇祯间，官绅诸生再举"依仁会"于院中，许大益有《依仁会纪事》记其盛况。有关情况详见以上讲会之实录，此不赘述。"书院乃儒生讲学明伦之所，所以化民善俗而成才者也"，③ 它本着讲学、教学、教化等固有职责，会诸生、士绅、官绅、士民等各色人等于院中，开展会讲、讲会、会文、会课等活动，实属自发行为。由此书院成为会所，

---

① 甘雨：《白鹭洲书院课士录序》，《白鹭洲书院志》卷七。
② 汪可受：《白鹭洲书院馆例》，《白鹭洲书院志》卷二。
③ 王恕：《学古书院记》，光绪《三原县新志》卷四，光绪六年刻本。

举会皆在院中，而各种会事作为书院的内部事务由会条、会规、会约、学约、学规、训规等诸多名目的规章制度确定下来，长久执行，这是当年最普遍的一种情况，实乃书院固有的文化功能所导致——纳会于院中以修文。

书院成为会所的另一条路径是举会促成书院之建。一定程度上来说，会乃书院的前身。随着举会兴盛之后，会友大增，但会所无定、会众难容，举会的官绅士民深感需要固定的会所，提供稳定的会费，始能推进会事，因而兴复或新建书院以为讲学、会讲之所。虽然与书院主动纳会于院中的路径相反，但殊途同归，其结果仍然是书院成了会所，二者完美融合。

随举之会归于书院的例证很多，兹举数例，以见其概。刘元卿《一德会规引》说："迩日吾里抑何其会之数也，曰丽泽，曰志仁，曰陈氏家会，曰杨氏家会，乃今王、严、张、谢则又有一德会，是何其会之数也！"[①] 以上数会，皆属随地而举的小型家会，唯一的例外是王、严、张、谢四姓的一德会，此家会甚至专门修建了一德书院作为讲会的会所，这种新势头代表了家会举于书院的新发展方向。

刘元卿《复礼书院记》称："邑西之陬，距郭百八十里，道险远，阻声教，其俗故上富竞胜……乃谋诸王君子应、贺君宗孔、赵君师孔，联乡之父老子弟为会。……季一会，会辄引其子弟训督之……风俗浸浸可观。乃合而谋曰：'季而会，五日而罢去，暴寒无常，非计之得也，盍醵钱构书院乎？'"[②] 可见，复礼书院乃因应乡村季会而建。据史载，复礼之建又

[①] 刘元卿：《刘聘君全集》卷九，《四库全书存目丛书》第154册，齐鲁书社，1997。
[②] 《刘聘君全集》卷七；又见光绪《吉安府志》卷一九。

第二章　随地举会，归之书院：讲会之发展趋势

与邻省湖广茶陵县刘养旦讲学的盛况有关：刘氏讲学吸引乡人，安福人皆谓"岂可当吾世使安福诎于茶陵"，于是"相与营葵丘为首会，乡之士集者数十，因谋建复礼书院"。① 这种情况是为了争强而建书院，实为"竞胜"之俗的体现。但无论是出于内部需要，还是受外部刺激，乡会归于书院已是既成事实。

施璜《还古书院志·院宇制考》称："我郡理学缔自明世宗朝，六邑迭主齐盟，轮我休时无书院，多假建初寺或汶溪许祠。"万历年间，知县祝世禄谓"堂堂大邑，讲德无所，非所以广化作人也。爰是集士绅议创讲堂，为久远规。……自是，邑人士岁讲，世世期以四仲月……集儒宿相聚一堂，无复以前之假馆，而堂构遂于郡称最"。② 此言讲会举办场所由嘉靖年间的寺、祠，最终归于万历年间的书院。昔日"讲德无所"，既不合"广化作人"之意，更与"堂堂大邑"身份不符，唯建书院"为久远规"才是正途。

冯从吾"初讲于家，后讲于宝庆寺"，③ 最终讲于关中、首善书院。其《关中书院记》称："余不肖，偕诸同志讲学宝庆古刹有年矣。岁己酉十月朔日，右丞汪公、宪长李公、宪副陈公、学宪段公联镳会讲，同志几千余人，相与讲心性之旨，甚且欢然，日晡始别。濒别，诸公谓余曰：'寺中之会第可暂借而难垂久远，当别有以图之。'明日即于寺东小悉园，檄咸、长两邑改为关中书院，延余与周淑远诸君子讲学其中，而汪公复为书院置公田，延绥抚台徐公闻而嘉之，以俸余增置

---

① 刘元卿：《寿萃南尹君六十有一序》，《刘聘君全集》卷六。
② 施璜：《建置》，施璜等：《还古书院志》卷三，乾隆六年刊本。
③ 冯从吾：《关中书院科第题名记》，《少墟集》卷一五。

焉。讲堂六楹，诸公匾曰'允执'，盖取关中'中'字意也。"① 宝庆之会千余人，规模可谓大矣，但暂借寺中，难以长久维持，还得别图所在，建书院以为讲坛。也就是说，寺中之会再大也是暂借，难作长远计，终不若立根书院以垂久远。这是当时官绅的共识。循此共识，冯氏之会由家而寺而书院的发展脉络就十分清晰了。

水西之会的情况与关中类似，邹守益《水西精舍记》称，嘉靖二十七年（1548），"绪山钱君、龙溪王君赴会青原，（宣州）诸生追随于匡庐、复古之间，议借泾邑水西三寺，以订六邑大会，延二君迭主讲席。益偕师泉刘君冲雪临之。每会逾三百人，僧房无所容，乃诸生敛金，构居于宝胜（寺）之左"，② 遂建水西精舍，成于三十一年。水西精舍又作水西书院，③ 有明德、明道二堂，退省、熙光二楼，东西号舍等，置有田亩。从此，水西会结束了借水西僧房为会所的历史，归讲于书院。后经罗汝芳等提倡，"学士荐绅云集，弦歌洋洋"，终至"水西之学名天下"。④

晚明最有名的东林书院，亦由举会而来。据叶茂才所作高攀龙《行状》记载："始，（高攀龙）会苏、常诸友于二泉之上，与管东溟先生辨无善无恶之旨，观听者踵相接，至无所

---

① 冯从吾：《关中书院记》，《少墟集》卷一五。
② 邹守益：《水西精舍记》，嘉庆《泾县志》卷八，民国重印本，1914；又见《邹守益集》卷七，第430页。
③ 罗洪先：《水西书院熙光楼记》称："初泉刘大夫，学以致良知而有得也，作牧宁国，即水西僧舍之傍，别为书院，群六邑之士于中，既督教之，复延先生高第弟子绪山钱君、龙溪王君，更往来以主其事。"载嘉庆《泾县志》卷八；又见《罗洪先集》卷四，第125页。
④ 施闰章：《修葺水西书院记》，见施氏《学余堂文集》卷一二，《景印文渊阁四库全书》第1313册。

第二章　随地举会，归之书院：讲会之发展趋势

容。于是，泾阳先生倡议曰，百工居肆以成其事，吾辈可无讲习之所乎？乃集同志数人，醵金数百，卜筑杨龟山先生讲学遗址相传所谓东林者，与诸友栖息其中，每月集吴越士绅会讲三日，远近赴会者数百人。"① 由此可见，高攀龙与苏、常诸友之会，引发了顾宪成"士无讲所，不及百工居肆"的忧虑，因而他就倡建东林书院，并规定每月举三日之会。

以上可知举于家、乡、祠、寺的讲会，在明中后期持续推进，本着"士若百工居肆"之旨，终成归趋书院之势。需要指出的是，我们虽然强调"会无定所，归之书院"的趋势，但并不主张天下之会尽归书院。事实上，在书院之外，很多会所不定之会也在随地而举、随地而结，所以，"随地举会"是包括许多场合的一个不容否定的客观存在。比如，以会馆为会所的情形也不是一种个别现象。除了以下我们将要介绍的江右惜阴会中的青原、西原、近圣、中道诸会馆与复古、复真、复礼、一德、连山、识仁诸书院一起作为固定会所的会馆之外，明代的会馆式会所，尚可辑录不少，谨列举如下，以供参考。

江西南昌豫章会馆。《江城名迹》载："豫章先贤祠，在钟鼓楼右，故崇儒书院，万历间学使沈九畴改为祠。先后举祀澹台灭明、徐穉、罗从彦、胡俨、张元祯、舒芬、魏良弼、万廷言、万思谦、邓以讚、李材十一先生，皆吾郡之名儒也。乃章文节不与俎豆，诚所不解，他日有议及禋祀者，亟应增补。此祠既成，新建张相国位首倡四季捐金，为本祠会讲之费，额曰豫章会馆。"② 按，张位为隆庆进士，万历间任东阁大学士，官至吏部尚书，后

---

① 许献等：《东林书院志》卷七，中华书局，2004，第231页。
② 陈宏绪：《江城名迹》卷一，《景印文渊阁四库全书》第588册。雍正《江西通志》卷一〇八所载相同，惟文字稍简，作"张位倡为会讲之所，额曰豫章会馆"，未及会费之事。《景印文渊阁四库全书》第516册。

夺职为民，天启间复官。则会馆会讲当在万历、天启年间。值得注意的是，在这里，先贤祠、书院、会馆三者似乎区别不大。

江西德化县嘤鸣会馆。据雍正《江西通志》载，会馆为"明邑人文士弘建，每月四日为小会，孟月九日为大会，与汤文祯、何一化辈聚徒讲学焉"。① 案同书《人物志》，"文士弘，字元任，德化人。笃好理学，中夜辄披衣起坐，湛然深思，如此者三十年，尤精《周易》，别有神解。为嘤鸣会馆，孟月九日为大会，每月四日为小会，聚徒讲学，听者常数百人，更以别业创建阳明书院。崇祯三年，巡按御史叶成章特疏以师儒荐，奉旨未拜，以子理嘉兴满考封文林郎。年六十四卒，学者私谥为安节先生"。② 由此可知，嘤鸣会馆存在于万历、天启、崇祯间，聚徒讲学，大小会并举。而所谓"更以别业创建阳明书院"，紧接在会众"常数百人"之后，令人不得不将书院与会馆并作一起联想。

桐城县辅仁会馆，此为布衣儒者童自澄讲学之所。事见《江南通志》，其称："童自澄，字定夫，桐城人，万历间布衣。初见张甄山，即毅然志学，尝自言曰：'泰州起布衣，为余姚高弟，彼丈夫也。'遂笃志圣贤，交四方讲学之士，弟子弥众，建辅仁会馆。"③

祁门县同仁会馆，此为讲学名家罗汝芳门人陈履祥聚讲之所。"陈履祥，字光庭，祁门人。得盱江之传。万历间，倡教宛陵，尝聚讲于同仁会馆，及门八百余人。"④

---

① 雍正《江西通志》卷二二，《景印文渊阁四库全书》第513册。光绪《江西通志》卷八二的记载与此相同。
② 雍正《江西通志》卷九二，《景印文渊阁四库全书》第516册。
③ 乾隆《江南通志》卷一六四，《景印文渊阁四库全书》第511册。
④ 乾隆《江南通志》卷一七三，《景印文渊阁四库全书》第511册。

第二章 随地举会，归之书院：讲会之发展趋势

黄冈县正宗会馆。万历年间王升、萧继忠创建，与问津书院齐名，王、萧及湖南学者宁咸等皆讲学馆中。① 馆祀宋儒周敦颐及二程兄弟，邹元标有记。是记叙"诸君子来游来泳，弦诵洋洋"之盛况，且标榜周程之学为"楚之宗"，并以"肩千万世之正宗"相倡，② 透露出由王转朱的学术发展迹象。

会馆本"为仕者为商者岁时聚会之所"，③ 所重在桑梓枌榆之义，属地缘性组织，寓"敦睦救恤"之遗意，以提供居所客舍及岁时宴饮聚会场所为主要职能。而万历以降，学者以会馆为聚会讲学之所，十分特殊。查明代前期及有清一代，以会馆为讲学会讲之所的事例极为罕见，而从上引文献中我们也可察知晚明学人似有祠宇、书院、会馆混用之习。这种情况的出现，当与随地举会及禁毁书院的交相作用有关，本来祠、院、馆皆可举会，后来书院既禁，则改会馆当之。因此，书舍、山房、讲舍、精舍、讲院等本来专门的会讲之所，其发展竟与会馆合流。从这种意义上讲，晚明士人将讲学的会所取名为会馆、山房、讲舍、讲院、精舍等，而不是取名为书院，也是在明季禁毁书院的高压之下，士人权宜应变的结果。④

---

① 王会釐：《先正讲学列传》，见王氏《问津院志》卷五，光绪三十一年刊本。
② 邹元标：《正宗会馆记》，见邹氏《愿学集》卷五下，《景印文渊阁四库全书》第1294册。
③ 方苞：《金陵会馆记》，《望溪集》卷八，《景印文渊阁四库全书》第1326册。
④ 关于这一点，我们可以从浙江找到旁证。据雍正《浙江通志》卷二九记载，永嘉县"鸡鸣书院，在县学文庙西。万历《温州府志》：邑令林廷㺩建。万历十四年，令蒋行义重建。二十四年，令林应翔重修，改曰文昌会馆"。这是书院改名会馆的记录，和前引南昌崇儒书院改豫章会馆，以及文士弘并建嘤鸣会馆、阳明书院讲会等相联系，再考虑到嘉、万、天三毁书院的事实，我们总能感知明季士人所承受的压力。应对高压，他们会采取对策。这是一个复杂的问题，当另做专论。

第三节　书院何以成为会所

士人何以举会而趋于书院？这是一个必须要回答的问题。我们认为书院成为会所，是各地"书院"与"会"两者相互选择、相互需要、相生相衍的结果。融合举会讲说和分斋教学二者之长，借由传统的"工必居肆而成事，士必共学而致道"之模式，结合历来被视作士人之肆的书院，[①] 会所因此生发，这是其形成的内在逻辑。福州共学书院、江右安福惜阴会则是两个典型例证。

福州共学书院为福建省会书院，万历二十二年（1594），由巡抚许孚远、提学徐即登等创建，招省属各府生员肄业、讲会其中。四十六年，经学使岳和声扩建，制定会规，会讲、会课并举，盛极一时。而共学书院之建，则缘于许、徐二人会讲于学馆、公署却未有定所的经历。据徐即登《共学书院记》称："中丞许敬庵先生来抚闽邦，适登视学于兹。盖有感于士风民俗之敝，而谓：夫明道觉人学使职也，观风正俗中丞事也。……于是联属乡士大夫及其子弟，或就学馆讲焉，或就公署讲焉，而未有定所也。乃先生养邃气冲，以无物之衷谈格致

[①] 侯秩《西湖书院记》有："读书之院，百工之肆也。"（见嘉庆《四川通志》卷八，嘉庆二十一年刊本）的说法。邓云霄《重修古鼓书院鼎建大观楼记》也称："夫士者，四民之表，而书院者，士之市肆也。"（见乾隆《衡州府志》卷三一，乾隆二十八年刊刻光绪元年补刻本）汪尚宁《碧阳书院记》称："教之而不为广其藏修之区，是百工之作无肆也。乃召谕舒氏生捐地……扁曰碧阳书院。……又为多士订会约，书教规七，酌祀典，广祀田，胥役器具，罔不规画。"（见康熙《徽州府志》卷七，康熙三十八年刻本）李泛《东山书院记》则有："工不居肆业不成，况士耶？"之问（见同治《祁门县志》卷八，同治十二年刻本）。可见，将书院视作士人居业之肆，在当时是一种共识。

088

之学,一时闻者大有感悟,云蒸雾瀹,远迩向风,可无以居之乎?予因请于先生曰,工必居肆而后可成事,士必共学而后可致道,故学舍者,士人居业之肆也,盍图焉。先生于是下檄有司,度地理之宜创之……命之曰共学,公之也。予于是简书生之有志者使居之,旬日从先生临而讲焉。诸生进而问道,翼如也;退而修业,翕如也;相切劚薰浸于意言象数之外,怡如也。士盖得其所哉!然而,群居百人,人有资用,月凡两大会,会有费,虽先生以时支给不乏绝,将以遗去后计久远未可也。予复以是请先生曰,其恒业哉。乃檄有司,诸凡告归侵田者毋遣遘,毋易价,第借其额于官,岁收其入以给书院。"①这是一个典型的讲无定所,讲会由学馆、公署而归定于书院的事例。工必居肆,士必共学,士人必以书院为其居业之肆,虽然道理有些老旧,但讲会归于书院之后,士人之会翼如也,翕如也,怡如也,其功效则立竿见影,可谓"士盖得其所哉",会盖得其归哉!至于设学田以供会费,虽是一种久远之计,实则不过是书院置学田来服务教学这一固有功能的权宜之变而已。

惜阴之会由安福县阳明弟子刘邦采、刘晓创建于嘉靖五年(1526),王阳明为之作《惜阴说》训士,旋得阳明高足邹守益全力推行,很快就发展成为由各族、各乡随地间月而举,具有不同层次,且影响邻县的王学联会。嘉靖十二年,联会首举吉安九邑大会于青原,实现了惜阴同志的大聚会。但在兴盛之中,邹守益感到了会无定所的危机,遂发出"告于惜阴诸同志"的公开信,提出创建书舍作为会所的倡议,其称:

---

① 岳和声:《共学书院志》卷中,明万历刊本。

惜阴之会，务以敦善祛恶，各成其身，以无负先师之训，甚盛典也。秉彝之良，来者日兴起，而邻邑闻之，亦翕然来会，斯道之兴，殆有其机乎！然静言思之，间月为会，五日而止，则不免暴寒之乘；往会各乡，近者为主，则不免供给之扰；自远来者，虽欲久止，而随众聚散，则不免跋涉之劳。故与刘友文敏、王生仰反复筹议，须构书舍一区，以此为居肆成艺之方。凡我同志，无分仕隐，各量才力赢缩而多寡出之，择诸友之公而敏者，分任其役，相山川道途之宜，而鸠工集事焉。庶几丽泽有所，讲习以时，磨偏去蔽，共升光大。虽自成自道，非师友所与，然相观而善，则放逸之念惕然以醒；离群以居，则戒惧之功亦或颓然以弛矣。是则书舍之立，非为观美，其于惜阴也尤急。当道良师帅以风教自任，将必主张乎上，而名门父兄欲其子弟之中且才者，亦必轻财以助。诸君子协心图之！①

信中所谓"暴寒之乘""供给之扰""跋涉之劳"三点，是影响惜阴会持续经营的隐忧，亦即随地举会的局限性，而建立书舍以为"居肆成艺"之所，则是克服这些缺点的首选办法。怎样才能建立专门的讲会之所呢？邹守益寄希望于"惜阴诸同志"与"当道良师帅"两方"协心图之"。为此，他专设"敛义卷"集资。在为义卷题词时，邹再一次强调，建

---

① 邹守益：《简惜阴会友》，《邹守益集》卷一三，第 680 页。除了公开信之外，在给朋友的信函中，他也表达过建书院以防讲会因久而玩之弊的想法："惜阴嘉会，正恐以久而玩，故欲协建书舍，以宏居肆成艺之规。幸加意作兴，以底于成绩，不胜至望。"见《邹守益集》卷一〇《简君亮、光伯诸友》，第 493 页。

立书屋并置田以守,才是解决惜阴会"往来无常所""暴寒无常时"这些问题的关键所在。他说往岁同志举惜阴之会,"甚盛举也,顾间月而会,五日而散,往来无常所,暴寒无常时,佥议须敛众财以立书屋。凡我同志,不分已仕未仕,量家多寡而协出之,庶几居肆成艺之规……然永久之策,非买田以守,则废坠将不免。敢告同盟,共奋初志,沛然义举,勿吝吝息"。①

居肆成艺的书屋,终于在嘉靖十五年(1536)由知县程文德主持建成,取"期有事于古人之学而学焉者也"之义,题名为"复古书院"。聂豹为之作记,其称:"书院凡若干楹,层门敞户,复寝崇堂,斋舍、庖湢、几榻、器用无弗备,又有田若干亩,以资会馈之费。会有期,司会有长,会凡若干人,若某等十数辈,皆面承良知之教,与东廓同游者。虽所诣有浅深,要皆斐然成章,而协赞书院之成,咸有力焉。"② 会馈、会期、会长、会众,一应诸全,复古书院得以成为惜阴会最重要的会所。

复古书院的建立,标志着惜阴会前十年"往来无常所"历史的终结。从此,"暴寒之乘""供给之扰""跋涉之劳"三弊皆得解除,惜阴会也进入了一个更加繁盛的发展阶段。嘉隆万时期,经过几代人的努力,安福县各家会、祠会、乡会渐以书院为正式会所,形成以县城复古书院,南乡复真书院,北乡连山书院、西乡复礼书院、识仁书院、中道书院、一德书院,东乡道东书院为固定会所的惜阴会网络。各书院诚如聂豹所言,皆以会馈有费、司会有长、举会有期等为共同追求,若

---

① 邹守益:《书书屋敛义卷》,《邹守益集》卷一七,第819页。
② 聂豹:《复古书院记》,《聂豹集》卷五,吴可为编校整理,凤凰出版社,2007,第134页;又见光绪《江西通志》卷八一。

一德书院之成为西乡王、严、张、谢四姓家会之所,若道东、复礼、复真、连山诸书院成为东、西、南、北四乡乡会之所,若复古书院成为邑会之所,在在有之。虽不能说所有的讲会、会讲活动皆得举于书院,但书院的确成为了绝大多数讲会的首选会所,举会于书院成为当时知识分子的主流选择。由此可知,安福之家会、乡会、邑会也由随地而举终归于举于书院。需要指出的是,作为王学重镇,安福县的情况具有指标性、风向性,受其影响,江右王门学者大多以书院为讲学、会讲之所,书院之会得以兴盛一时。有关情况,以下将做专门讨论,兹不详叙。

  从以上的讨论中,我们可以清楚地看到三个现象。其一,有着极大学术热情的阳明后学因地制宜、随地结会,因陋就简、随地举会,将立会讲学之活动推至极盛。其二,在书院讲会实践中,他们也发现了三个困难,即"随地举会盛则盛矣",但会费难以保证,有供给之扰;随众聚散既有跋涉之劳,又难以从容会讲;会日之后讲学无所,难免暴寒之弊。其三,书院本为儒家讲学之所,士人成艺之肆,讲堂、斋舍、学田、藏书咸备,可以保证立会讲学持续发展,长久进行。因此,随举之会最终归之于书院,就成了必然趋势。尹台所说:"比岁郡诸邑士并倡讲会,兴正学,所在重书院之建,士争相濯磨,其效彬彬著盛。"[①] 就是当年学者对这一趋势的精确判断。

[①] 尹台:《崇正书院记》,见尹氏《洞麓堂集》卷四,《景印文渊阁四库全书》第1277册;又见同治《永新县志》卷一四,同治十三年刻本。

第三章　学术型讲会：学术组织的学术活动

明代中期，王、湛及其后学以讲为学，以会证学，使书院和学术一体繁荣，共成盛局。书院之会可谓繁富，既有会文、文会、诗文、酒会、茶会、舫会、舫课、面会、遥会、会课、会考、社会、盟会、学会、会学、会讲、讲会等名，又有考课、课文、考业、考试、作文、作古文、作时文、经学会、史学会、理学会、古文词会、昭代典故会等目，甚至还有放生会、① 同寿会、同善会，② 涉及教育、

---

① 放生会的记载，见范景文《屏山书院记》，其称：润州太守程九屏"因与郡邑士大夫相与修放生之会，月必再至焉。不麝不卵，不杀胎。殆亦王政大端，而相与托之为游观，使之由弗使之知也。遂因北固之背，疏山为池，使江流直经其下，仍故道焉。谽谺岣拔，与江流相吞吐。更辟书院于其上，政事之暇，群誉髦子弟与之讲道于此，而息偃其间"。见范氏《文忠集》卷六，《景印文渊阁四库全书》第 1295 册。
② 同寿、同善会的记载，见《东林书院志》卷二二《诸贤轶事·钱启新先生》，其称："（先生）谓敬老可以兴孝，则同寿有会；埋胔可以兴仁，则同善有会。皆与二三同志为之，每岁数举无倦。"（第 840 页）。同书卷一一《施旷如先生传》载："邑中同善会，倡自启新钱先生暨忠宪，原以分财教善兼行，当年有会即有讲，讲即有刻，甚重郑重也。"（第 549 页）查高攀龙《高子遗书》卷一二，即有同善会《讲语》三条，《景印文渊阁四库全书》第 1292 册。

学术、文化、社会、政治等诸多层面,情况复杂,难以尽述。

原则上说,书院的学术事业主要靠学者的讲学来维系,而讲学则按照其所涉学术程度的深浅,大致又可以分成三个层次。第一个层次的讲学,由各学派的大师率高足主持,或大师自讲,或大师与同谊会讲,或大师与论敌开讲会辩难质疑。其特点是阐发儒家经义,创建学派理论体系。第二个层次的讲学,属于学理传播性讲学,由大师的弟子、再传弟子们主持,其主要目的是传播大师的学说,发挥本学派的精义,尽量使学派的发展空间扩大,时间延长,着眼点在培植学术种子,壮大学者队伍。需要指出的是,这个层次的讲学有信守师说与创发新义之别,前者有不变而死之险,后者有流变至末之虞,互有短长,而理想的景况则是各派后学兼取别家之长,另辟新绪,再开盛局。第三个层次的讲学,属于学术普及性讲学,由懂得儒家理论的学者主持,听众则为初学之人或平民百姓,用语平实,浅显易懂。其所重不在理论阐发,而是课之以实践,即将先贤的理念、大师的观点具体化作一般民众可以理解的日常行为准则,并使之成为一种生活习俗。这实际上是一种宣传教化活动,其目的是将学术普及于广大民众的生活之中。然而,现实生活中,各书院之会的学术层面常常纠结混合,实际上难以分清,传播性讲学中多有创造性发挥,普及性讲学既针对初学之士,以教学授受为目标,也针对平民百姓,以移风化俗为指向,且学术传播的传统主流方式还是讲堂之上的教学讲授。有鉴于此,本书按照关涉书院学术创新、传播、普及的程度,大致将书院讲会分成学术型讲会、教学型讲会、教化型讲会三大类型来做讨论。

第三章　学术型讲会：学术组织的学术活动

第一节　会讲与讲会：活动与组织之间

会讲与讲会，是明代讲学运动中使用频率较高，同时也是当今学术界聚讼纷纭的两个词语。书院史家李才栋教授认为，二者始见于南宋，皆与朱熹有关，但意涵不同，会讲是学术聚会、学术讨论或会同讲学的活动，而讲会则是学术组织、学术团体，活动与组织不能混淆。[①] 哲学史家陈来教授研究明代阳明知识人的会讲活动，"以会讲作动名词"，指其为"聚会讲学的活动"；"以讲会作名词"，指其为"会聚讲学的组织"。[②] 但这些学术名家的观点受到了挑战，质疑点主要是针对讲会"组织"说。吴宣德教授在研究江右王学讲会后认为，"在讲会和会讲之间，并没有一个明确的界线"，主张讲会是"讲而会之"之义，它指一种活动，而不是一种组织，且其词源出于南北朝的佛教讲经。[③] 吕妙芬教授以阳明学士人社群为研究对象，认为"讲会就是讲学的聚会"，但鉴于明代讲学聚会有"书院中的日常讲学，朋友们不定期地交游、相晤问学的聚会，教化地方大众、类似乡约的社会讲学，以及地方缙绅士子们组成的定期讲学活动等"多种形式，情况复杂，"要明确地界定讲会的形式内容并不容易，也没有必要"。为难之中，她将其研究的讲会定义为"由地

[①] 李才栋：《关于书院讲会与会讲的答问》《关于书院讲会与会讲的再答问》，《中国书院研究》，江西高校出版社，2005，第111—120页；又见李才栋《江西古代书院研究》，第318—323页。

[②] 陈来：《明嘉靖时期王学知识人的会讲活动》，《中国近世思想史研究》，第339页。

[③] 吴宣德：《江右王学与明中后期江西教育发展》，第302页；又见吴氏《讲会定义献疑》，《教育史研究》2001年第4期。

方缙绅士子们组成，定期举行的集会讲学活动。即是已稍具组织规模却又未必隶属于书院机构内的讲学活动"。在主张讲会是"活动"的同时，强调不能将讲会仅仅看作书院的内部活动。① 吴震教授研究阳明后学，认为即便是惜阴会这样声名颇大的讲会，也"不是严密意义上的学术组织"，因为它"既没有严格的人数限制，也没有对参加者的身份地位作具体规定"。② 陈时龙先生研究明代中晚期讲学运动，也认为讲会组织说需要进一步讨论，他在框定讲会即讲学之会的同时，强调阳明后学、倡扬友道才是讲会内涵的核心。认为"尽管宋元两代已经有讲会出现，清初亦复延续明代讲会风潮而有讲会之举，但就其大势而言，讲会是明代的讲会"，"讲会是属于阳明学的"。③

以上的研究对我们启导良多，在进一步参阅史料的前提下，我们就此提出了自己的一些看法。第一，"会讲"作为儒家的讲学活动始于唐代，宋代引入官学、书院后，即成为历代教学活动的一种常态；会讲不仅是一种教学、讲学活动，有时还是组织讲学的一种职事，它的词性在动名词和名词间游移，不应只有一个义项。第二，"讲会"在大多数时候作为"会讲"的互文出现，也是动名词，其意涵与会讲交叉重叠，指向活动；讲会有时又作为泛称出现，它确实是一个名词，其意涵指向组织或组织形式，所谓讲会组织说自有其道理；讲会注重友道、师道并举，不仅是明代的阳明学讲会如此，宋元明清历代的、朱学的讲会亦如此。第三，会讲、讲会互有交叉重

---

① 吕妙芬：《阳明讲学会》，《新史学》第9卷第2期；又见吕氏《阳明学士人社群：历史、思想与实践》第二章"何谓讲会"，第73—74页。
② 吴震：《明代知识界讲学活动系年：1522—1602》，第37页。
③ 陈时龙：《明代中晚期讲学运动（1522—1626）》，第2—16页。

第三章 学术型讲会：学术组织的学术活动

叠，其义介乎活动与组织之间，和学会、会学、讲学会、开讲之会等一起，皆属书院讲学之会。

会讲即聚会讲学。以往的观点认为，会讲始见于宋代，其实早在唐代就有国子监每日会讲的记录。"韩愈拜国子祭酒，奏儒生为学官，日使会讲，生徒奔走听闻，皆相喜曰，韩公来为祭酒，国子监不寂寞矣。"[①] 由此可见，"会讲"是唐代学校每日集中诸生讲课的教学活动。值得注意的是，这种活动也可以从"得接西园会，多因野性同""相期只为话篇章，踏雪曾来宿此房"等有关书院的唐诗中察知踪影。[②]

到宋代，会讲多见于官学、书院。如安仁县学，"月旦会讲，率诸生以听。由是士知劝慕，中第者相属"。[③] 岳麓书院，乾道三年（1167），张栻、朱熹会讲三月，听众千人，史称朱张会讲。庐山白鹿洞书院，嘉定十一年（1218），张岊与"江西张琚、罗思、姚鹿卿、闽张绍燕、潘柄、郡人李燔、胡泳、缪惟一会讲洞学毕，相与歌文公之赋"。[④] 景定元年（1260），白鹿洞"会讲"，"预者"有郡守陈淳祖、山长林栋及堂长、洞正、主祠、讲书、掌书、直学、学谕与诸生近百人。[⑤] 建康明道书院，开庆元年（1259），知府马光祖"与部使者率僚

[①] 张英等：《御定渊鉴类函》卷九五《国子祭酒二》，《景印文渊阁四库全书》第984册。元人富大用《古今事文类聚新集》卷三一《国子祭酒·生徒闻喜》引唐李翱《韩文公行状》而证此事，文字基本相同。《景印文渊阁四库全书》第928册。

[②] 见邓洪波《中国书院史》，武汉大学出版社，2012，第9、16页。

[③] 真德秀：《西山文集》卷四六《湖南运判刘公墓志铭》，《景印文渊阁四库全书》第1174册。

[④] 陈宓：《流芳桥志》，李梦阳：《白鹿洞书院新志》卷五，《白鹿洞书院古志五种》，第75页。

[⑤] 陈宓：《流芳桥志》，李梦阳：《白鹿洞书院新志》卷五，《白鹿洞书院古志五种》，第71页。

属会讲于春风堂，听讲之士数百，乃属山长修程子书，刻梓以授诸生，给田以增廪，而教养之事备焉"。春风堂和作为"会食、会茶之所"的主敬堂皆在中轴线上，其规模很大，有"七间，广十丈，深五丈，盖会讲之所也"，"中设讲座，四围设听讲位，临阶垂帘，前筑一台，植以四桂"。① 从以上白鹿洞近百人、明道数百人、岳麓千人的记述中，我们可以看到，宋代书院的聚会讲学已经达到相当规模。而面积50平方丈，中设讲座，四周围以听讲位，且临阶垂帘的春风堂，作为专门的"会讲之所"，也显示出会讲已经成了书院比较常见的一种教学组织形态，听讲其中，如坐春风，十分舒适。

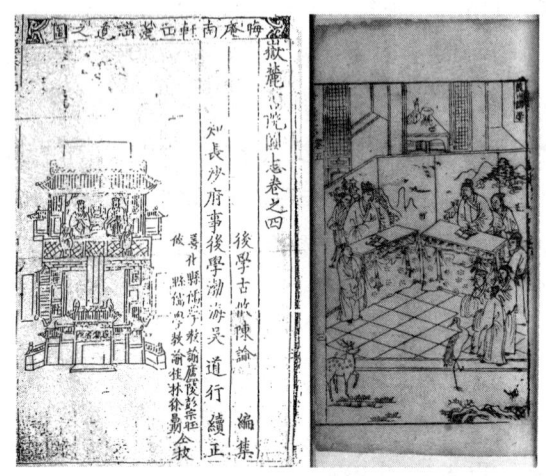

图 3.1　明刊宋代岳麓书院朱张会讲图

（明万历《岳麓书院志》与崇祯《岳麓全志》记朱张岳麓书院会讲一事，或庄重，或灵动，图像悬殊。这说明关于会讲，明代士人的想象空间很大，容有不同表述）

---

① 周应合：《景定建康志》卷二九，嘉庆六年金陵孙忠湣祠刻本。

第三章　学术型讲会：学术组织的学术活动

元代的情形仍然如此，官学、书院多建有"会讲之堂"，[1]会讲活动常见诸文献记载。

及至明代，阳明后学随地举会，所举之会虽不专属于书院而又归之于书院，已如前述。会讲作为会之一种，甚为流行，其属教学、讲学活动自不待言，兹举一二，以见其概。

陕西三元县弘道书院，弘治年间所定《学规》第四条为"讲解"，规定："间日午后升堂会讲，依分定书程，前期观玩寻讨，若有疑难，且在朋辈商确〔榷〕会讲之际，诣师席质问，必求得夫圣贤立言之意。若穿鉴附会便不是。"[2] 可见弘道书院之间日午后会讲，就是平时的讲说解说，是一种按书程规定的日常课程，院中诸生或师生之间的商讨、质疑，虽不无学术气氛，但更多的还是一种日常的教学活动。

福州共学书院作为福建省会书院，会讲、会课并举，排场仪式比弘道书院更为讲究，会讲活动组织严密周全，其会规[3]规定："会约，每岁春秋二大会，春以三月三日，至初五日止，秋以九月九日，至十一日止。每月小会，除冬夏初寒酷暑，相应辍会外，每月以初二、十六日为期。"大会设主教一人，"先一月礼聘境内外方闻有道者来主教席，发明宗旨，动支官银，用纱币二端，代程四两，夫马敦请，至日仍于书院中饯送。道府郡县共代席仪四两，不得过厚，以伤雅道"。每月

---

[1] 柳贯《待制集》卷九《处州路新修庙学碑铭》有"会讲之堂，稽古之阁，弦诵之馆，斋宿之庐……咸易弊为良"的记录，《景印文渊阁四库全书》第1210册。吴澄《吴文正集》卷三七《明经书院记》称书院"为屋数百楹，右先圣燕居之殿，左诸生会讲之堂，又其左斋庐四，又其前二塾，扁曰'明诚''敬义'"，《景印文渊阁四库全书》第1197册。
[2] 来时熙：《弘道书院志·学规》，弘治刊本。
[3] 《共学书院志》卷上《共学书院会规》。以下有关共学书院会讲之引文，皆出此规。

099

小会，"会讲，听各生自拈四书五经中一义，至三章而止，再举儒先语录一二则互相商榷"。会中置纪名、纪言二簿，设司簿二人，"一以籍记入会姓氏齿里，一以籍记在会讲义、语录"，是为"会纪"，反映会讲情况。其中纪言簿所记，包括"会中论说，众所心服者，即奉简求纪，次日录载籍内，以备商略"。无论大小会，"会讲戒刺时政，戒暴扬人过恶，戒言势利琐屑事，戒浮动浮争，戒谑渝者，会长举正之"。说明会讲仍有禁忌，"戒刺时政"牵涉政治，其他则有关人品修养。每遇会讲，由闽侯二县礼房备办饭食茶水，"大会，已刻茶饼一次，午刻饭一次，申刻茶饼一次"，"小会止用茶饼"。每会由福州府学、闽侯二县学之教职"举娴习礼仪十二生"，分任知宾、司赞、司钟磬、司簿、司鼓、供书案等执事，负责会务与司仪。每次会讲，皆依仪举行，其仪式如下：

> 赞唱：序立（宾东主西），揖（向上一揖），再揖；平身，分班，再揖；平身，照前序坐。赞唱：鸣歌钟。司钟者鸣钟三声。赞唱：兴歌。诗歌某某之章，互相唱和，节以钟磬。歌阕。赞唱：再歌（和节如前）。歌阕。静坐。赞唱：鸣讲鼓。司鼓者击鼓三声。赞唱：供书案。案定，院长唱某名，讲书者出班，诣案前，一揖行讲。诸生立听。讲毕，本生再揖复班。读语录者如前仪。讲读后，端拱质正，仍复静坐。赞唱：兴歌（和节亦如前）。歌阕。进茶饼。赞唱：撤书案。众起。赞唱：序立，揖，再揖；平身，分班，对揖，再揖，平身。礼毕，照序肃行送别。

由上可知，共学书院会讲有每月小会和每年大会之别。小会由院中师生各讲经中一义,并举儒先语录相互质证、商榷。大会始有远方缙绅、孝廉、名士等"理学素优"者赴会,并请有道名家为主教,发明学术宗旨。大小会比较,前者倾向学术研讨,重在讲学,后者则教学意味更浓。合而言之,则共学会讲仍是讲学、教学并重。

会讲除了指称书院的教学、讲学活动之外,在明代它还曾经是组织主持会讲活动的职事名称。此事仅见于刘宗周为证人书院所制定的《证人社会仪》。《会仪》分会期、会社、会讲、会费、会录、会戒六条,后有附记性文字一段。兹将会讲及附记文字抄录如下:

> 会讲:诸友就坐,司会者进书案,特于诸缙绅下设虚位二席,待讲友及载笔者。另设一案于堂中,以待质疑者。司赞传云板三声,命童子歌诗。歌毕,复传云板三声,请开讲。在坐者静听,其有疑义,欲更端者,俱俟讲毕出位,拱而立,互相印证,不得哗然并举,亦不得接耳私谈。犯者,司约传板一声纠之。讲毕,命童子复歌诗,乃起。
>
> 既会友,立会讲一人,会史一人,毋专属,临时选择而使之。会约二人,会赞二人,皆有专属。司会四人,在籍者轮值,周而复始。讲以阐道,史以记事,约以纠仪,赞以相礼。司会者供给诸事,各相协力,以期永贞。①

在证人书院,会讲之时,"讲以阐道"之人就叫会讲。会讲之讲学明道之言及其会中与会友之语言问答,皆由会史记录,经

---

① 刘宗周:《证人社会仪》,《丛书集成初编》第 733 册,商务印书馆,1936,第 11—12 页。

会讲等"主位者""以订可否"之后,始得刊刻成书,是为会录。于此可知,"会讲"一词二义,既指讲学活动,又指登堂主讲之人。既是活动,又是活动组织参与者之"会讲",虽然仅见于证人一院,但如此游走于活动与组织之间的事实,却不得以孤证而容置疑,它如实地反映出当年书院会讲的复杂性与多样性,值得引起特别注意。

讲会一词,从现有文献来看,最初为佛教用语。还在南北朝,梁高祖武皇帝时代,就有"宝刹相望,讲会传经,德音盈耳"之说。高齐初年,"相州城东彼岸寺鉴禅师讲会,各各居义,有一后生,聪俊难问,词音锋起,殊为可观"。[1]《旧唐书·牛僧孺传》中,也有"陛下留神天竺,属意桑门,内设道场,中开讲会,或手录梵策,或口扬佛音"[2]的记载。宋代高僧普济在《五灯会元》所记西蜀銮法师的故事,颇能诠释讲会之义,兹引如下:

> 西蜀銮法师通大小乘,佛照谢事居景德,师问照曰:"禅家言多不根,何也?"照曰:"汝习何经论?"曰:"诸经粗知,颇通百法。"照曰:"只如昨日雨,今日晴,是甚么法中收?"师懵然。照举痒和子击曰:"莫道禅家所言不根好!"师愤曰:"昨日雨,今日晴,毕竟是甚么法中收?"照曰:"第二十四时分不相应法中收。"师恍悟,即礼谢。后归蜀,居讲会,以直道示徒,不泥名相,而众多引去。遂说偈罢讲曰:"众卖华兮独卖松,青青颜色不如红。算来

---

[1] 李昉:《太平广记》卷九九,《景印文渊阁四库全书》第1043册;又见董斯张《广博物志》卷五,文字稍异,作"各各竖义,大有后生""词旨锋起",《景印文渊阁四库全书》第980册。

[2] 《旧唐书》卷一七二《牛僧孺传》,中华书局,1975,第4481页。

第三章 学术型讲会：学术组织的学术活动

终不与时合，归去来兮翠霭中。"由是隐居二十年，道俗追慕，复命演法。笑答偈曰："遁迹隐高峰，高峰又不容。不如归锦里，依旧卖青松。"众列拜悔过，两川讲者争依之。①

由此可知，佛教讲会乃其讲经弘法的活动，质疑问难属于题中之义。讲堂之上，主讲者若无高深学问和足够智慧，则难以应对"词旨锋起"的质难。

到北宋，儒家学者也开讲会传播其学说。邵雍之子邵伯温就记有太学博士姜愚开讲会得钱数百千，以为朋友娶妻的纪实故事，兹引如下：

> 太学博士姜愚，字子发，京师人。长康节先公一岁，从康节学，称门生。……子发本京师富家，气豪乐施，登进士第，月分半俸奉康节。……乐道未遇时，与子发交游甚善。乐道苦贫，教小学京师，居州西，子发居州东，相去远。一日大雪，子发念乐道与其母寒饥，自荷一锸，划雪以行。至乐道之居，扣门，久之方应。乐道同母冻坐，日已过高，未饭。子发恻然，亟出买酒肉薪炭，往复同乐道母子附火饮食。乐道觉子发衣单，问之，以绵衣质钱买饭食也。子发说《论语》，士人乐听之，为一讲会，得钱数百千，为乐道娶妻。乐道登第，调睦州判官。②

故事的主人公姜愚，与作者的父亲大学者邵雍虽名为师

---

① 释普济：《五灯会元》卷一八《法云杲禅师法嗣》，《景印文渊阁四库全书》第1053册。
② 邵伯温：《邵氏闻见录》卷一八，《丛书集成初编》第2750册，第127—128页。

生,但年岁相当,交情深厚,师友之间实有通家之谊。因此,姜愚开讲会挣钱给朋友娶妻之事,当属真实可靠。而讲《论语》的一次讲会能够"得钱数百千",则至少说明,在邵雍、姜愚所处的北宋中后期,儒家学者已经可以娴熟地运用讲会这一讲学形式来宣讲自己的经典,讲会已不为佛家所独有,而且这种讲学活动很受士人追捧、欢迎,以至于历来号称"贫士"的读书人也肯出钱赴会听讲。

南宋开始,讲会之风渐盛,宫中、官学、书院皆举讲会。个人如朱熹曾开讲会于白鹿洞书院,留有人所共知的《白鹿讲会次卜丈韵》之诗,在给朋友的信中他也不止一次提到讲会。① 个人之外,上自朝廷,下至郡县,都有讲会之举。宫中经筵,绍兴四年(1134)、三十二年有"开讲会""朝廷讲会""讲会学士院"等记录。② 在地方,南安郡学于宝庆二年(1226)重建"进学""近思""贯道""尚德""时升""上达"六斋,集师友讲会其中。③ 隆州井研人黄济叔,理宗时,"岁率以夏秋之间为讲会,坐皋比者皆宿学大师,士不惮裹粮竞往听,先生持所见与之相叩击,连折五鹿君,会下竦服"。④ 朱上舍、赵监镇为之倡"黄

---

① 朱熹:《晦庵集》卷四二《答胡广仲》,有清远主簿杨子直"因其入广西,取道岳前,属使求见,渠在此留几两月,讲会稍详"。卷五三《答刘季章》有"讲会想仍旧。专看何书?此书附庐陵叶尉,渠此中人,时有往来之便,有疑可讲,不待面谕。但觉得季章意思,急迫不宽平,务高不务切,而不肯平心实看道理,只此意思,亦殊碍人知见也",《景印文渊阁四库全书》第1144册。
② 李心传:《建炎以来系年要录》卷八一,上海古籍出版社,2008;周必大:《文忠集》卷一九《题胡邦衡讲筵诗卷》,《景印文渊阁四库全书》第1147册。
③ 徐鹿卿:《清正存稿》卷五《重建六斋记》,《景印文渊阁四库全书》第1178册。
④ 牟𪩘:《牟氏陵阳集》卷二四《黄提干行状》,《景印文渊阁四库全书》第1188册。

第三章 学术型讲会：学术组织的学术活动

石讲会"，乡先生林嶨磻赴会，王迈为之作诗相送，内有"岁暮何时更远游，刘蕡下第我色羞。阳春自古难为和，明月如今肯暗投"之句。① 喻良能诗中也有"八郡经生满鳣堂，那能斗酒博西凉。晚年刻意玄虚讲，蚤岁留心翰墨场"，"讲会甚盛"② 的记录。

元承宋制，赓续讲会。学者同恕有"论交久已心相许，讲会应怜迹独赊"③ 之诗。毛长官则有屏居长坂别业，"集宾友为讲会"④ 之举。江阴州澄江书院更建德业堂以为讲会之所。⑤ 而"德义堂者，江阴州澄江书院讲会之堂也。书院盖州人蔡君某所建，谓其先宗闽人西山先生季通及其子仲默，皆师友考亭朱夫子者，而尝讲学于此，故祠事之。经曰：陈之以德义而民兴行，因以为扁。……君子之于学也，在于知德，知德则知义矣。苟不知德义之则，亦将安所履践哉。今蔡君既能开创于前，而若子若孙又能继述于后，其州人子弟讲肄于是而有所兴起也者必多矣"。⑥ 由此可知，元代澄江书院的讲会，实与讲肄无异，皆就德义二字讲而会之，肄而习之。

明代讲会大盛，且与书院关系紧密，诚如《明史》所称："正、嘉之际，王守仁聚徒于军旅之中，徐阶讲学于端揆之日，流风所被，倾动朝野。于是搢绅之士，遗佚之老，联讲会，立

---

① 王迈：《臞轩集》卷一四《送乡先生林嶨磻黄石讲会》，《景印文渊阁四库全书》第1178册。
② 喻良能：《香山集》卷九《陈知府体仁和予七夕试院诗并以龙涎数十饼为饷次韵奉酬陈每讲会甚盛》，《景印文渊阁四库全书》第1151册。
③ 同恕：《榘庵集》卷一二《登义谷有怀郝复礼雷季正》，《景印文渊阁四库全书》第1206册。
④ 《榘庵集》卷六《毛长官墓志铭》，《景印文渊阁四库全书》第1206册。
⑤ 乾隆《江南通志》卷九〇："澄江书院在江阴县县布政坊巷西南，元至正中里人蔡以忠以别业立义塾，事闻于上，赐额曰澄江书院。设山长，其讲会之所曰德义堂。"《景印文渊阁四库全书》第509册。
⑥ 李存：《俟庵集》卷二一《德义堂铭》，《景印文渊阁四库全书》第1213册。

书院，相望于远近。"① 由"联讲会，立书院"而认定讲会与书院词性一样，将其一同视作学术组织或团体，诚然不错，尤其是引证清人所撰《明史》《明儒学案》等著作，更能强化这样的认识。但采引明代学者留下的文献资料时，我们却发现，在很多语境中讲会就是会讲的互文，意即聚会讲学、讲而会之，只能看作一种活动，而不能单独视为组织。为了更好地说明问题，我们谨以《明史》《明儒学案》《阳明年谱附录》三书为考察对象，将有关讲会的条文辑录如下，然后再做分析、判断。

《明史》一书，能辑录讲会资料五条，② 兹引如下：

《明史》例一："知府罗汝芳创讲会，御史耿定向聘（沈）宠与梅守德共主其席。"（第5698页）

《明史》例二："（史）孟麟素砥名节，复与东林讲会，时望益重。"（第6046页）

《明史》例三："搢绅之士，遗佚之老，联讲会，立书院，相望于远近。"（第6053页）

《明史》例四："魏忠贤毁天下书院，（吕）维祺立芝泉讲会，祀伊洛七贤。"（第6820页）

《明史》例五："（陈）正道为建安训导，年八十余，犹徒步赴五峰讲会。"

《明儒学案》一书，记明代学术发展历史，是公认的经典性历史文献，其中讲会一词凡十四见，③ 兹引录如次：

---

① 《明史》卷二三一，第6053页。
② 《明史》中讲会凡五见，例一出卷二一六，例二、例三出卷二三一，例四出卷二六四，例五出卷一七一。
③ 《明儒学案》中讲会凡十四见，例一见卷八，例二见卷九，例三见卷十四，例四见卷十五，例五见卷二七，例六见卷三二，例七、例八见卷三四，例九、例十见卷三五，例十一见卷三六，例十二见卷四一，例十三见卷五四，例十四见卷六一。引文后所标为中华书局点校本页码。

第三章 学术型讲会：学术组织的学术活动

《学案》例一："时朝绅有讲会，（吕潜）先生于其间称眉目焉。"（第 153 页）

《学案》例二：王之士"又谓，天下之学术不一，非亲证之，不能得其大同。于是，赴都门讲会，与诸老先生相问难"（第 177 页）。

《学案》例三：张元冲"前后官江西，辟正学书院，与东廓、念庵、洛村、枫潭联讲会，以订文成之学。又建怀玉书院于广信，迎龙溪、绪山主讲席，遂留绪山为《文成年谱》，惟恐同门之士，学之有出入也。其有功师门如此"（第 301—302 页）。

《学案》例四："先生之学，多得之龙溪、念庵、绪山、荆川，而究竟于禅学。其时，东南讲会甚盛，先生不喜干与。"（第 312 页）

《学案》例五：徐阶"及在政府，为讲会于灵济宫，使南野、双江、松溪程文德分主之，学徒云集至千人。其时癸丑、甲寅，为自来未有之盛"（第 618 页）。

《学案》例六："王襞，字宗顺，号东崖，泰州人，心斋之仲子也。九岁，随父至会稽，每遇讲会，先生以童子歌诗，声中金石。"（第 718 页）

《学案》例七："罗汝芳，字惟德，号近溪，江西南城人。嘉靖三十二年进士，知太湖县，擢刑部主事，出守宁国府，以讲会乡约为治。"（第 760 页）

《学案》例八："一友执持恳切，久觉过苦，求一脱洒工夫。曰：汝且莫求工夫，同在讲会，随时卧起，再作商量。旬日，其友跃然曰：近觉生意勃勃，虽未用力，而明白可爱。"（第 772 页）

《学案》例九："京师讲会，有拈识仁定性者，先生作为

107

讲义,皆以良知之旨通之。"(第845页)

《学案》例十:潘去华"初入京师,虽亲讲会,不知为学之方。先生随方开释,稍觉拘迫,辄少宽之,既觉心懈,辄鞭策之,终不为之道破,使其自得"(第849页)。

《学案》例十一:"南都讲会,先生拈《天泉证道》一篇相发明。"(第854页)

《学案》例十二:"时在万历二十年前后,名公毕集,讲会甚盛,两家门下互有口语,先生亦以是解官矣。"(第976页)

《学案》例十三:"逆奄之时,拆天下书院,以学为讳,先生与张抱初方讲于芝泉书院,几中危祸。在南都立丰芑大社。归又立伊洛社,修复孟云浦讲会,中州学者多从之。"(第1311页)

《学案》例十四:"吴钟峦,字峦稺,号霞舟,武进人也。崇祯甲戌进士。先生弱冠为诸生,出入文社,讲会者四十余年,海内推为名宿。以贡教谕光州学。从河南乡举登第,时年已五十八矣。"(第1493页)

《阳明年谱附录》二卷,记阳明门人传播王学事,自嘉靖九年(1530)建天真书院始,至隆庆元年(1567)诏赠新建侯止。查其中讲会一词凡十一见,① 兹引如下。

《年谱》例一:天真书院"斋庑庖湢具备,可居诸生百余人,每年祭期,以春秋二仲月仲丁日,四方同志如期陈礼仪、悬钟磬,歌诗、侑食。祭毕,讲会终月"(第1328页)。

《年谱》例二:门人李遂所建衢麓精舍,"设师位,岁修祀事。诸生柴惟道、徐天民、王之弼、徐惟缉、王之京、王念

---

① 《阳明年谱附录》中,讲会凡十一见,例一至例九载《王阳明全集》卷三六,例十、例十一载卷三七。引文后所标为上海古籍出版社点校本页码。

第三章　学术型讲会：学术组织的学术活动

伟等，又分为龙游水南会，徐用检、唐汝礼、赵时崇、赵志皋等为兰西会，与天真（书院）远近相应，往来讲会不辍，衢麓为之先也"（第1330页）。

《年谱》例三：门人钱德洪等"侍师讲学于龙泉寺之中天阁，师亲书三、八会期于壁。吴仁聚徒于阁中，合同志讲会不辍"（第1334页）。

《年谱》例四：寿岩五峰书院，有"诸生卢可久、程梓等就业者百有余人。立师位于中堂，岁时奉祀，定期讲会，至今不辍"（第1334—1335页）。

《年谱》例五：史际建嘉义书院祀先生，"延四方同志讲会，馆谷之"（第1337页）。

《年谱》例六："门人吕怀等建大同楼于新泉精舍，设师像，合讲会。"（第1340页）

《年谱》例七：吕怀等门人"及诸生数十人，建楼于精舍，设师与甘泉像为讲会。会毕，退坐昧昧室，默对终夕而别"（第1340页）。

《年谱》例八：钱德洪、王畿"初赴水西会，过宁国府，诸生周怡、贡安国、梅守德、沈宠、余珊、徐大行等二百人有奇，延至景德寺，讲会相继不辍"（第1350页）。

《年谱》例九：提学耿定向、知府罗汝芳建志学书院，"建祠立祀，于今讲会益盛。后知府钟一元扁为'昭代真儒'，遵圣谕也"（第1350页）。

《年谱》例十："城中王缉诸生，夙办柴米，为久留计，供应不涉有司。五日一讲会，余时二人轮班，代接宾客。"（第1370—1371页）

《年谱》例十一："今幸兄主张斯道，慨同志凋落，四方讲会虽殷，可与言者亦非不多，但炉中火旺，会见有融释时，

毫厘淬化未尽，火力一去，滓复凝矣；更望其成金足色，永无变动，难也；而况庸一言之杂其耳乎？"（第1373页）

以上三书合计有30例讲会资料，而考其性质，则大致可分为侧重讲学活动、讲学组织两类。惟《学案》例七"以讲会乡约为治"，讲会既可当作动词，也可与乡约并列作为名词，似乎两者皆可，读法不一样，意思也就不一样。《学案》例十四之"出入文社，讲会者四十余年"，文社与讲会之间，用逗号、顿号皆可，但用逗号，讲会是活动，用顿号，讲会则是组织。故另列一栏，合并列表，统计如下：

表3.1 明代讲会一词属性统计

资料出处	侧重讲学组织	侧重讲学活动	讲学活动或组织
明史	例一、二、三、四、五		
明儒学案	例一、三、四、五、八、九、十一、十三、	例二、六、十	例七、十四
阳明年谱附录	例九、十一	例一、二、三、四、五、六、七、八、十	
合计	15例	12例	2例

需要指出的是，对上引各讲会做词性区别并非易事。其一，许多例子的意涵在讲学活动与讲学组织之间游移纠结，重叠中似有区分，多数情况下是难解难分，这与动名词的双重性质有关，所以我们既能视其为侧重于组织的名词，亦能视其为侧重于活动的动词。其二，讲会词性的统计数据表明，它应该标立为两个义项，一是讲学组织，二是讲学活动。这样，无论是组织还是活动，都不能独立表述讲会的定义，讲会就只能在组织与活动间游移。其三，《明史》《学案》之讲会，绝大部

分指向组织,《年谱》则绝大部分指向活动。出现这种区别的原因,当与作者的主观意识有关。前两书成于清代,作者以讲会的旁观者身份,赋予讲会更多的学术组织的成分;而《年谱》出自阳明门人之手,作为讲会的当事人,他们更愿将讲会当作一种学术活动来看待。距离影响视角,时间带来差别,或许在当年的举会之人那里,凡聚会讲学、会聚讲说、聚会讲论、聚会讲习等会而讲之的讲学之会,都可以称为讲会。组织与活动的刻意区别,只是后人出于各自需要而做的附加。我们的研究若能去掉这种附加,还原讲会在讲学活动和讲学组织之间游移纠结的本来面目,恢复其原本就有的较为宽泛的意涵空间,未尝不是一件有意义的事情。

综上所述,会讲作为一种讲学活动,历来皆无疑义,而我们新发现的它作为讲学活动中的职事名称的事实,则赋予了其活动的组织因素。而讲会作为讲学活动这一义项的揭示,更显示出很多时候讲会和会讲之间的训释互通,即作为互文,它们可以替换代用。有鉴于此,我们认为,讲会与会讲之间,同样有着讲学活动与讲学组织这一宽广的空间可以探索。因此,本书以下所用"讲会"一词,除特别标明意有专指之外,一律既属于"会讲",又属于"讲会",是一种既指学术组织,又指学术活动的模糊、宽泛用法,可以泛指所有书院所举、所组之会。

第二节　学会、会学及其他

学会即讲学之会。嘉靖末年,江右吉水县王门后学胡直自蜀中辞官返乡,"缙绅青衿、耆旧英髦敦为学会,动至数百",但"无憩所",直至万历五年(1577),始"起崇构,危堂奥室,杰阁嵘嵘",题曰求仁书社(又作求仁书院),以为会所。① 这是由学会而兴书院的记录，亦可旁证前述举会而归之书院的观点。万历二十二年（1594），江右王门后学海南岛文昌县知县贺沚（号定斋）建玉阳书院，定《玉阳会条》《体仁会约》，倡白沙与南塘之学于南海之中。于是，县中书院志遂有"吾邑未有学会也，学会自吾师定斋先生始"②的记载。此处之学会，则指玉阳书院体仁会。天启年间，魏忠贤"拆天下书院，以学为讳"，河南新安人吕维祺则与张抱初"讲于芝泉书院，几中危机"，"归又立伊洛社，修复孟云浦讲会，中州学者多从之"。在与友人的《论学书》中，吕氏对其冒险讲会之举做出了解释，称"讲学之家，多分畛域，亦自有说，吾只见得吾身，非此无以为人，安身立命，的的在此。世自有世之讲学，吾自有吾之讲学，所谓天渊悬隔者也。今天下禁讲学，而学会日盛，学会虽盛，而真实在此间做者甚少，弟之修复孟先生会，原自修复，不沾带世间一尘。近日敝邑及邻邑远近之士，觉彬彬兴起"。③ 由此可见，在吕维祺心中，他与张氏在芝泉书院之"会而讲学"，以及原有孟氏之讲会，皆得泛称为"学会"。曹于汴在家乡弘道书院讲学时，得知宦游之地旧所创建的志道书院重修，且置田五十顷以"供会之需"，十分高兴，遂有"枌社之乡、旧游之处，学会并起，南北应求"④的记录。其他如关中书院《会约》规定，至亲旧友

---

① 胡直：《衡庐精舍续稿》卷五《仁社三逸图赞》，《景印文渊阁四库全书》第1287册。
② 林邦煇：《蔚文书院全志》卷一《玉阳崇祀部·陈王二先生合祀记》，嘉庆二十四年刊本。
③ 《明儒学案》卷五四，第1311—1312页。
④ 曹于汴：《仰节堂集》卷四《重修志道书院置田供赡碑记》，《景印文渊阁四库全书》第1293册。

112

第三章 学术型讲会：学术组织的学术活动

相见之礼，"不因学会相与者随便"；①《还古书院会规》中有"扩清讲坛，洗除正嘉以来致良知之宗旨，以为新安学会肇自文公会讲天宁山房，今书院会规不遵紫阳可乎"②的议论。凡此种种，以及我们多次引证的白鹭洲书院《依仁会纪》所载吉安"学会如家常饭，无地不有，无岁不行"等文献资料表明，学会就是讲学之会的别称。

书院当年的学会情形，罕有文献详载，兹有燕人韩位（号参夫）一例较为鲜明。韩位羡慕南方讲会论学，自真定南下东林书院，在高攀龙指导之下，体验学会生活一年多，高氏"奉为畏友"。谨将高氏所记引录如下，以供参考。

> 余穷居东林，有韩参夫者，俨然就余论学焉。问其人，曰燕人。问其名，曰位。问其来，挈家而来也。问其何以来，曰以学。燕人无论学者，吾慕南方所在，讲坛、学会、饮食、衣被于学也，心乐而慕焉。曰吾生也有涯，吾学也无涯，以有涯穷无涯，吾其晚矣。敢惮劳乎！敢以年岁计乎！愿家于南，学于南，庶有几于道也。余心异之，假馆于东林之旁舍居焉。参夫与其内子行古之道，内外肃睦，祭祀斋虔，昼则杜门读书，以间则弹琴歌诗，从容乎乐也。③

以上所记之请益论学、祭祀斋虔、杜门读书、弹琴歌诗事，实乃从容淡定的雅乐景象，与传统认知中处于"风声雨

---

① 何栻图：《关中书院志》卷三《学约》，万历三十七年刊本；又见《少墟集》卷六，题作《学会约》，《景印文渊阁四库全书》第1293册。
② 《还古书院志》卷一〇。
③ 《高子遗书》卷一〇《韩氏七世祖传》，《景印文渊阁四库全书》第1292册。

声"里的东林形象全然不同。但毫无疑问，这也是东林学会生活的真实记录。或许，只有将两个侧面合一，才能呈现出东林书院讲学之会的全貌。

会学一词，见于前已涉及之海南岛文昌县玉阳书院。《玉阳书院纪略》载："吾邑前此未知学也，自贺侯之莅也，而学兴焉。……于是，建会堂以为之聚，捐义田以为之资，则吾侪所为图不朽也，命之曰玉阳书院。……以望后一日课文，二日会学。其会也，敛容端肃，默识本来，或据自得而示真宗，或因问难而析疑义，要以自识本心为功，而支离污漫一切黜焉。学者翕然从之。……一时观感，四方风兴，咸曰自建邑以来，此为胜会，文昌之名，今乃不虚。"① 就字义而言，"会学"即会而学之，似不能和"学会"互文通释，但据其所记会事，问难析疑，仍是胜会核心，则会学仍然是讲学之会的一种。王栋的说法，似能印证这样的观点，在《明儒王一庵先生集·会语续集》中，其称："定期会学，古未有之。无日不学，无日不会也。后人者学术太轻，往往以职业相妨，不遑暇及，不得已与约立会，期以救离群索居之失，因已一曝十寒，去古人之志远矣。"②

讲学之会，有时又表述为开讲之会。讲学名家王畿在致朋友的信中曾说："不肖浪迹，求友东南，访匡庐，历鹅湖，道出信州，过承教款，承询孔门可与共学之旨，往复商究，若有契于中者。……迩者属下士友方兴开讲之会，首揭先师《立志说》《拔本塞源论》，以为学的。鹅湖之后，此风寥寥，今日之举，岂必人人皆有真志？淘金于沙，亦为之兆焉耳。"③

---

① 林有鹗：《玉阳书院纪略》，见《蔚文书院全志》卷一《玉阳会文部》。
② 转引自陈时龙《明代中晚期讲学运动（1522—1626）》，第10页。
③ 《王畿集》卷一一《与林益轩》，第294—295页。

第三章 学术型讲会：学术组织的学术活动

此处所称"开讲之会"，实即广信府闻讲书院之会。据《闻讲书院会语》记载，王畿在嘉靖三十三年（1554）春"赴江右之约，秋入武夷，历鹅湖，返棹广信。郡中有闻讲书院之会，吉阳何子请先生往莅。《会约》首揭阳明夫子《立志说》《拔本塞源》'一体论'，以示学的。每会轮一人讲《四书》一篇，以为参互体究之资，时讲《孟子·道在迩而求诸远》一章"。由此可知，前引士友开讲之会，即嘉靖年间广信府知府何吉阳主持之闻讲书院之会。王畿作为主讲嘉宾，由院中讲义中之"性外无道，道外无性"切入，针对诸生所问"立志""一体"之说，大谈良知主宰，且自比朱陆鹅湖之会，认为"鹅湖之会在辨真伪，今日之会在辨内外，内外辨则真伪决矣"。①

讲学会见于冯从吾《愧轩吕先生传》，其称吕潜"为邑诸生，试每倾曹偶，学使者重其文行，拔入正学书院，以风多士。嘉靖丙午，以《诗》荐乡书，卒业成均，友天下士，而名日起。时朝绅中有讲学会，每闻先生偕计至，亟延之讲"。②此处之朝绅讲学会，即前引《明儒学案》例一之朝绅讲会。由此可知，讲学会即讲学之会的又一别称。

京师之朝绅讲学会③亦颇受关注，《明史》凡二见：卷二二七作"徐阶当国，为讲学会"；卷二四三作"臣（指冯从吾）壮岁登朝，即与杨起元、孟化鲤、陶望龄辈立讲学会。自臣告归，乃废京师讲学"。王门讲学领袖王畿对此也很重视，在给朋

---

① 《王畿集》卷一，第5—7页。
② 冯从吾：《少墟集》卷二〇《愧轩吕先生传》，《景印文渊阁四库全书》第1293册。
③ 京师讲学会之外，地方也有讲学会，如乾隆《江南通志》卷一六三载：丹徒人束桓辞官归家，与贡生殷士望"月为讲学会，以孝悌求仁为本，敦朴存诚为务，学者称怀玉先生"，《景印文渊阁四库全书》第511册。

友的书信中王畿曾数度提及,其《与耿楚侗》称:"闻京师已复同志大会,乃吾丈与二三同志倡之,浣慰可知。"① 欣喜之色,溢于言表。而《与曾见台》则将讲学上升到世道、人心、学术的高度,其称"闻京师已复同志之会,吾丈与楚侗二三兄实倡之。此会实系世道之盛衰,人心向背、学术邪正之机,皆在于此"。②《与沈宗颜》更称:"京师旧有同志月会,相传已久。近因时好差池,渐成避忌。消息盈虚,时乃天道,不足为异。但吾人此生发心,愿为自己性命,自性自修,自命自立,无所待于外。若以时之向背为从违,所学何事?非望于豪杰也。……所云月会之议,还望始终自信,约三五同志续而举之。此件事不论在朝在野,原是一体同善,不容已之心,非强饰门户,求以矫抗于时也。"③ 这展示的是一个讲学领袖在京师讲学之会受到政府禁废之时的坚毅。如此豪杰,如此自信,则当年王学风潮之所以能够倾动朝野,也就很好理解了。需要指出的是,王畿以"同志之会""同志大会""同志月会"三个词指称京师朝绅讲学会。在这里,同志之会是核心,"月"与"大"作为"会"的修饰词并不重要,而"会,所以讲学明道,非徒崇党与立门户而已也"。④ 也就是说,会的重点在讲学以明道,所谓会者,讲学之谓,明道之谓也。

事实上,当年随地举会、随缘结会的讲学之人,更习惯于用"会"这一单字来指称有关聚会讲学的活动与组织。与会讲、讲会、学会、会学相比,"会"是一个使用频率最高的字。以杨起元为其师罗汝芳所作的墓志铭为例,此铭记载

---

① 《王畿集》卷一〇,第240页。
② 《王畿集》卷一二,第204—305页。
③ 《王畿集》卷一二,第228—329页。
④ 《王畿集》卷二《约会同志疏》,第53页。

| 第三章　学术型讲会：学术组织的学术活动 |

罗氏一生立会讲学事迹，其中"大会"一词出现十二次，"会"九次，"讲会""留会"各两次，"集会""定会所"各一次。① 而同样是记罗氏讲学，本章第一节所引曹胤儒所作罗氏《行实》，其用词，"大会"十七次，"为会"三次，"讲会""会讲"各两次，"邀会""集会""立会""约会""举会""学会""会于及留都之会""会所""无日不会"各一次。又如邹守益在《泰和、万安会语》中说："往岁癸巳，九邑同志胥会于青原，以无忘先师惜阴之训，耄倪欣欣也。泰和、万安之交，联属为一会，凡二十余年，会于梅陂，会于先天阁，会于云津，会于古城，会于智海，每速予临之，有三至五至者焉。"② 一口气连用了七个"会"字。如此看来，明人更喜欢用既有聚合、会面、相见之本义，又可引申为领悟、理解之单字"会"来指称讲学之会。这样简单明了的用语习惯，与当年随举会于各地的大环境相合。而当讲学进入正规、持续发展的阶段，以"会"字为基本元素来构结新词也是自然之事。一般构词若如水西会、青原会，以表明地望为主；新安六邑会、江浙同志会，以表明地望和规模为主；江右惜阴会、白鹭洲书院之正学会、依仁会，则以表意为主。总之，侧重不同，归纳分类亦不同，外加会讲、会学又有着重描述状态者，"会"之文本意义也变得交错纷杂起来，凡此种种，不胜枚举，但都能从各个侧面彰显书院学术型讲会的繁盛情况。

---

① 杨起元：《明云南布政使司左参政明德夫子罗近溪先生墓志铭》，《罗汝芳集》附录，第919—925页。
② 《邹守益集》卷一六，第755页。

第四章　教学型讲会：书院的日常教学活动

　　书院既是学术组织，也是教学机构。王阳明将书院定位为"匡翼夫学校之不逮"，湛若水主张圣学、举业合一，在书院大谈科举之学。流风所及，世人皆谓"书院者，宅名胜，居来学，以广国家兴道育才之意，官政之最善者也"，[①]"学校治化之源，而书院学校之辅也"，[②] 更视书院"为谈经课士之地，与庠序相济为功"。[③] 甚至或曰："夫学，士之田也，有庠序以职之，有科举以劝之，而又为书院以课督之，与催耕促织何异？"[④] 凡此种种，都说明当时将书院视为谈经课士、准备科举的教学机关，已是明代士人的一种普遍共识。当讲会盛行之世，书院除了"升堂会讲"，根据分定课程进行"讲解"、学习之外，如前文所述，还组织诸如文会、诗会、酒会、茶会、

---

① 杨昱：《崇正书院志序》，乾隆《汀州府志》卷三九，同治六年刊本。
② 张凤翀：《平川书院记》，嘉庆《四川通志》卷八〇。
③ 王谋文：《绵山书院碑记》，嘉庆《介休县志》卷三，嘉庆二十四年刊本。
④ 黄琮：《修建五华书院记》，康熙《云南通志》卷二九，《景印文渊阁四库全书》第 570 册。

面会、舫会、遥会、会课、课艺、考课、作文、经史会、史学会、理学会、古文词会、昭代典故会等与教学活动相关的各种会事。但一般而言，这些教学型讲会类会事皆和科举密切关联，历来为人所鄙视。不过，细探究竟，我们便发现，即便是科举之会，也有多种文化取向，值得引起特别注意。

第一节　会文、会课：书院的考试活动

与教学有关的书院之会大多数是考试活动，或称会文、文会，或称会课，或称会考，名称各异。会文即聚会作文，是书院日常的教学活动，常常和讲艺、会讲并举。如抚宁县云从书院，万历四十三年（1615），知县王台创建，"日集诸生会文、讲艺，纸笔、饮馔之需，皆捐俸以给"。[①] 常熟虞山书院规定，"每月初三日，诸生会文于精舍、经房，儒学监会。会卷该房多备，听来者领用。卷面粘一浮签，听本生自书其名。文完，该学吏收齐，揭去浮签，于卷后角上实填本名，弥封用印。即日，儒学会同三纲孝廉入有本室闭阅。阅完，本县复阅，以三等发落。一等复试，亲阅"。"每月初六日，孝廉会文于弦歌楼，本县亲阅"，"会讲、会文，供给已有定规"，"如远方来者，每人一月给饭米三斗、菜银一钱，一月一给，各自领用"。[②] 可见，虞山书院会文有诸生、孝廉之分，会文之期与会文之所皆不相同，试卷评阅分等也有区别，唯生活待遇相同。凡此种种，见于《会约》条文，已成日常教学规程。

文会，实即"会文"之互文，其意仍是聚会考试。嘉靖

[①] 康熙《抚宁县志》卷三，康熙二十一年刻本。
[②] 耿橘：《虞山书院会约》，见孙慎行、张鼐等《虞山书院志》卷四，明万历刊本。

末年，朱湘任大名县知县，"甫下车，率诸生为文会，手自点窜，出其制义，诸生争相传诵"，①因建应龙书院。到万历四十年（1612），知县李一鳌重修院舍，"纠诸生为文会，月凡三举"，"又躬诣批阅，剖秘密，藏为多士指南"。于是，"士彬彬向风，不啻雨化矣"。②由此可见，文会是应龙的传统，书院一月两三次文会，能够改变一县士气民风。文会活动经常化之后，书院即建文会堂、文会所，以为聚会讲学、考试之所。如白鹿洞书院，弘治十二年（1499）建有文庙、明伦堂、会文堂、延宾馆、东西斋舍等，③而到万历四十二年（1614）重修时，规制变化，有礼圣殿、宗儒堂、文会堂、讲修堂、先贤祠、忠节祠、云章阁、号舍等。④可知，文会堂之名，在白鹿洞书院至少保有百余年而不变。其他如盐城正学书院，建有文会堂、燕居堂、歌鹿堂、东西号舍等建筑；⑤蒲圻县凤山书院，有文会堂与颐贤堂并列。⑥而祁门一县之内，东山书院有"学舍五十间，文会所三间"，"以居诸生，讲肄其中"，⑦环谷书院有文会堂、膳堂、名宦祠，号舍等建筑，"以资诸生讲业"。⑧徽州紫阳书院也是文会堂与求志、怀德二斋并峙，号舍鳞列，"群师儒日相砥砺其中"。⑨文会之所、文会之堂既如此常见，则文会为书院的日常教学活动就应该是合乎情理的事

---

① 张伯琥：《新建应龙书院记》，见民国《大名县志》卷九，民国铅印本，1934。
② 李景元：《重修应龙书院记》，见民国《大名县志》卷九。
③ 何乔新：《重建白鹿洞书院记》，见《白鹿洞书院古志五种》，第1248页。
④ 葛寅亮：《重修白鹿洞书院记》，见《白鹿洞书院古志五种》，第1254页。
⑤ 乾隆《江南通志》卷九〇，《景印文渊阁四库全书》第509册。
⑥ 王俨：《凤山书院记》，见道光《蒲圻县志》卷三，道光十六年刊本。
⑦ 李泛：《东山书院记》，见同治《祁门县志》卷一八。
⑧ 吕楠：《重修环谷书院记略》，见同治《祁门县志》卷一八。
⑨ 何其贤：《紫阳书院记》，见道光《徽州府志》卷七，道光七年刻本。

情了。

会课即聚会考课，也即会合考试。福州共学书院以会讲、会课为主要事业，二者合称"讲课二事"，其《会规》第二条规定："会课"时，将院中诸生"分为云、龙、风、虎、明、照、类、求八社，各立会长，每月以初三、十三、二十三日为期。先夕，三学中轮一教职，领题于本道及各司道府堂刑馆闽侯二县处，以次相及。黎明入院，俟各生齐集，巳刻封门，至晚收卷，随手钉封，送发题处亲阅。或转发主铎代阅，仍汇送发题处，再行参定，以其尤者揭示之。但须早阅早发，方能激劝多士。阅毕，每二十卷钉为一帙，发书院内听各生互阅，限五日内汇缴，主铎收贮，以便遴刻"。① 涉及分社会课、分官命题、官师阅卷、展示佳作、遴刻课艺等几个方面的问题。嘉兴仁文书院将会课与支给养士费用结合，认为"养士不免课士，课士太烦，则提调者难乎政教之无举，课士太简，则矜式者不免磨砺之日疏。以此斟酌三学诸生会期，每月初三日府学，十三日嘉兴县学，廿三日秀水县学，每学轮该会考之日，本学师长到院开记花名。如生员亲赴会课，随发课簿，赴坐完卷，至晚亲纳，师长记名责实，照数支给"。②

会考即聚会考试。万历二十年（1592），吉安府知府汪可受制定《白鹭洲书院馆例》，规定："作养一念，原无分别，凡会考之期，各县未取生员有志者，俱许赴会，一体校阅发落。""每月三、八日各号房公堂会文，朔、望日于正堂会考。字须楷书，文须完结，间试论、策、表，俱不可不作。""凡会考之期，除诸生住号房者自便供给外，及四方来会诸生，另

---

① 《共学书院志》卷上。
② 岳元声、岳和声：《仁文书院志》卷一〇《条理院田事宜》。

供一饭。"① 由此可知，白鹭洲书院的"会考"与为已考取之诸生而设的"会文"不同，是专为府属"各县未取生员有志者"而设的，每月两次，供应饭食。这样，会考就赋予白鹭洲书院以联系吉安府九县有志生员之网络中心的地位。通过每月六次会文、两次会考，汪知府得以构建以白鹭洲书院为中心的吉安学术精英网。

十分明显，上述会文、文会、会课、会考，实际上就是会聚、会集诸生举行的考试，是书院经常开展的教学活动，可以称之为教学之会。

值得指出的是，教学之会这一类检验学生成绩好坏的定期会聚活动，有的书院就直接叫考试、作文、作古文、作时文、考业，② 形式很多，不一而足。如湛若水的大科书院就规定每月考业六次，其《堂训》称：

> 进德修业乃是一段工夫，总于修业上着力，每月二、六日考业，以验其进修之次第，所以鞭策令自力也。于所考文字只批点可否，令其自觉用心之精粗，以自励耳。依程子更不考定高下，以起其争端，而滋其胜心。胜心不忘，不可以入道。③

虽然强调"考业"，但他对考试的外在竞争则持否定态度，认为"考定高下"会起"争端"，而滋"胜心"，"胜心不忘，

---

① 《白鹭洲书院志》卷二。
② 《弘道书院志》所载《学规》第七条为"作古文"，月初出题，月终呈稿；第八条"作时文"，间日而作，经义、四书义、论、策、表等，形式不限；第十七条"考试"，初六、十六日举行，分三等评卷。
③ 《湛甘泉先生文集》卷六。

不可以入道"。因此，考卷"只批点可否"，"令其自觉"，"以自励"，考课的目的在于发现自身的缺点，明白自己进德修业所达到的"次第"，以便"鞭策"自己在"修业上着力"自励，而不是与别人争名次，比胜负。可见湛氏提倡的是传统的"为己之学"，学习考试都是为了自身的修养。化外争为自修，这就是当时的大儒们所倡导的一种考试态度，它重视"德育"，在王、湛之学大昌的书院即讲求与倡导心学的书院比较流行。

除每月的定期考试之外，有些书院还颁行"日课簿"，规定生徒每日学业，然后抽查稽考。万历二十年（1592），吉安知府汪可受制定的《白鹭洲书院馆例》，其中一条就是"诸生各立日课簿，每日将用过工夫登簿内，或看经书若干，或读论、策、表若干，或看《通鉴》《性理》若干，或看程墨及时艺若干，或看古文若干，各随意见力量，但要日有日功，月不忘之。本府将不时抽签稽查"。这种登记课业、不定期随意抽查的方式，实是一种考试形式。它既可看出生徒所学的多少与好坏，起到督促作用，成为一种有效的激励机制，又不凝滞呆板，使生徒可以优游自适，进步于无形的约束之中。

第二节　科举之会与科举之学

上述会文、会课、会考，以及各种作文、考试等，都与科举考试有着或多或少的联系，从某种意义上讲，书院的教学之会就是科举之会，因此聂良杞有书院立会即为科举之说，其万历年间所定《百泉书院立会条约》称："盖以此会，本为举业也。"[1] 在

---

[1] 聂良杞：《百泉书院志》卷一。按该条约分立志、虚心、励勤、辨文、刻期、饬行六条。饬行起始句即称"前数条以举业相告勉，盖以此会，本为举业也"云云。万历六年刊本。

八股盛行、科举取士的明代，作为教学机构的书院施行科举之会实属题中之义。

科举之会有两层指向。一是会而考试，指会文、会课活动本身，二是讲求应试、作文之道，研究"科举之学"。万历十九年（1591）吉安府知府汪可受复建书院于白鹭洲，率府学及府属九邑县学共"十校诸生讲肄其中"。其时"院必有长，会必有程"，"每月为会者三。每会，使君咸式临之，探策命题，糊名列座，一仿棘闱制例。……积五年，所得课艺以数千计，乃属姑苏公摘其尤者若干篇，付之剞劂"，刻为《白鹭洲书院课士录》，并请"执牛耳而登坛"① 主讲的甘雨作序。可见，白鹭洲书院的每月三会，皆是模拟科举考试，属于比较单纯的科举之会。当时，它与属于讲学之会的"理学雅会"② 并举。同样是科举之会，淳安瀛山书院就稍显丰富，其《学规》第六条《会文》规定："于诸友中，择一学行老成者为会长，每月三会。每会书一，经一，诗、表、判、策各一，务要篇数俱完。先呈会长批阅，次与同会互正，须各倾倒知见，以相裨益，不得阿附雷同，亦不得长傲咈善。如此，则道日以明，德日以进，他年黼黻皇猷之具，裕诸此矣。"③ 所谓"互正""倾倒知见"，已经不是浮浅的会文活动，而是开始探讨会文之道了。

应试之法、作文之道，因时因地因院因人而异，各不相同，难以尽述，兹举一二，以见其概。万历年间，常熟县知县

---

① 甘雨：《白鹭洲书院课士录序》，见《白鹭洲书院志》卷七。
② 汪可受《白鹭洲书院馆例》规定："会文原为辅仁，今之会虽非古之文，然时艺从养气养心来者，其心思气度自别，俗人开口便见俗气，以此知理学、举业原非两事。今后乡先生有理学雅会，诸生须知敬听。"见《白鹭洲书院志》卷二。
③ 方世敏：《瀛山书院学规》，见方季和《瀛山书院志》卷二。

耿橘为虞山书院定下《会约》二十九条，前五条专讲科举之会，除一、二条规定诸生、孝廉会文日期、地点、阅卷之外，其他皆论作文应试，其称：

> 一、此间文字原非本县之荒芜所能评悉者，但见先辈文字，每于浑融古雅中求真，求到不新之新，不奇之奇，不玄之玄，是举业正法门，所当遵也。
>
> 一、作文虽期应举，然有命焉。学者慎毋一操笔便横胜负之念于胸中，作是见者，其文必不佳，私意障碍心灵，俗肠杜塞天机，此却要信得及放得下。
>
> 一、举业家谓作文是与圣贤写像，须要逼真，此意非然。夫写像者，长短妍媸存乎其人，纵逼真得来，亦不过逼人之真而已。人心之妙也，圣凡一体，古今不二。圣人当日发挥心灵，存此几句，学者今日就此几句发挥心灵，未举笔而我心非此，既举笔而圣心非彼，以心灵发挥心灵之所发挥，字字真形，篇篇本象，皆是写我自己也。能如是者，作文即是学问。①

虞山书院强调的是"作文即是学问"，反对"作文是与圣贤写像"之说，提出了古雅求真的标准，以及不新之新、不奇不奇、不玄之玄的"举业正法"。而操笔作文时，放下胜负之念，克"私意俗肠"以畅"心灵天机"之说，也属可取。唯将作文应举归之于命，似可商榷。

嘉靖年间，山东提学使吕高为省会书院湖南书院（后改名至道书院）制定《训规》十四条，其中第五条"敬业"即

---

① 耿橘：《虞山书院会约》，见《虞山书院志》卷四。

125

论德业、举业关系及作时文之法。认为德业、举业二者无异，所谓"德业者，操履之实也；举业者，猎取之具也。……不易业而与进于圣贤之道者，举业是也；不易志而可以令其科举之业者，圣学是也"。至于作文之法，则根据齐鲁之士的实际情况，做了以下针对性的训勉：

> 今阅试多士之文已久，乃知搜奇抉异者，不必过虑，而蹈庸袭故，保残守陋者，深可厌也。夫以言求道，已落第二义，而况其词之不修，卑弱萎蔓，如今时文之弊哉。大抵东方士子，初场文字多有可观，至论、表、策未见佳制。夫金不百炼不精，玉不深琢不美，绮绣不五色不炫。今学者不能琢炼于平居课业之日，而求欲遽工于风檐寸晷之下，诚亦难矣。所以往往矢口直道，如说平话，浮虚谬悠，漫无法检。仰各经教官，于诸生课业务要亲手批改，面授肯綮，如不得体，须令重作。经义以说理为主，而以轻重宾主为认题之法，最忌按字合掌等病。论以立意为主，而以步骤驰骋为辨议之法，最忌浮直漫散等病。策以详明为主，而以断制献纳为答问之法，最忌肤疏堆叠等病。三场文字，大抵先要识义理以高其见，富积蓄以充其材，勤习肄以操其法，养才气以极其变。其临文之时，用意要深长，议论要得当，理致欲纯粹，机轴欲圆转，条理欲明白，文采欲绚烂，节奏欲铿锵，法度要严整，始终要照应。贵含蓄而不可失之沉晦，贵精彩而不可失之靡艳，贵平正而不可失之庸常，贵奇特而不可失之诡诞，贵丰赡而不可失之冗滥，贵弘放而不可失之漫散，贵简径而不可失之寂寥。此其时文大略也。予非能知文者，聊述所见如此，

第四章 教学型讲会：书院的日常教学活动

俟当与诸生面论，质敏者当自悟之。①

吕高为嘉靖八年（1529）进士，"肆力诗歌古文之学，嘉靖初，与王慎中、唐顺之、熊过、陈荣、任瀚、李开先、赵时春，称八才子"，② 实为古文高手。因而，他"经义以说理为主""论以立意为主""策以详明为主"的三个文章原则总论，及用意深长、议论得当、理致纯粹、机轴圆转、条理明白、文彩绚烂、节奏铿锵、法度严整、始终照应等九项具体写作要求，和贵含蓄而不沉晦、贵精彩而不靡艳、贵平正而不庸常、贵奇特而不诡诞、贵丰赡而不冗滥、贵弘放而不漫散、贵简径而不寂寥等七条审美风格原则，皆为极富才气与识见的高论。涵泳于此的湖南书院诸生驰骋科场，战艺无敌。

至于"科举之学"的讨论，则见于湛若水为大科书院所作的《训规》，兹将其第三十二、三十三、三十四、三十五条引录如下：

> 一、诸生慎勿以举业、德业为二段事干，涵养吾德业，则发挥于文章，句句是实事，如老人自是老人声气，隔壁闻之可知其为老人，自涵养发出，遇明有司见之即知其人矣。邵康节诗云：自是尧夫不会琴，非关天下少知音。若今之剽窃而遇者，如小儿作老人声气，遇不知者取之耳，若明者安可侥幸。
>
> 一、科举乃圣代之制，诸生若不遵习，即是生今反古，便非天理。虽孔孟复生，亦由此出。然孔孟为之，亦

---

① 吕高：《湖南书院训规》，见吕氏《江峰漫稿》附刻本，南京国学图书馆影印本，1934。
② 乾隆《江南通志》卷一六六，《景印文渊阁四库全书》第511册。

必异于今之习举业者。其根本上发出自别，故举业不足以害道，人自累耳。学者不可外此，外此便是外物也，为病不小。

一、科举之学，合下立心便分义利。义利便君子小人悬绝，岂可不痛省而甘为小人之归？且读书以明心性，体贴此实事，根干枝叶花实自然成就，而举业在其中，此义之谓也。若读书徒事记诵为举业之资，以取科第爵禄，便是计功谋利之心，大本已失，此利之谓也。舜与跖之分，间不容发，诸生当自猛省戒勉。

一、吾今教人不外科举，就有至理，恐人又倒在一边，只在科举上立命，不悟我之至意。吾意正欲人读书作文不失本领，就根本上发出枝叶。此同行而异情，不可不知。①

由此可知，湛若水讲求的所谓"科举之学"，至少包含有以下几层意思。第一，将是否应试上升到理论的高度予以阐释，认为诸生必须参加科举考试，若不习举业"便非天理"，"便是外物"。第二，德业、举业合一，一体涵养。第三，以君子、小人区分应试之人，认为科举立命在义而不在利，强调读书以明心性，反对应试仅求功名。此为科举之学的根本，坚持根本则不失本领。凡此皆是本于"同行而异情"之理论得出的"至理"，也颇能传达湛氏在《训规》中再三强调的"内外本末心事合一"，"进德修业乃是一段工夫"之"至意"。

值得注意的是，湛氏"科举之学"深得当年书院讲学会文者认同。如山东提学使吕高在济南湖南书院就称："近日甘

---

① 《大科训规》，见《湛甘泉先生文集》卷六。

泉先生谓，德业举业同事而异志。诚哉是言也。故有不易业而可与进于圣贤之道者，举业是也；不易志而可以令其科举之业者，圣学是也。学者修于德业，以其高远之识见，深沉之蕴籍，莹透之义理，发而为文章，自然超迈炜烨，比之掇拾补缀，而不出于自得之言者，霄壤矣。"故而德业、举业二者无异，"蕴之为德行，发之为词章，其实一耳"。①

虞山书院有"讲学与举业非分二事。昔有从阳明讲学者，其父以废举业为忧，其人曰无忧，譬之打蛇，今得七寸矣。明年果中解元"②的会约条文。事实上，这只是对王阳明"圣学无妨于举业"论的简要概括。据《阳明年谱》嘉靖三年八月条"论圣学无妨于举业"载：钱德洪、德周兄弟从王阳明讲学，其父见其与魏良政、良器等游胜迹十日而忘返，乃问："得无妨课业乎？"答曰："吾举子业无时不习。"其父曰："固知心学可以触类而通，然朱说亦须理会否？"兄弟答曰："以良知求晦翁之说，譬之打蛇得七寸矣，又何忧不得耶？"其父不信，进而问王阳明。王答曰："岂特无妨，乃大益耳！学圣贤者，譬之治家，其产业、第宅、服食、器物皆所自置，欲请客，出其所有以享之；客去，其物具在，还以自享，终身用之无穷也。今之为举业者，譬之治家不务居积，专以假贷为功，欲请客，自厅事以至供具百物，莫不遍借。客幸而来，则诸贷之物一时丰裕可观；客去，则尽以还人，一物非所有也。若请客不至，则时过气衰，借贷亦不备；终身奔劳，作一婆人而已。是求无益于得，求在外也。"次年逢乙酉科试，"稽山书院钱楩与魏良政并发解江、浙"。钱父闻而笑之曰："打蛇得

---

① 吕高：《湖南书院训规》，见《江峰漫稿》附刻本。
② 耿橘：《虞山书院会约》，见《虞山书院志》卷四。

七寸矣。"① 在这里，钱父的怀疑是讲学尤其是讲与定为科举考试标准的朱学不同的良知心学，是否妨于举业，而王阳明稽山书院的实践则证明心学不仅无妨于举业，而且大有益于举业。石鼓书院也有圣学（即心学）不妨举业、致道不妨举业、举业即心学的训勉："圣贤之学，致道而已。子夏曰：君子学以致道。文章乃其绪余，蕴之为德行，发之为文章，岂有二哉？会讲不外六经，圣人以吾心之理说之于经，经非外也；吾以此心之理稽之于经，心非内也。国家以文章取士，非求之外也，谓其根于心也，文章即德行也。……有本之文也，圣学所谓文艺也。又曰：有言者不必有德。无根之文也，今世所谓举业也。有本之文，不饰而华，无本之文，求工愈拙。学者苟能真立求为圣贤之志，将六经语意悉以涵养本心，则和顺积中，英华发越，以之而敷演于文艺之间，自然亲切有味，可爱可传，是致道不惟不妨举业矣。苟用我，则尧舜其君，尧舜其民，非徒言之，实允蹈之。举业、心学，夫岂有二哉？……苟其心致道也，终日举业莫非德性也；苟不致道也，终日讲道莫非口耳也。举业、致道，一事也。举业中切己体认，便是致道，便是心学，何待于深求哉！"②

冯从吾在关中书院说："虽然书院之讲，固不专为科第，而即科第亦足见书院讲学之益。惟诸君不以一时科第自多而以圣贤有本之学自勉，使郿坞子厚蓝田、四吕高陵仲木再见于今日，则业与名世争流，而名与天壤俱敝。宁直诸君不负科名，即关中书院亦当与白鹿、岳麓并名不朽矣。余不与有荣

---

① 《王阳明全集》卷三五，第1291—1292页。
② 李安仁等：《重修石鼓书院志》卷上《黄毅所先生训义八篇》，万历十七年刊本。

施也哉!"① 凡此种种,不胜枚举,皆说明"讲求圣学举业合一""举业心学不二""讲学举业不分"之道,以及"举业为吾儒安生之本等业次"等理念,已成为书院科举之会的重要共识,研究"科举之学"也成为多数书院的内容。

第三节 科举之会的取向

在对各种形式、各种称谓的书院教学之会、科举之会进行考察并了解其丰富多样性之后,我们有必要对其作以下几点概括性阐释。

第一,教学、科举之会尽管有会文、文会、会课、会考、考业、考试、考课、课试、作文、遥文、遥课、面会、舫课、舫会等诸多名称,但其本质还是聚会诸生进行考试,以检验学习成绩的好坏,属于书院日常教学活动的一个重要环节。关于这一点,以上多有涉及,此不赘言。

第二,教学、科举之会纳入书院的整个教学计划,定期举行。一般情况下,会文、会课之期确定后,不会轻易更改,皆得如期行事,因而也就形成了日课、月课、季课等这样一些大家所公认、共用的名词。至于具体的考试日期与频率,则各地各院各不相同,部分书院的有关情况详见表4.1。

表 4.1　书院教学之会情况一览

院名	院址	会课名称	会课日期与内容	实施年代
崇文书院	杭州(浙)	舫课/遥课	每年春、秋择良日举行	万历以降,延至清代

---

① 冯从吾:《关中书院科第题名记》,见《少墟集》卷一五,《景印文渊阁四库全书》第1293册。

续表

院名	院址	会课名称	会课日期与内容	实施年代
证人书院	会稽（浙）	会课	每月望后	崇祯以降，延至清代
瀛山书院	淳安（浙）	会文	每月三会，每会书一、经一、诗表判策各一	天启以降
仁文书院	嘉兴（浙）	会课	每月逢三日，府县三学轮课	万历年间
虞山书院	常熟（苏）	会文	每月初三诸生 每月初六孝廉	万历年间
共学书院	福州（闽）	会课	每月逢三日，府县三学轮课	万历年间
白鹿洞书院	星子（赣）	大会 小会	每月初二、十六日 每月逢二、六日	万历以降
白鹭洲书院	吉安（赣）	公堂会文 正堂会考	每月逢三、八日 每月朔、望日	万历年间
湖南书院	济南（鲁）	作文 考试 季考	每月逢三日作四书、经义各一篇 每月初六日论一篇 每月十六日时务策一道 每月廿十六表一篇 每月逢九日面试三篇 每季终	嘉靖年间
百泉书院	辉县（豫）	文会	月为三会	万历年间
濂溪书院	德安（鄂）	作文	每月一会或两会	万历年间
问津书院	黄冈（鄂）	月会	每月十六日	万历年间
玉阳书院	文昌（琼）	会文	每月十六日	万历年间
尚友书院	定安（粤）	会文	每季仲月十三日	万历年间

第四章 教学型讲会：书院的日常教学活动

续表

院名	院址	会课名称	会课日期与内容	实施年代
大科书院	西樵（粤）	考业	每月逢二、六日	正德年间
弘道书院	三原（陕）	作古文 作时文 考试	每月朔出题，月终呈稿（诗、赋、记、序） 间日作时文两道（经义、四书、论、策、表） 每月初二、十六日	弘治、正德、嘉靖

从表 4.1 可以看出，以考试为主的书院教学之会，一般是每月三会，十天一次，多者每月八、九会，少者一月一会，甚至一季一会，而像崇文书院西湖舫课这样的风雅盛会则每年仅春秋两举。

第三，教学、科举之会主要是检验书院诸生学习成绩的好坏，从教学与考试内容，我们可以了解其在文化传承中所起的积极作用。明代科举盛行，四书、经义强调标准化而成八股文，大多数书院在德业举业并行、讲学不妨举业的名义下，"教人不外科举"。于是"科举之学"也便就成了教学与考试的主要内容。而围绕"科举之学"，各书院设计出不同的教学方案，兹以陕西三原县城弘道书院为例，以明科举教学内容。弘道书院为众门生为其师王承裕创建，是三原学派（或称关学别派）的大本营，历弘治、正德、嘉靖三朝前后四十年，由王氏全力经营。兹据弘治九年（1496）王承裕所立《学规》，[①] 将院中课程与教材列作表 4.2。

---

① 王承裕：《弘道书院学规》，见《弘道书院志·学规》。以下有关弘道书院课程之引文皆出于此，不再一一标注。

表 4.2　弘道书院课程与教材

课程类别	课程名称	教材
必修课	经书	易、诗、书、春秋、礼记
	四书	论语、大学、中庸、孟子
	史书	通鉴纲目、续通鉴纲目、通鉴节要、续通鉴节要、史略、史断
选修课	察理	性理大全、近思录
	学礼	朱子家礼、仪礼、周礼
	古文	文章轨范、唐音
	博观	贞观政要、唐鉴、大学衍义
	明治	武经七书、武经总类（以上兵戎），大明律、刑统赋（以上刑名），救荒活民、荒政备考（以上荒政），河防通议、泾渠图说、吴中水利（以上治水）
	作字	欧（阳询）、虞（世南）、颜（真卿）、柳（公权）字帖

以上必修课为参加科举考试而设，全院诸生人人皆得修习，内容分五经、四书、史书三部分。从教材书目可知，这些书籍属于当年最基本的经史典籍，包含传统基础知识体系的核心内容。《学规》规定每日诵读、背诵，间日升堂讲解、师席质问，间日作包括经义、四书义、论、策、表等文体的时文两道，意在强化训练，务求全面牢固掌握这些内容，以代圣贤立言，而捷胜科场。至于选修课，除"学礼"化俗与科举无关外，其他皆与科举紧密相连，如"察理"之《性理大全》《近思录》二书，考试之期要从中出题，"以验学力所至"；"古文"之《文章轨范》《唐音》，亦成每月试"古文题二、诗题四"之范本；"博观"之《贞观政要》《唐鉴》《大学衍义》，

"遇考试",即从中"出策论题,以观用心";"明治"所涉之兵戎、刑名、救荒、治水诸书,也规定"每遇考试,出一短策,以审其志"。如此硬性地将选修课和科举捆绑在一起,足见其经营"科举之学"的良苦用心。即便是"作字"一项,联系到科场重视楷法的事实,其不见篆、隶、行、草,而专临欧、虞、颜、柳之帖,也就可以理解为习字以应试。也就是说,选修课是必修课的补充,性理、诸经、杂史诸书,兵戎、刑名、救荒、水利诸政,古文、楷书诸法,凡此种种,在科举面前不分尊卑,皆为服务于科场考试而开设。由此可见,书院要经营好"科学之学"并非易事,需得以上三十余部教材构建成一个比较完整的知识体系,才能保证诸生科举中试,而这一应试的知识体系,实际上已经涵盖了当年传统知识体系的主要内容。换言之,书院教学之会所要考查的"科举之学"的内容也就是传统经史子集四部原典的核心内容,成功的"科举之学"是传统知识体系得以传承不息的重要保证。此即"理学举业原非两事",[①]"举业、致道一事也,举业中切己体认,便是致道,便是心学",[②]即"举业不妨圣学"的真正意涵所在。

第四节　经学、史学、理学、文词、典故之会

与以考试为主的"会"不同,明代书院还有过分"会"教学的举措。此事虽仅见于陕西秦中书院,不具普遍性,但实属前所未有的创举,值得特别记述。万历年间,姜士昌任陕西提

[①] 汪可受:《白鹭洲书院馆例》,见《白鹭洲书院志》卷二。
[②] 李安仁等:《重修石鼓书院志》卷上《黄毅所先生训义八篇》。

学佥事,大启秦中书院,招诸生文行兼优之士肄业院中,分经学、史学、理学、古文词、昭代典故五会,令学生根据自己的特长,各占一会或二三会,相互质难问学。有关情况见刘宗周为姜士昌(字仲文,万历八年进士)所作的《姜公墓表》,其称:

> (姜士昌)以按察副使视学三秦。先生念秦士朴厚可教也,首肃宪范,彰轨物,有以夤缘进者即入彀,必摈置之以示惩,风采凛然。尤加意士行,既公核之里举矣,又使就试诸生各举所知,合之学博、有司之所举者以定优绌。乃大启秦中书院,进诸生之文行兼优者而深造之,资以饩廪,肃以规条,主以博士先生之贤者。仍分立五会,一曰经学,二曰史学,三曰理学,四曰古文词,五曰昭代典故,听诸生各占一会或二三会。会之日,各以其学互相质难,收丽泽之益,以底于成材。又拔其尤,立定性堂以处之,俨然积分之法。时引其俊者,从容函丈以牖启之,如家人子弟。又于书院中立祠,祀三秦名贤,远自苏子卿而下,近自靖难死节张公纮而下,各若而人,凡所以示鼓舞激劝者备至。异时醇儒名世,背项相望,咸归先生陶淑功,实前此所未有也。于是,壬辰大计,诏录先生卓异为天下冠。①

将书院诸生分成经学、史学、理学、古文词、昭代典故五会,即五个专业肄业,确实是"前此所未有也",是一个创举,可以视作书院分科教学完全成立的标志。经学、史学、古文词三会,几乎可以和今日的史、哲、文三科等视,而经学、理学的

---

① 刘宗周:《亚中大夫江西布政使司右参政诰赠太常寺少卿养冲姜公墓表》,见刘氏《刘蕺山集》卷一四,《景印文渊阁四库全书》第1294册。

并列，说明已经注意到了儒家学说的细分，至于昭代典故，实际上就是当代政治的代名词。由此看来，秦中书院五会的设立，在书院分科教学的历史上就具有了典型的指标性意义，它表明中国书院教育发展到明代已经设置了合理而又比较齐全的科目，并具备了专业学科建设的自觉。

值得注意的是，姜士昌在秦中书院设以教士之经、史、理学、文词、典故"五会"，在《江南通志》中被称为"五学"，其记载姜士昌"授户部主事，疏请早建储位，晋员外郎。升陕西提学佥事，立五学，汇经、史、古文、理学、典故以造士。每月六日，博士集诸生以次质疑问难，士风一变"。①虽然从上引文字看来，"五会""五学"所指并无实质不同，但"学"与"会"的区别也并非毫无道理，或许分科会讲与各自成学而予研究，正是二者所暗示的不同文化取向。应该说，在这里教学与讲学、学习与研究都存在可能，尤其是"各以其学互相质难，收丽泽之益"的提示，更使"五会"最终有可能走向专门研究经、史、理学、文词、典故"五学"的学会组织。因此，在这里我们也就不必十分介意"学"与"会"的区别了。

第五节　舫课：西子湖的风雅盛会

万历以降，在杭州西湖崇文书院实施过一种极富人文风雅的"舫会"，也同样值得予以记述。舫会又叫舫课，它以院中诸生在西湖船舫中做题应课而得名。会课不锁闭于号舍斋房之中，而荡楫于西子湖上，"依船作屋，借湖为场……墨兵交错，静謦龙虎之文，水战纵横，纷结鹳鹅之阵。意荡而游鱼欲

---

① 乾隆《江南通志》卷一四三，《景印文渊阁四库全书》第511册。

出,思飘而放鹤俱飞,笔峦颖竖则双峰疑低,欲海翻涛则两湖欲黑。于是,青山衔日,绿水凌风,画舫止于中央,小舠出乎别浦。诗正易奇,各思建鼓,马迟枝速,咸待鸣金……"① 可谓诗情画意,别开生面。文人风骚,于此略见。当年盛况载于史志,兹引一二,以为参考。

> 崇文书院在钱塘栖霞岭之阳,明万历中建。旧为吏部尚书张瀚别业,明巡盐御史叶永盛视醝之余,集内商子弟于西湖跨虹桥西,授以题,命各舫中属文,舫皆散去。少焉,画角一声,群舫毕集,各以文进,面定甲乙,名曰舫课。②

这是民国时期的记录,虽然事过三百余年,但所记之主要人物和事迹大体不误,其风流仍然令人神往。③ 以下摘引为《顺治间重订崇文会规会文之约》,可知舫课的组织实施情况,

---

① 王同:《杭州三书院纪略》卷二《西湖舫课征文启》,清抄本。
② 民国《杭州府志》卷一六,《中国地方志集成》。
③ 晚清有人作长诗《舫课行》,其称:"世间奇丽那有此,天把西湖作才子。化工幻出大手笔,秀压寰区叹观止。使君悟得文章法,骢马行行大堤踏。欲将山水助文心,一缕清思灵气合。湖波杳渺湖山空,柳荫画舫排西东。褒衣大袑俨然至,一一扬袂春风中。使君谈笑去庄肃,不肯逢人加缚束。本是雕龙绣虎才,跳卧何妨随所欲。烟汀露渚任嬉游,□□因风尽珠玉。吟声□落岸花红,黑气浓薰岚岱绿。杰句惊人死不休,山鬼偷看不敢读。一声画角晚云凉,齐见归船来续续。绝似班师唱凯还,定有奇功蒙首录。吁嗟乎,论文如此信有神,怜才如此始觉真。天机所贵在活泼,防闲俗例徒纷纷。校人之鱼比场屋(见《困学纪闻》),功令所在常逡巡。文章本自在天地,使君一力还其淳。不愁天下无佳文,但愁不遇叶使君。叶使君,诚难遇,跨虹桥泮孤山路。二百年来讲院开,犹识当时风雅处。"诗原载《简松草堂诗集》,前有小序,以明其"想见一时风雅盛事"而作此诗之意(《杭州三书院纪略》卷末)。其交代舫课所自,与上引民国《杭州府志》所载大致相同,兹不录。

第四章 教学型讲会：书院的日常教学活动

其称：

> 崇文之例，每岁有遥课，有面会，三岁取所得佳文梓之。……社中声气相联，可得朝夕聚首者不下百人，文事胡可阙然不讲。但城中无此广厦以为文会所，不得不更为舫会。每岁于春秋之中，择良日，毕罗湖之大小舟，大者五六，小者视大者倍以十，每三友共一小舟。是日黎明，麇造紫阳祠释奠焉，奠毕受题，各就小舟，荡漾而去，随意所之。午后，巨舫齐泊湖心亭。诸友文完者，先赴亭前聚饮。鸣金为号，三鸣而文不完者，罚资五星，草完者减半。遥文，每友各携得意窗艺三首，并面课同交司会存选，缺者照面课倍罚。遥文书学，书字，书名，面课止书坐号。社书仍以三岁为一集，评选之役，照初集例，即推本科新发好事者任之，本年司会佐焉。每会司会十二人，各输银二两董其事。到社作文之友，携二钱佐飨。按期举行，决不可惰。①

由此可知，舫课又叫舫会、面会、面课，它和遥课一并进行，皆属崇文书院的会文活动，每年春秋各举一次。佳文则三年一集，公开刊印。顺治为清廷入关后的第一年号，其时距万历始行舫课也就五十年左右，故其所述，应与当年相差无几。而成文于顺治九年（1652）的《崇文舫课序》，其作者程光禋为顺治八年举人，当为明末生人，且至少为朱明臣民者十余年，他的人生轨迹跨越明清，又身历崇文舫课，故其言可信。程氏所述之事虽与上引规约详略不

---

① 《杭州三书院纪略》卷二《顺治间重订崇文会规会文之约》。

一，但大致相同。① 因此，上述舫课及其组织实施诸种情形，应该可以视为万历年间崇文书院舫课的实态。

虽然后世颂为"风雅盛事"的舫课，当年只是迫于陆无广厦而不得不下湖舫会的无奈选择，有着很大的偶然性，但巡盐御史叶永盛创建的带有舫课的崇文书院，却有着明确、具体的目标，那就是安抚"故家新安"的徽商，"俾其子弟"就近学习，可以就近参加科举考试。而且，叶氏疏请新安诸生可自为商籍五十名，参加浙省考试。正因为如此，位于浙江省会杭州的崇文书院，彼时其所阐扬的学问不是浙中王门之学，却是新安紫阳之学，而崇文书院也成了徽商子弟的"讲读胜地"。此即所谓"崇文书院者，其始曰紫阳崇文会，前明御史宛陵叶公建以祀朱子，故尊曰紫阳以隆祠祀，系曰崇文以会舫课也"。②

崇文书院转变为朱学堡垒之后，如何弘扬文公紫阳之学就成了最重要的学术工作。作为官方，"以考亭之学课士"，是

---

① 程光祼：《舫课序》，见《杭州三书院纪略》卷二，其称："自按蹉直指叶公首创书院，以立斯社，明理学于斯，辨氏族于斯……每春秋之中，择良日，毕罗湖之大小舟，大者五六，小者视大者倍以十，社之人麇集紫阳祠释奠焉。奠毕受题，揖以出。出则各就小舟，荡漾而去。或藏丰葑之汀，或泊垂杨之岸。少焉，鼓奋角鸣，而咸集于大舟，则文莫不成。司事者受而楼之，而又汇其平居所著述之遥课，亦受而楼之。于是遂觥筹交错而散。盖岁以为常也，得文富矣，优可成出以问世。世之读是书者，凡吾乡敦仁讲让之风，明道服古之节，皆于是乎在，又不徒春华之可采而已。此舫课之所为继，崇文而为加厉也。"这些描述，与规约互补，反映明清之际西湖舫课的实情。尤可记述者，清光绪年间，薛时雨任杭州知府时，修复诂经精舍、崇文书院、敷文书院，建东城讲舍，仿万历、顺治故事，再举西湖舫课。两浙名士踊跃参加，盛况再现，事见《续碑传集》卷八〇所载顾云《桑根先生行状》中，读者可以参考。宣统二年江苏编译局刻本。

② 《杭州三书院纪略》卷一《附录》。

一方面,[1]而作为考亭桑梓之地的新安诸生,"世世守其学而不坠也",以身作则,又是另一方面。在晚明学术由王转朱的大背景下,崇文书院的选择和做法就是以包括舫课、遥课在内的紫阳崇文之会来维系弘扬朱子考亭之学。从上引材料可知,新安士人的遥课、面会(舫课)同期进行,每年春秋各择日举行一次,有百余人参加,按时交呈作文,佳文三年一刻,不交卷者罚。从"遥文"不交者"倍罚"的规定中,可知书院对"遥课"的重视,更甚于面会的"舫课"。而这种苛严背后所隐藏的意义就是,对新安前贤朱子考亭之学的强制性进修,既是一种学术训练和积累,还是一种学术传承。正因为如此,体现会课成果的学术出版物,就带有明显的新安地方特色。诚如程光禋《崇文舫课序》所说:"世之读是书者,凡吾乡敦仁讲让之风,明道服古之节,皆于是乎在,又不徒春华之可采而已。"[2]当然,西子湖上"舫课"的"风雅",更能使人产生一种发自内心的向往。于是,"紫阳崇文之会"这样一种常见的书院"教学之会",也就变得流行起来,而成了联系浙江各地新安士人的无形之网,舫课为继,崇文加厉,年复一年,跨越明清,终成学术"盛会"。

从上引文献中,我们还注意到崇文书院与紫阳崇文会,崇文书院与崇文社之间,有着错综重叠的复杂关系,似乎难以清晰划分界限,院中之人又可称社中之人。创书院以立斯社,明

---

[1] 金镜:《重修紫阳崇文书院碑记》:"崇文书院为讲读胜地,远无可考,昔紫溪苏先生以理学文章督学两浙,所著《四书儿说》,为考亭功臣。后有乾所刘先生,以建言廷杖,直声振阙下。崇祯初,亦督学两浙,所著有《闽学渊源录》,又尝揭《白鹿洞规》及功过格训迪诸生。"苏刘二人"皆闽人",都"能以考亭之学课士。"文载《杭州三书院纪略》卷二。
[2] 见《杭州三书院纪略》卷二。

理学而举崇文之会，祀紫阳以辨氏族，遂使考亭于两浙抗行姚江。这种西子湖上的舫中盛会，既有文学之风雅，又有学术之追求，因而舫课这一教学活动实际暗含了诸多文化取向，尤其是书院与学术和文社的关联，这不能不引起我们对书院与党社或社团的联想。

第五章　教化型讲会：书院与儒学诠释的平民化

　　教化型讲会是书院面向下层民众的讲会，它与前述针对士人官绅阶层的书院之会既有联系，又有区别。在整个书院讲学链中，教化型讲会既上承讲学、教学之会向下自然延伸于百姓之中，又以其拥有广大的会众而成为托起教学、讲学之会的坚实基础。教化型讲会源于正德年间王守仁在赣州创办的义泉、正蒙、富安、镇宁、龙池等五所社学性质的书院，它以家族、乡村书院为主要会所，开展教民化俗的活动。有时一些位于中心城市的府州县级大书院，也为平民百姓开设宣讲《乡约》的专场讲会，因而它在城镇也有着较大的影响。教化型讲会以市民百姓为主要会众，以讲德修睦、劝善规过、移风易俗为主要目标。在当时，它受到了深信人人可以成圣成贤的阳明学者的追捧，从而蔚然成风，形成了持续百余年的书院与儒学平民化的进程。这里，我们将围绕教化之会这一层面的讲学活动，结合书院的发展方向和教学方法，探讨书院与儒学诠释的平民化，以及由此带来的文化与学术下移的问题。

第一节　面向平民：书院发展的新动向

沉寂近百年之后，明代书院重兴，面向平民成为其发展的一个重要特点。

首先，城镇官府书院向平民百姓开放，山林布衣、乡村长者、普通百姓、佛教僧侣都可以进院听讲，甚至登堂讲说，这是宋元时期所罕见的现象。

作为府州县各级政府之教育中心与学术中心，官府书院建于各级官衙驻地的中心城镇，出入其间者，非官师缙绅，即士大夫儒生，一般皆属中上层人士，是为当时通例。及至明代中期，随着平民儒者的出现和平民教育的开展，下层民众的身影出现于书院讲堂，森森学府之门得向市井布衣开放，书院的发展史上出现了值得引起注意的满足平民教育需求的积极倾向。兹以仁文、虞山两所地处江浙文化教育水平较高地区的书院为例，来说明这种倾向。

仁文书院在嘉兴府城（今浙江嘉兴市）。万历三十一年（1603），知府车大任以"今天下无一郡无书院者"，嘉兴以"首藩名郡独兹缺典"，力主嘉兴县知县郑振先创建书院，以为府属各县共有之最高学府。有仁文堂以为讲会课文之所，有崇贤堂祀薛瑄、陈献章、胡居仁、王守仁四先生，集乡绅生徒讲学其中。次年，车氏又与提学副使岳元声等大开讲会，订立《讲规》，分肃讲仪、酌期会、严磨砺、广与进等四条，规范其讲学行为。同时又捐置田亩，并批准府学生员蒋道厚等人公呈，执行创置田、收院租、清稽查、明支给、酌支数、清册户、重主典、定礼祀、谨修理、慎请给、严看守之《条理院田事宜》，从经济上保障讲学讲会活动的正常运行。三十三

第五章 教化型讲会：书院与儒学诠释的平民化

年，提学副使岳元声等刊《仁文书院志》十一卷，以记其建院讲学之事。

按规定，书院讲学、讲会皆按程式进行。其具体情形如下：

> 议定每入谒，必盥沐而进，齐集于仁文堂。每会，巳时，鸣钟五声，院赞二生导引齐入，肃仪澄虑，诣四先生神位前，唱："排班，班齐揖，平身。"如是揖者四，礼毕。初入会，谒者另出四拜。复导引出至仁文堂，东西分立，击鼓三声，各就班位，肃揖就坐。默坐少顷，院长先捧晦翁先生院规、象山先生喻义利章，或朗诵一过，或讨论一番，在坐者肃然倾听。复少顷，师友各随己意，以六经疑义互相问难。过未，击鼓七声，执事者进茶饼。毕，一揖乃退。①

至于讲学与会之人，仁文书院采取"广与进"的态度，欢迎一切求学、听讲之人。其《讲规·广与进》称：

> 真修实践之士，往往出于布素，如吴聘君、王心斋其人者，故不尽由黉序中出。若必择其方类而取之，恐长林丰草间不免有遗贤，而亦何以风励庶人之以修身为本者。是故，会讲之日，如或山林布衣，力行好修，但愿听讲，不妨与进。其怀私负戾，借名干进者，一切摈斥之，无取焉。②

---

① 《仁文书院志》卷四《讲规·肃讲仪》。
② 《仁文书院志》卷四《讲规·广与进》。

虞山书院在苏州常熟城，原名文学书院，又名学道书院。元至顺二年（1331），邑人曹善诚建，中祀孔子弟子里人言偃（子游），曹氏辟讲堂，列斋舍。有司上其事，设山长为学官主持院政。至正末年毁。明宣德年间改建，改名"学道"，寻又圮。嘉靖四十三年（1564），改建于虞山，仍名"文学"。万历初，张居正毁天下书院，仅存言子祠。三十四年（1606），常熟县知县耿橘重建，改名"虞山"。辟有大门、经正门、规矩门、准绳门、得门、斯受门、观德门、尚友门、莞尔门、富美门、游艺门、乐寿门、卧鼓门、学道堂、体圣堂、智圣堂、有本室、弦歌楼、讲武厅、射圃、养贤仓、言子祠、杨公祠、王公祠、厨房、浴房、茶寮，以及友周、友邵、友程、友张、友朱、友陆、友薛、友陈、友胡、友王等十精舍，易、书、诗、春秋、礼、乐等六经房，规模宏大。不设院长，教主、会主之外，设"三纲"协同管理院务，其中教主主教事而阐发精义，会主掌持会讲会文，"文纲以督文词"，"学纲以研道妙"，"会纲以定众志"。平常每月初三日诸生会文，初六日孝廉会文，初九日讲学于学道堂，每年三月初三、九月初九日，则"大会四方同志三日"。以"虚心求益"为"会讲第一要义"，"真实求明"为讲学先机，提倡"讲求圣人当日之学，以开今人学圣之路"。其学术与无锡东林书院遥相呼应，顾宪成、高攀龙等曾讲学院中，实可视为东林书院之外围。

虞山书院向民众的开放，比之仁文书院，其力度更大，兹将《会约》有关条文抄录如下：

一、每月初九日讲书于学道堂，本县辍政半日往听焉。佐领、儒学各官，乡荐绅、孝廉、生童、孝子、善人悉会听讲。讲时不掣签，不命书，不拘生童，随有志有见

第五章 教化型讲会：书院与儒学诠释的平民化

者讲论三五章，以发其端。本县知识庸下，无足商确〔榷〕，随时聘请教主阐发精义。

一、孝子、顺孙、义夫、善士、寿官人等曾经表扬者，及山林隐逸，众所推服者，俱许依诸生列坐而听讲，俱登名宾簿。其有真正孝义高品逸民，仍当推至上首，以示激劝。然不许好名无耻之徒乘机溷进溷坐，致辱堂规。查实究处。

一、百姓无论远近，其年高者，或年虽少而颇知义理者，如有志听讲，俱先一日，或本日早报名会簿，吏书领至月台上，望圣叩头，就台上东西相向坐于地。人众，则后至者坐于庭前地。俱要静默，不许喧哗。候堂上行四拜礼时，各向圣叩四头。讲毕，叩头先散。若百姓来会者众，即先讲《乡约》，讲毕先散。

一、释子、羽流虽非吾类，然中间不无悔悟而来归者，此入笠之一机也。即使自负自高，亦不妨姑令听讲，许坐于百姓之列。若有所讲说，许上堂立论。若果有见，许坐于诸生之后。

一、高皇帝《乡约》，就是一个好方子，莫说专教小人，吾辈终日所言，何尝出于六谕之外。[①]

由以上条文可知，书院向平民开放是有制度保障的，而且平民也分层次。高者如孝子、善人、山林隐逸可列诸生坐，登名宾簿；低者如老少百姓，席地而坐，列名会簿。会簿前有知县耿橘所作引言，对平民百姓进入书院听讲乃至讲说等事宜都有交代。兹全文抄录如下，以见其详：

---

① 以上各条摘自明万历年间耿橘《虞山书院会约》，见《虞山书院志》卷四。

虞山会讲,来者不拒。人皆可以为尧舜,何论其类哉!凡我百姓,年齿高者,与年少而知义理者,无分乡约、公正、粮里、市井、农夫,无分僧、道、游人,无分本境他方,但愿听讲,许先一日或本日早报名会簿,俟堂上宾主齐,该吏书领入,照规矩行礼。果胸中有见者,许自己上堂讲说。昔王心斋不过泰州一盐灶,寒山、拾得俱为乞儿,张平叔乃一皂隶,本县何敢以皮目待天下士哉?但不许不通名姓,乘机溷入,不守规矩,紊乱喧哗,致失会礼,本县亦不能尔贷也。①

非常明显,让下层平民百姓进入书院登堂听讲,甚至上堂讲说,都有理论依据,那就是"人皆可以为尧舜"的儒家古训,而且也有当时以王心斋为代表的泰州一派学者的理论和实践佐证。盐灶、乞儿、皂隶皆能讲学,又何况市井百姓与农夫呢?书院开放的气度和对百姓皆成尧舜的自信,由此可见。这正是明代书院平民化的理论依据和其从事平民教育的原因所在,由此可见明人致力于民众精神文明建设的可贵与崇高。

其次,在城镇官府书院向下层民众开放的同时,本来就处于乡村的家族、村社书院也开始了职能的转变,服务对象也不再局限于子弟,而是扩至族人乡党,即由童子而及其成年的父兄一辈,院中之事业不仅仅是读书识字,习礼成俗、讲学化民也成了日常功课。兹举安徽、江西两地书院的情况来做说明。

安徽以泾县为例。"自姚江之学盛于水西(书院),而吾泾各乡慕而兴起,莫不各建书屋,以为延纳友朋,启迪族党之所,其在台泉则有云龙书屋,麻溪则有考溪书屋,赤山则有赤

---

① 《虞山书院志》卷四《会簿引》。

第五章 教化型讲会：书院与儒学诠释的平民化

麓书院，蓝岭则有蓝山书院。一时讲学水西诸前辈会讲之暇，地主延之，更互往来，聚族开讲。故合则考德而问业，孜孜以性命为事，散则传语而述教，拳拳以善俗为心。"[1] 这类书院，有"考德而问业，孜孜以性命为事"，即关注学术阐发、学派建设者，有"传语而述教，拳拳以善俗为心"，即传播推广学说并将理论落实为民俗实践者。一般情况下，它们对以学术而化民成俗的关顾可能更多些。如赤麓书院的《赤山会约》，开列遵谕、四礼、营葬、睦族、节俭、正分、广仁、积德、慎言、忍气、崇宽、勤业、止讼、禁赌、备赈、防盗、举行、黜邪、戒党、置产、恤下、闲家、端本等23条，皆"吾儒实学"之事，要求赤山一乡与会诸友"以此意劝勉各家"，以期达到"维风范俗"[2]的目的，从而提升地方文明水平。

江西以安福为例。安福是江右王门重镇，随从王守仁请益问学者前后有邹守益、刘晓、刘邦采、刘文敏、刘阳等十余人。嘉靖五年（1526），刘邦采、刘晓等倡建惜阴会，逢双月望日，大会四乡同志五日，互相切磋，倡导师说。十五年，邹守益与知县程文德建复古书院于县城，以为讲会之所，聂豹作记称闻良知之学而兴起者，"时惟江西为盛，江西之盛惟吉安，吉安之盛惟安福，故书院之建惟安福有之，题曰复古者，期有事于古之学而学焉者也"[3]。三十二年，邹守益与刘阳在县北桑田建连山书院（又称连山书屋）。三十七年，邹守益倡首，与刘邦采、尹一仁等在县南洲湖建复真书院（又称复贞书院）。其后，县西建有复礼书院（隆庆六年，1572，今属莲

---

[1] 赵绍祖：《赤山会约跋》，《丛书集成初编》第733册，第15页。
[2] 萧雍：《赤山会约》，《丛书集成初编》第733册，第1页。
[3] 聂豹：《复古书院记》，光绪《江西通志》卷八一；又见《聂豹集》卷五，第134页。

花县)、识仁书院(万历十九年,1591),县东建有道东书院(万历二十一年)。这样,以县城复古书院为中心,东西南北四乡皆有书院作为讲会之所的大会网络形成,"一时意气翕聚,人人思奋,劝善规过,以不预为耻",① 安福成为江右最富生气的王学重镇。诚如钱德洪在《惜阴会语》中所称"穷乡邃谷,虽田夫野老皆知有会,莫不敬业而安之",② 此言得之。

除上述 6 所分布于县城与四乡的讲会式书院之外,安福一县在嘉靖万历年间,还有不少称名书院、书屋、山房、会馆的讲学场所散处四乡村落之间,兹将其开列如下:

> 前溪书院,嘉靖年间,邑人刘教创建。
> 天香会馆,嘉靖年间,邑人赵新创建。
> 石屋山房,嘉靖年间,邑人彭簪创建。
> 梅源书屋,嘉靖年间,邑人刘晓创建。
> 近圣会馆,嘉靖年间,邑人朱淑(一作叔)相创建。
> 中道书院(会馆),万历三十年(1602),邑人刘元卿等创建。
> 中南书院,万历年间,邑人朱元穗创建。③

安福之书院可谓盛矣。这些书院,例多联讲会,倡良知,致力于王学的传播。会中之人,同怀拳拳复古、复礼、复真、识仁之心,皆称同志,甚至有年逾古稀,除夕之夜仍在书院集

---

① 邹守益:《创建复真书院序》,载《复真书院志》卷七。
② 钱德洪:《惜阴会语》,见《徐爱、钱德洪、董沄集》,第 177 页。
③ 李才栋:《江西古代书院研究》,第 294—297、342—343 页。

第五章 教化型讲会：书院与儒学诠释的平民化

合而各自"考成"者。① 据记载，复真书院嘉靖四十三年甲子除夕大会，除安福本县同志之外，还有来自庐陵、吉水、永新、泾县、太平、婺源、广德、青阳、金溪、昆山、祁门等地的学者 23 人。元旦之明日，永新著名学者颜钧又携子来作"披雪之访"，真可谓讲坛盛事。兹将记录其欢乐盛会的文字抄录如下，以睹数百年前先人讲学之快：

> 主宾交欢于一堂，暮云拥树，雨霰交集，而杯盘杂陈，歌诵咸和，庄生所谓天乐者也！狮泉子（刘邦采）乃举酒谢众宾曰："千里远来，四海一堂，衣冠之盛会，古今之良夜也。"②

除夕是中国人最看重的团圆之夜，众多同志却因为学问讲会而别离家人，汇聚书院，可知学术之力已远超人间亲情，非全身心投入则难达此境界。

复真书院作为南里一乡之讲院，虽不能媲美鹅湖、白鹿洞，但自嘉靖至万历年间，邹守益、刘文敏、刘邦采、刘阳、尹一仁、朱调、王剑、王铸、朱叔相、王时槐等先后主盟会讲，以真心性、真气骨、真学术、真事功陶冶德性，"岁集乡人聚讲其中"，即经所谓"贤哲资其型"，则又远不能仅以一乡之名区视之。它作为安福各乡村书院的典型，具有比较广泛

---

① 《复真书院志》卷七《刘三五先生除夕记》载，嘉靖四十二年除夕之夜，刘阳等 23 人同在复真书院守岁，各人自讼自考，其中年龄最大的 76 岁，75、74、72 岁各一人，68 岁的三人，66 岁一人，64 岁二人，62 岁一人，57 岁一人，52 岁一人，其他皆为壮年。23 人中还有庐陵吴汝峰、徽州婺源余弘斋是远道而来的客人。

② 《复真书院志》卷七《刘狮泉先生甲子纪除》。

的代表性。其传吾儒斯道之志,立阐幽发微之言,体现的是一种居乡儒者追求学术的理想;其人文之联翩,习俗之醇美,则显示了乡村书院致力于聚众宣教所取得的成果,所谓"霞起云蒸",实为"吾村之奇观"。乡村书院以及讲会其中的学者,以执着和热情,将儒家的学术理念传于民众,并范化为风俗与伦常观念,维系并提升着乡村的道德与文明水准。这方面的例证很多,兹仍举与复真书院密切相关的王时槐为例来作说明。

王时槐(1521—1605),字子植,号塘南,安福县金田人。隆庆五年(1571),历官至陕西参政。时年五十即告退讲学。卒年八十四岁。万历年间,王氏主讲复真,崇祀刘阳、刘文敏于聚奎楼,作《复真会语》讨论圣人与性的关系问题。又定《复真书院会规》十七条,倡导"学以求仁为宗""学必见于躬行""学贵潜心"等学术理念。《复真书院志》为之立传,其称:

> 本郡故儒所渊聚,乡有社,讲有堂,而登坛者必推公。西原、复古,其洙泗也;青原,其洛社也。公每振衣高坐,因问发义。上士悟,下士笑,鄙吝者消其蓬心,执拗者融其习见,野叟不解而第首肯,童子无心而自为舞蹈,此非独以言感也,公固有不言而躬行者矣。御史吴公首尊其说,藩臬王公、丁公、钱公、黄公、龚公、何公相与阐明之。其他若复真,若复礼,若道东、龙华、玄潭、萃和、云兴、明新、明学诸书院,岁一再过,随地异施,合则时雨之善润,分则造物之因材,故九邑而邹鲁,公大有造也。……年八十一,犹驾小舟抵樟镇、金溪问友焉。年八十四,讲学于西原。①

---

① 《复真书院志》卷三《王塘南先生列传》。

第五章 教化型讲会：书院与儒学诠释的平民化

王时槐居家讲学三十余年，除在复古等城镇书院讲学之外，其他如复真、复礼、道东、龙华、玄潭、萃和、云兴、明新、明学等各乡村书院，也"岁一再过"，时雨之普润，遍及郡邑之城镇与乡村。讲学对象除御史、藩臬等官宦缙绅之外，也有上士、下士、野叟、童子，具有明显的面向平民百姓的倾向。因材造物，终成九邑邹鲁之正果。王氏逝世后，安福县城之复古书院、吉安府城之西原会，都建有专祠奉祀。

综上所述，我们认为明代书院已经具有平民化倾向，开始成为实施平民教育的场所。这是书院历史上前所未有的现象，也是本书所要强调的观点。

第二节　王、湛首开儒学平民化之先机

书院教化之会的主要目标就是要将儒学平民化，这是明代书院讲学的新特点。之所以出现儒学的平民化诠释，大致有三个原因。第一，王、湛之学尤其是王学，是在平定叛乱和镇压农民起义，以及在之后社会秩序重建的工作中，即在由所谓"破山中贼"到"破心中贼"的过程中发展、兴盛起来的，所以，解决民众问题是其重要的诉求，面向民众讲学是一种现实要求。第二，"六经注我"的学术热情，可以充分发挥人的主观能动性，使讲学者向不懂高深理论甚至不识字的民众宣讲，以及使他们专门做出的儒学平民化的诠释改变成为可能。第三，平民书院的出现，提供了理想的平台，可以使儒家经典的平民化传播得以实现。

应该说，无论是平民书院还是平民教育，其所讲之学仍然是儒学，只是它的重点不是高深的理论，而是"百姓日用之道"，亦即"百姓日用之学"。讲学者将侧重点放在日用伦常

与民俗风情的培植上，在平民百姓中建立合乎儒家理论体系的价值理念。他们的教育对象不同于经生文士，往往是山林布衣、田夫野老，甚至是一字不识的"愚夫愚妇"。因此，讲学必须用浅显易懂的语言来进行，不能满堂皆是佶屈聱牙的雅言，而要尽量口语化，使人易记易行，此即"本为地方风俗计，意不厌浅，而语益加详"，是之谓儒学诠释的平民化。在当时，操平民化语言为百姓讲授儒学的人较多，这种现象与面向平民的书院之旺盛发展趋势相适应，成为讲学的新时尚。

考其原始，明代平民化儒学诠释的工作，实由王守仁、湛若水等大师开其先机，这从他们的书院教育实践中可以得到验证。

还在贵州龙冈书院期间，王守仁与"夷人"讲学，就有平民化诠释之端倪。正德十三年（1518），平赣州之"寇乱"，即所谓破"山中贼"之后，王守仁又接连发布《兴举社学牌》《社学教条》《南赣乡约》，修复赣州濂溪书院并讲学其中，意在破除民众的"心中贼"。其中《社学教条》规定，教师要"以启迪为家事，不但训饬其子弟，亦复化喻其父兄。不但勤劳于诗礼章句之间，尤在致力于德行心术之本，务使礼让日新，风俗日美"。①《乡约》共十五条，涉及生老疾病、礼仪习俗、亲族乡邻、收租放债、约期约仪等，其自序称：

今特为乡约，以协和尔民。自今凡尔同约之民，皆宜孝尔父母，敬尔兄长，教训尔子孙，和顺尔乡里，死丧相助，患难相恤，善相劝勉，恶相告戒，息讼罢争，讲信修

---

① 《王阳明全集》卷一七，第661页。

第五章　教化型讲会：书院与儒学诠释的平民化

睦，务为善良之民，共成仁厚之俗。①

乡约、教条化民成俗之意甚明。据钱德洪《阳明年谱附录》记载，兴社学令颁发后，赣州城中建有五处社学："东曰义泉书院，南曰正蒙书院，西曰富安书院，又西曰镇宁书院，北曰龙池书院。选生儒行义表俗者，立为教读。选子弟秀颖者，分入书院，教之诗歌习礼，申以孝悌，导之礼让。未期月而民心丕变，革奸宄而化善良。市廛之民皆知服长衣，叉手拱揖，而歌诵之声溢于委巷，浸浸乎三代之遗风矣。"②《年谱》正德十三年四月班师立社学条下也载：

> 先生谓民风不善，由于教化未明。今幸盗贼稍平，民困渐息，一应移风易俗之事，虽未能尽举，姑且就其浅近易行者，开导训诲。即行告谕，发南赣所属各县父老子弟，互相戒勉，兴立社学，延师教子，歌诗习礼。……久之，市民亦知冠服，朝夕歌声，达于委巷，雍雍然渐成礼让之俗矣。③

可见，书院诗歌之诵、孝悌之讲、礼让之导是成效速见而且大显的。

在动乱始平，且经济落后的赣南山区，王守仁的书院讲学，何以能"期月"而速见成效呢？这与他所推行"浅近易行"的教学方法关系甚大。他认为："今教童子者，当以孝

---

① 《王阳明全集》卷一七，第600页。
② 《王阳明全集》卷三六《年谱附录一》，第1343页。
③ 《王阳明全集》卷三三《年谱一》，第1252页。

悌、忠信、义礼、廉耻为专,务其培植涵养之方,则宜诱之歌诗,以发其志意;导之习礼,以肃其威仪;讽之读书,以开其知觉。今人往往以歌诗习礼为不切时务,此皆末俗庸鄙之见,乌足以知古人立教之意哉?"① 因此,他制定了《教约》以实施其教学方法,兹引三条如下,以见其概:

> 每日清晨,诸生参揖毕,教读以次遍询诸生:在家所以爱亲敬长之心,得无懈忽,未能真切否?温凊定省之仪,得无亏缺,未能实践否?往来街衢,步趋礼节,得无放荡,未能谨饬〔饰〕否?一应言行心术,得无欺妄非僻,未能忠信笃敬否?诸童子务要各以实对,有则改之,无则加勉。教读复随时就事,曲加诲谕开发。然后各退就席肄业。
>
> 凡歌诗,须要整容定气,清朗其声音,均审其节调;毋躁而急,毋荡而嚣,毋馁而慑。久则精神宣畅,心气和平矣。每学量童生多寡,分为四班,每日轮一班歌诗;其余皆就席,敛容肃听。每五日,则总四班递歌于本学。每朔望,集各学会歌于书院。
>
> 凡习礼,须要澄心肃虑,审其仪节,度其容止;毋忽而惰,毋沮而怍,毋径而野;从容而不失之迂缓,修谨而不失之拘局。久则体貌习熟,德性坚定矣。童生班次,皆如歌诗。每间一日,则轮一班习礼。其余皆就席,敛容肃观。习礼之日,免其课仿。每十日,则总四班递习于本学。每朔望,则集各学会习于书院。②

---

① 《王阳明全集》卷二《语录二》,第 88—89 页。
② 《王阳明全集》卷二《语录二》,第 88—89 页。

第五章　教化型讲会：书院与儒学诠释的平民化

这种教学方法，从亲爱敬长入手，习见而易行。其中歌诗可以"发其志意"，配以"跳号呼啸"的动作，以"宣其幽抑结滞于音节"；习礼则"肃其威仪"，"以周旋揖让而动荡其血脉，拜起屈伸而固束其筋骸"，[①]完全适合儿童的生理与心理习性。因此，它被乐见乐闻乐行，以致速成。而由"训饬其子弟"，推广到"亦复化喻其父兄"，此则将浅近易行之法移植于大众百姓，爱亲敬长、忠信笃敬等儒学概念的诠释，也就具有了浓厚的平民化气息。

湛若水正德十五年（1520）在大科书院制定的《大科训规》，分《叙规》《训规图》《大科书堂训》三部分，凡数十条，占其《文集》一卷的篇幅。其主旨在由寻常日用之事而讲义利之辨，简明易懂，方法则操作易行，亦可见儒学平民化的影子。兹将有代表性的《叙规》抄录如下：

> 予既为《大科训规》，又虑夫习之者慢不知统。是故，括而图之，作《序规》。夫规何为者也。夫学心而已焉者也。何莫非心也，心得其职则敬，敬为义；心失其职则肆，肆为利。利义之判也，间焉者也。
>
> 义为志道，为体认天理，为寻乐也实，为求道于人伦之间，为笃实，为言动由中出，为不怨尤迁怒，为事父兄也诚切，为自得师，为传习，为遇长者谦让，为处同门久敬，为约信，为去成心，为二业并为内外混合，为读书调心合一，为作字也敬，为考业用心也精，为观山水不失己，为博六经以开知见，为作文也发挥所得，为教束家仆。充其类焉，及其成也，为君子。利为无志，为肆欲，

[①]《王阳明全集》卷三三《年谱一》，第1252页。

为虚乐，为外伦求道，为先文艺，为巧令以滋伪，为暴怒，为事父兄也不诚，为不求师，为传而不习，为抗倨，为同门猜嫌，为期约不信，为师成心，为徒事举业以干禄，为支离，为读书主敬两途，为作字欲好，为粗心，为牿亡，为泛滥仙佛以坏心术，为欲胜人，为纵放家童。充其类焉，及其成也，为小人。是故，古之人有终日乾乾为君子而不息矣，今之人有终身弊弊为小人而不知者矣。岂其智不若欤？其术使然也。是故，学莫先于辨术矣。学者观其图焉，斯过半矣。①

这与王阳明的约条如出一辙，可见王、湛对儒学平民化的追求是一致的。

第三节　泰州学派的"百姓日用之学"

谈到儒学诠释的平民化，我们不能不提到高扬平民儒学旗帜的泰州学派及其据以讲学的书院，这是对儒学进行平民化诠释的主阵地。其实，书院的平民化曾多少受到过泰州学派的启导，前文所引仁文、虞山两书院的文献中都曾提到过的王心斋，就是泰州学派的开山祖师王艮。

王艮（1483—1541），字汝止，号心斋，泰州安丰场（今江苏东台）人。他出生于一个世代产盐的灶户人家，明人凌儒称："先生本农家子，生长灶间，年三十才可识字。"李贽也说："心斋本一灶丁也，目不识丁。"王氏因为经商、行医而致富，并在这个过程中奋然兴任道之志，日诵《孝

---

① 《湛甘泉先生文集》卷六。

经》《论语》《大学》,"逢人质义",通过十年自学,粗识儒家经典。后王艮师从王守仁八年(1520—1528),接受了良知之学,终成远近闻名的平民儒学家。王艮思想最富特色的部分是"百姓日用之学",又称"百姓日用之道""百姓日用即道"。其核心有三。一是以"愚夫愚妇"、士农工商等"百姓"为本,认为"圣人之道"以"百姓日用"为旨归,只有合乎平民百姓日常生活的思想学说,才是真正的"圣道"。二是"百姓日用之道"既有道德精神的内涵,也包括最起码的物质生活要求。三是提倡平民教育,认为"愚夫愚妇皆知所以为学",不论老幼贵贱贤愚,凡有志愿学者,皆传之教之。① 王艮自粗识儒家经典即从事平民教育,其典型的形象是驾一小"蒲车","周流天下","沿途聚讲","入山村求会隐逸,过市井启发愚蒙"。② 此外,他还在会稽阳明、广德复初、泾县水西、泰州安定、金陵新泉、安福复古、吉安青原等数十所书院与讲会登堂讲说,使得"天下之士,率翕然从之,风动宇内"。③ 其教学效果之所以如此显著,是因为他既讲"百姓日用之学",又善用平民诠释之法。如他在《次先师》中就用浅近的语言阐释高深的"良知",其称:

> 知得良知却是谁?良知原有不须知。
> 而今只有良知在,没有良知之外知。④

---

① 以上观点,取侯外庐等《宋明理学史》下卷,人民出版社,1987,第433—437页。
② 王艮:《重镌心斋王先生全集》卷二《年谱》,明刊本。
③ 王艮:《明儒王心斋先生遗集·附录》,袁承业编校本,1912。
④ 《明儒学案》卷三三《泰州学案一》,第718页。

据记载，他"讲议经书"，"不泥传注"，而"多发明自得"，"邈焉希如圣贤人，信口谈解"，很有特色。非常明显，他是要用自己的思想和自己的语言来解释儒家经典，这和他"以经证悟，以悟释经"①的主张是一致的。

王艮以一介平民奋然崛起于草莽鱼盐之中，以道统自任，开创了影响甚大的泰州学派，不仅当时风动宇内，而且绵延数百年不绝。据袁承业《明儒王心斋先生师承弟子表》统计，其学五传而有弟子487人，上至于师保公卿、疆臣牧令，下到士庶樵陶农吏，几无辈无之。这些弟子以下层民众为主，分布遍及今江西、安徽、湖北、浙江、福建、湖南、山东、四川、河北、河南、陕西、广东等地，尤以江苏之泰州为多。他们大多能继承平民教育的传统，注意向下层民众传授知识与学问。如布政使徐樾收粗通文墨的颜钧为弟子，状元焦竑向田夫夏廷美授学，樵夫朱恕、陶匠韩贞则毕生从事乡间教育等，皆有名于时。在进行平民教育的实践中，他们各有诠释儒学的手段，兹以韩贞、颜钧二人为例叙述，以见平民化教育之大概。

韩贞（1509—1584），字以贞，号乐吾，江苏兴化人。世代业陶，从樵夫朱恕学《孝经》，后拜王艮为师。"生成难并衣冠客，相泮渔樵乐圣贤"，本身就是一个典型的平民儒者。他一生"以化俗为任，随机指点农工商贾，从之游者千余。秋成农隙，则聚徒讲学，一村既毕，又之一村，前歌后答，弦诵之声，洋洋然也"。②这是黄宗羲为我们描述的韩贞讲学形象。除乡间讲学外，韩氏亦曾讲学于武林城内阳明书院。他善用浅显易记的韵文诠释儒学，其所作《勉朱平夫》颇具代表

---

① 以上引文皆转引自侯外庐等《宋明理学史》下卷，第421页。
② 《明儒学案》卷三二，第720页。

性，常常为学者引用，其称：

> 一条直路与天通，只在寻常日用中。
> 静坐观空空亦物，无心应物物还空。
> 固知野老能成圣，谁道江鱼不化龙。
> 自是不修修便得，愚夫尧舜本来同。①

《崇正学》扬儒辟佛，宣扬孝道，教化乡民，其称：

> 孔颜尧舜道为尊，只在寻常孝弟中。
> 宇宙灭伦皆佛教，乾坤建极几贤人。
> 异言邪说何时息，正学中行甚日新。
> 地狱天堂皆自误，恐遗身后误儿孙。②

史载韩贞讲学泰州，"从者千余家"，内有持白莲左道即信奉佛教者，韩氏遂作此诗劝喻。于是信佛者"各焚彼道经册，数年之内，男女有别，人皆向正，号为'海边夫子'"。③

《喻灾民》宣传儒家纲常而化解民变，这是一般书生难以做到的，其称：

> 养生活计细商量，切莫粗心错主张。
> 鱼不忍饥钩上死，鸟因贪食网中亡。
> 安贫颜子声名远，饿死夷齐姓字香。

---

① 《韩贞集·七言律诗》，见《颜钧集》，黄宣民点校，中国社会科学出版社，1996，第810页。
② 《韩贞集·七言律诗》，见《颜钧集》，第185页。
③ 《韩贞集·附录》，见《颜钧集》，第192页。

> 去食去兵留信在，男儿到此立纲常。①

此诗作于隆庆三年（1569），当时兴化遭遇大洪水，"田庐俱灭，人心汹汹思乱"。知县请韩贞化解，韩氏遂率门人，驾小舟遍历村落，以此诗挨户劝喻。史称"民为之感动，故虽卖妻鬻子，而邑中无莩荇之警"。② 一场即将随天灾而至的人祸，就这样被儒家纲常化的诗歌化解了。

《乐吾韩先生遗事》载有韩贞向一野老讲述"良心"为何物之事，更能体现其讲学的平民性质：

> 有一野老问先生曰："先生日讲良心，不知良心是何物？"先生曰："吾欲向汝晰言，恐终难晓，汝试解汝衣，可乎？"于是野老先脱袄袯，再脱裳至裤，不觉自惭，曰："予愧不能脱矣。"先生曰："即此就是良心。"③

颜钧（1504—1596）字子和，号山农，又号耕樵，因避万历帝讳，改名铎，江西吉安府永新县人。黄宗羲将其列入泰州学派"赤手搏龙蛇"一系。颜氏一生游侠仗义，讲学民间，各地书院讲会皆有其踪迹，如会讲扬州邗江书院时，他就曾作《扬城同志会约》。其学"纯任自然"，取《大学》《中庸》而"心造"出"大中学"，即易知易行的"大中学庸"的专门学问。讲学对象则不分贵贱贤愚，主要是市童、野叟、壮丁、仆人、农夫、樵者、陶匠，乃至僧、道、奄人等下层民众，常常

---

① 《韩贞集·七言律诗》，见《颜钧集》，第185页。
② 《韩贞集·附录》，见《颜钧集》，第193—194页。
③ 《韩贞集·附录》，见《颜钧集》，第194页。

第五章 教化型讲会：书院与儒学诠释的平民化

是数百上千人听其讲学。其著作始刊于战乱中的清咸丰六年（1856），旋即失传，至1996年才由黄宣民先生点校问世。其中多有语言充满平民色彩的释经授学之作，兹录数条，以见其概。

《箴言六章》，阐发《圣谕六条》，其言浅近，其语押韵。如《和睦乡里》有"鸟雀失群，飞跃呼寻。人生处世，和乡睦群。居住一乡，事同一体。一体相关，是非不起"之句，朗朗上口，易记易行。每条之后皆附诗二首，进一步阐释儒家的基本伦常观念，如《孝顺父母》，其诗曰：

孝顺父母好到老，孝顺父母神鬼保。
孝顺父母寿命长，孝顺父母穷也好。

父母贫穷莫怨嗟，儿孙命好自成家。
勤求不遂大家命，孝顺父母福禄加。

《尊敬长上》诗曰：

伯叔姑姊伯叔公，常循礼义要谦恭。
有些言气休嗔较，原是同根共祖宗。

更劝人家弟与兄，相恭相友莫相争。
譬如树大分枝叶，当念同根共本生。

《各安生理》诗云：

生理随时只要勤，有何大小富豪贫。
人凭信行当钱使，无本皆因无信人。

劝君勤俭度年华，谨慎长情莫谎奢。

须信家由勤俭起,莫言勤俭不肥家。①

《劝忠歌》《劝孝歌》用五言诗演绎儒学最基本的观念,使"古今忠与孝,开卷即在目",极言"天网虽恢恢,难容不忠族。明则有王诛,幽则有鬼戮",劝世人"勿以不孝头,枉戴人间屋。勿以不孝身,枉着人衣服。勿以不孝口,枉食人五谷"。尤其是《劝孝歌》中所谓"儿行十里程,母心千里逐。一娶得好妻,鱼水情如睦。看母面如土,观妻颜如玉。母若责一言,含嗔怒双目。妻若骂百句,陪笑不为辱。……人不孝其亲,不如禽与畜。乌鸦尚反哺,羔羊犹跪足。劝尔为人子,经书需诵读"。② 其言也谆谆,在如同慈父般的诉说中,儒家最重要的忠孝理念得以阐释清楚,并潜移默化地灌输于民众心田。

不仅忠孝因为事涉世事人情可以平民化之,对于相对抽象的心性,颜钧也能神奇生动地描绘。如《心字吟》,其称:

仰观心字笑呵呵,下笔功夫不用多。
横画一勾还向上,傍书两点有偏颇。
做驴做马皆因此,成佛成仙也是他。
奉劝四方君子道,中间一点是弥陀。③

在呵呵笑声中,教人认字写字,体认人心,仰观心性,接受君子之道,明了做人的方向。其教学欢愉、轻松、生动、浅显、易懂,适合平民百姓的口味与理解水平,儒学的基

---

① 以上各诗见《颜钧集》,第39—41页。
② 《颜钧集》,第57—58页。
③ 《颜钧集》,第69—70页。

| 第五章　教化型讲会：书院与儒学诠释的平民化 |

本理论与基本操守经过如此诠释之后，遂得在"愚夫愚妇"中传播，并根植于人心。它能造就出民间不识一字的"儒夫儒妇"，使历代贤哲有机会重复"礼失而求诸野"的神圣。

第四节　其他书院的平民化讲学

以上我们以泰州学派的学者为例，结合其书院的教学活动，介绍了儒学诠释的平民化。以下则以其他书院为例，结合主教会讲其中的学者，对其再予阐述，事涉其他学派，意在说明平民化诠释儒学不为泰州一派专美而称独善，亦为当年诸多书院所习用而乐见。

前举虞山书院为东林书院一系，学术上由批评王学末流而返归程朱理学，其施行平民教育的规章制度已备记于前，此则介绍其讲《乡约》仪式。兹将知县耿橘制定的《乡约仪》摘录如下：

凡书院讲《乡约》，堂上设圣谕牌，台下设讲案。发鼓一大通，各照图式班位，东西相向而立。约赞唱："排班。"各就本班中转身向上立。唱："班齐。"唱："宣圣谕。"铎生出班，诣讲案前，南向立。唱："皆跪。"首铎唱："听着，太祖高皇帝教你们孝顺父母。"次铎唱："教你们尊敬长上。"三铎唱："教你们和睦乡里。"四铎唱："教你们教训子孙。"五铎唱："教你们各安生理。"六铎唱："教你们勿作非为。"众齐声应曰："诺。"齐叩头。唱："兴，平身。"铎生归班，拜圣。唱："揖，拜；兴，拜；兴，拜；兴，拜；叩头；兴，平身。"唱：

"分班。"各就本班中,转身东西相向,交拜。唱:"揖,拜;兴,拜;兴,平身。"唱:"皆坐。"各就本班中本位而坐。官府、乡宦坐椅,诸生、约正副人等坐凳,余众坐于地。各不许喧哗。

唱:"鸣讲鼓。"击鼓五声。唱:"初进讲。"讲生二人出班,诣案前立。唱:"皆兴。"各起身。唱:"排班听讲。"各转身向上,倾耳肃容听讲《孝顺父母》《尊敬长上》二条。讫,唱:"揖,平身。"大众皆揖、平身,讲生复班。唱:"分班坐。"各转身东西相向坐。唱:"歌诗。"歌生二人出班,诣案前,歌《孝顺父母》《尊敬长上》诗二章。会众俱和歌。钟鼓之节,俱依阳明先生旧法。歌讫,歌生复班坐。唱:"进茶。"茶毕,静坐片时,唱:"亚进讲。"……唱:"礼毕。"撤圣谕牌。大众一齐跪请本县教训。本县随宜覆说数句,分付散。各叉手缓步而散,不得喧哗笑语。无礼无仪,非我民也。三尺之童,皆宜遵守。①

以上所引仪式,今日看来有些烦琐,但此正是书院教化民众的重要手段,这一点耿知县还特别以双行小字注的形式反复申详。如排班习礼,其曰:

> 三尺之童来赴会者,俱令排班行礼,使知君臣上下之分,周旋揖拜之节。此本县乡约第一义也。

如排班听讲,其曰:

---

① 《虞山书院志》卷四。

第五章 教化型讲会：书院与儒学诠释的平民化

讲章用前县赵公太室所撰者。讲毕，本县临时随宜更讲几句，以申圣谕之义，以开百姓之心。盖圣喻〔谕〕虽止六条，而广大精深，实有终日言之而不能尽者，未可以一讲章拘定也。

如歌诗之法，其曰：

歌诗须会众齐声和歌者，以宣畅人心之和气也。凡我百姓，无论长幼，俱要熟读《乡约诗》，家常无事，父子兄弟相与按法而歌。感动一家良心，销镕大小邪念，莫切于此。若以歌诗为耻，何不思量较之唱曲何如？今天下人未有不知唱曲者，何独不肯歌诗。昔日，尧舜也曾赓歌，孔子也与人歌。大帝大圣岂不可法？凡我百姓，肯依吾言者，便是善良人也。①

《乡约诗》前六章与圣谕六条各相对应，兹录《孝顺父母诗》如下：

问尔从何有此身，亲恩罔极等乾坤。
纵然百顺娱亲志，犹恐难酬覆戴恩。

其诗虽与前引颜钧诗相比，要文雅不少，但仍然可以使平民百姓易晓。后三章《孝弟诗》则更为浅白，兹录如下：

子养亲兮弟敬哥，光阴掷过疾如梭。

---

① 《虞山书院志》卷四。

庭闱乐处儿孙乐，兄弟和时妯娌和。
　　孝义传家名不朽，金银满柜富如何。
　　要知美誉传今古，子养亲分弟敬哥。

　　子养亲分弟敬哥，天时地利与人和。
　　莫言世事常如此，堪叹人生有几何。
　　满眼繁华何足贵，一家安乐值钱多。
　　贤哉孝弟称乡党，子养亲分弟敬哥。

　　子养亲分弟敬哥，休伤和气忿争多。
　　偏生嫉妒偏难窘，暗积私房暗折磨。
　　不孝自然生忤逆，无仁定是出妖魔。
　　但存孝弟百祥至，子养亲分弟敬哥。

其歌法取用阳明先生所制定的"旧法"，施以钟、鼓、磬等乐器，运用平、舒、折、悠、发、扬、串、叹、振的"九声四气"之法演奏，各诗半篇重复一句，全篇重复两句，"其义精微"，百姓们"时时歌咏，处处歌咏，人人歌咏，自然心平气和，自然孝亲敬长，自有无限好处，比之念佛诵经，功德相倍万万也"。[①]

　　问津书院在湖北黄冈孔子山下。相传孔子自陈蔡去楚过之，使子路问津于此。元代，龙仁夫筑室讲学于此。明隆庆元年（1567），重建孔子山庙，会讲其中。万历四十三年（1615），扩建为问津书院。四十八年，建分院于河南商城之汤池。"一时从游之士云集景附，项背相望者数十年，书院讲

[①] 《虞山书院志》卷四《乡约仪》，上引诗文皆出于此。

第五章 教化型讲会：书院与儒学诠释的平民化

学至此，号为极盛……院中诸儒，或主王、湛，或主高、顾，诸派俱备。"[①] 其中耿定理、耿定向、焦竑为泰州学派干将。萧继忠主院数十年并兼商城分院主讲，影响至大且远。诸儒讲学，多涉平常日用之事，亦不乏平民化诠释之举，如萧继忠（号康侯）教屠者、耿定向（号天台）谕兄弟争产就很典型，兹录如下：

> 萧先生自麻邑避雨屠者门。问曰："萧先生乎？近来所讲何学？"曰："不过平常日用事。"曰："所讲某等亦可为否？"曰："何不可。即如尔业屠，戥称如制即是圣贤事。"适其子侍，指曰："此子亦何为乎？"曰："此子立，而我与尔坐，即父子礼。何不可为？"又曰："吾妻亦可为乎？"先生曰："今某在此，君内不待教而自传茶，此即宾客礼也。礼在即道在，不学而合，禀于性，命于天。今教尔每事只要问此心安否，心不安处便不做，便是圣贤学问。"屠者恍然，有顷，曰："谨受教。"后悉改向所为。

> 黄邑有两弟争兄产。时天台耿先生率门弟子刘拙斋、萧康侯诸公讲学问津书院，两人前赴质。天台曰："尔所争是尔兄所遗否？"曰："然。"先生曰："兄产仍如前否？"曰："兄时已卖半。"先生曰："卖产时尔涕泣否？"曰："产为兄卖，何至涕泣。"先生曰："尔兄殁时，尔涕泣否？"曰："兄弟至性，那得不泣。"先生曰："尔兄卖产不泣，兄殁而泣，可见产不重于兄弟。今以争产伤兄弟

---

① 《问津院志》卷四。

之情，何待死者厚而待生者薄乎？"两人泫然不忍复言。①

前引安徽泾县水西、云龙、考溪、赤麓、蓝山各书院，在嘉靖年间有邹守益、钱德洪、王畿等王门高弟迭主讲席，万历之世则翟台、查铎、萧雍、徐榜、萧良干诸先生相继登坛，终使"水西之学名天下"。各院讲会，既务虚而讲本体心性良知，也唯实而列应遵应行事宜，更互往来，聚族开讲，合则考德问业，孜孜以性命为事，散则传语述教，拳拳以善俗为心。兹以萧雍为例来做说明。

萧雍字慕渠，泾县人，官至副使。《明儒学案·南中王门》只列其兄萧彦而不载其名，《明史》则称"先生学过其兄"。讲学赤麓书院，以启迪族人及会中同志之语而成《赤山会语》一卷。学崇阳明而不妄议程朱，认为上圣与途人同心，人皆可以为学。因而，其讲学不只面对会中同志，更时时关注普通民众与族人，所作《赤山会约》分遵谕、四礼、营葬、睦族、节俭、正分、广仁、积德、慎言、忍气、崇宽、勤业、止讼、禁赌、备赈、防盗、举行、黜邪、戒党、置产、恤下、闲家、端本等二十三条。其自序称："独计地方风俗，浸失其初，及今不返，后何底止。今将一二应遵事宜胪列如左，期与诸友以此意劝勉各家。"② 以期"维风范俗"，而成"吾儒实学"，达到"挽浇靡而归之淳质"的目的。兹录四礼、睦族、积德、禁赌四条如下，以见其概。

"四礼"讲冠礼、婚礼、丧礼、祭礼，涉及一个人从成年到死后之礼仪，其中谈婚礼者曰：

---

① 《问津院志》卷四。
② 萧雍：《赤山会约》"遵谕"，《丛书集成初编》第733册，第1页。

第五章　教化型讲会：书院与儒学诠释的平民化

> 婚姻，人道之始，礼仪岂可简略？古礼，婿往女家亲迎。今以亲客代之，已为简礼。奈何女家惮治具之劳，并此而废之也。遣嫁重事，男家以仆人来迎，女家以仆人往送，何轻亵之甚！吾乡嫁女之家，听男家亲客来迎，方为成礼，此非细故，毋曰"从便"。婚嫁各随力量，女家度自己薄往，不可责男家厚来，日后有言，女何以堪？娶妇妆奁，悉凭女家，争长说短，妇何以堪？[①]

反对索要厚礼，提倡新郎至少由男家亲客迎亲，以重婚姻礼仪，此为婚事主张。

"睦族"讲族人团结，征引诗书，强调亲情，重在培植敦尚厚道的民风，提倡恤贫尊长的精神。其曰：

> 《书》称"以亲九族"，《诗》歌"行苇""既醉"，重一本也。世族瓜瓞绵远，本支蕃盛，或同居，或析居，其初，一人之身耳。譬之于树，千枝万叶而根同；譬之于水，九河百川而源同。云同矣，可秦越异视乎？奈何世人不知此理，傲慢同姓，疏薄骨肉，恃强凌弱，恃众暴寡，恃富压贫，恃壮欺老。遇异姓强自忍耐，遇同室偏加凌侮，是何心肠也？愿吾乡族敦尚厚道，培养元气，矜孤寡，恤贫穷，解争竞，息忿怒，毋设诈，毋斗巧，毋倾陷，毋挑衅，毋谈人长短，毋起人是非，老老幼幼，尊尊卑卑，贤贤亲亲。祖宗一脉根源，培植得厚，灌溉得深，自然枝叶畅茂，川河贯注，何患家道不昌？即《诗》

[①]　《赤山会约》"遵谕"，《丛书集成初编》第733册，第3页。

《书》所称，胡以加焉。①

"积德"劝善戒恶，提倡利人而行方便，既戒夺财、害命、占田之大恶，尤防口毒、笔毒、心毒之流行，正反并举，引用经书，意在善俗。其曰：

> 所谓阴德者，阴行其德，不令人知之谓也。积者，如积金积谷之类，积愈厚则发愈大，惟恶亦然，积愈毒则发愈暴，故曰"善不积不足以成名，恶不积不足以灭身"。炯戒昭然，人奈何不为善而为恶也？且为善亦甚易矣！非必尽捐己之所有，但随力量所能，到处与人行方便，即是利人。利不在多，渴时一杯水，饥时一盂饭，亦是恩惠。举念即是，何难之有？恶者非必攘夺人财物，戕害人性命，白占人田地。只背地好谈人长短，是为口毒；暗帖谤人，是为笔毒；阴险起灭，是为心毒，凡此皆恶也。一念之善，勿谓无益，积小成大，后祚必昌；一念之恶，勿谓无伤，积微成著，贻祸匪细。《书》曰："作善降祥，作恶降殃。"近在其身，远在子孙，历观往古，报应不爽，得不凛凛惧乎！②

"禁赌"则晓之以义，劝之以亲，禁之以法。其曰：

> 民间大害，无过赌博。赌博之害，罪在开场。本是戏事，大张骗局，一入其网，不尽不止。大抵赌博之人，初

---

① 《赤山会约》"睦族"，《丛书集成初编》第733册，第5页。
② 《赤山会约》"遵谕"，《丛书集成初编》第733册，第8页。

第五章 教化型讲会：书院与儒学诠释的平民化

皆起于利心。父母不肯苦戒，亦皆起于利心。投掷甚易，取利甚捷，冀其赢也，而姑纵之。既而输钱于甲也，取赢于乙以偿之，幸而偿也，又思益之。亡论投子、纸牌，权不由我，胜负难必。纵赢得钱来，不由勤苦，谁肯爱惜，任意花费，缘手立尽，倒囊空归。东荡西走，田地荒芜，不问父母缺养，不顾室无片椽，家无寸土。债主逼取，借贷无门。力耕不能，饥寒难熬，则有聚而为盗耳。小则窃，大则强，身以盗亡，盗由赌至，悔无及矣。可哀也！官府法禁虽严，安能尽人而绳之。是在各家父兄捐去利心，严戒，轻而家法处治，重则送官刑罪。彼亦人耳，肯以其身为戮辱乎？此风衰息，而家道日见殷富矣。①

时至今日，在笔者老家，乡人于农闲之时，人皆麻将、扑克、字牌，不分老少男女，胥耽溺之。虽鲜闻豪赌，但两角一元，所博在利，前贤四百余年前所指之害，几几再现，是可哀也！于此则反衬出先辈之高明，更知吾侪乡村文明建设之道远而任重。

水西各书院讲学化民，在当年是取得了实际成效的。万历年间经营水西、蓝山、赤麓书院的徐榜，在其语录《白水质问》中就曾记录过这些与芝兰俱化的事迹。其称：

或问："邑故有水西会，今吾里有蓝山、赤山会馆，毋乃赘而期不几烦乎？"徐子曰："离群索居，前贤患之。事贤友仁，为仁之利器也。一日暴十日寒，如有萌焉何哉？故夫馆不越里，会不择期，庶几日渐月摩，入芝兰之

---

① 《赤山会约》"遵谕"，《丛书集成初编》第733册，第3页。

室,与之俱化而不自知也。"

或曰:"闻星源有项姓者,与弟共产,分时私田二十亩,弟不知,邑人亦不知也。十年后入会中,辄勃勃内不自安,鸣之同志,必捐田十亩与弟而后已。若品何如?"徐子曰:"是之谓慎独不欺,是之谓改过不吝。若讲学者尽然,将人有君子之行,户成可封之俗矣。"①

星源项氏改过从善,既是书院讲会化俗的成果,又是书院对"慎独"这一儒学概念进行平民化诠释的生动例证。相信再高深难懂的理论,经过如此直白诠释,必将为讲会同志所乐闻而铭记于心,并随会众而流传民间,变成乡民厚道之俗。人而君子,户则可封,这正是儒学平民化的理想所在。

---

① 徐榜:《白水质问》,《丛书集成新编》第22册,新文丰出版公司,2008,第703页。

第六章　地域讲会：各地书院之会实录

明代书院讲学受地方学术名家的影响甚深。他们各自主盟一方，领袖后学，结成团队，聚众开讲，或考德而问业，孜孜以性命为事，或传语而述教，拳拳以善俗为心，形成了"书院相望""所在有会"的局面。[①] 而家会、族会、乡会、邑会、郡会，甚至联郡联省之会、京师之会，岁必数举，举以累日，长久坚持，形成了以"联讲会，立书院"为形式的地域性特征。这个特征，概而言之，至少包括以下几个要素。一是要有几所规制完备、经费充足的书院作为固定会所，用以保证讲学活动持久展开，而且区域之内书院分布密度较大，且位置适中，便于往来交流。二是要有几个至少是一个众望所归的学术领袖，可以引领地方士绅民众，使得人人心悦而同志，诚心向学，形成贤愚咸集、远近前来、质疑问难、互证交修的正学倡明的学术氛围。三是各书院之间学术交流密切，经常有"更互往来""聚众开讲"之举，并形成定期举会、轮主讲席的机制，使彼此间的交流制度化。如此，方能交相影响，含润互

---

① 光绪《吉安府志》卷一九《学校志》，第66页。

化，形成具有共同信服的学术领袖，会所固定而又可互用，议题相同或相近，交往密切的地域性讲学特征。以这样的标准来归类明代各地书院的讲学、教学、教化之会，我们可以看到，江西、南直隶、浙江的特色最为明显。以下我们将分地区记述八十余个书院之会的实况。

第一节 江右惜阴会

江西居长江之右，故称江右。江右乃王学重镇，王阳明在此做官，建立了盖世奇功，并大力传播其学说，信者云集。因而黄宗羲有"姚江之学，惟江右为得其传……阳明一生精神，俱在江右"①之谓。浙中王门高弟王畿也承认："先师倡明此学，精神命脉，半在江右。故江右同志诸兄传法者众，兴起聚会，在在有之，虽未能尽保必为圣贤，风声鼓舞，比之他省，气象自别，不可诬也。"②质而言之，江右王学以安福一县为核心，经由其所属之吉安府九邑而辐射全省。时有"天下谈学，动推安成（安福县古称）"③的说法。聂豹也说阳明先生"倡道东南，而以良知为宗……有志之士，闻风而兴者，时惟江西为盛。江西之盛，惟吉安。吉安之盛，惟安福，故书院之建，惟安福有之"。④虽谓惟安福建书院有些夸张，但对安福王学核心地位的指称却准确无误。《明儒学案》一书记载了江右王门学案下三十四位学者的事迹，按其籍贯，吉安府二十一人，安福县十三人，此当

---

① 《明儒学案》卷一六《江右王门学案一》，第331页。
② 《王畿集》卷四《与三峰刘子问答》，第80页。
③ 《刘聘君全集》卷三。
④ 《聂豹集》卷五《复古书院记》，第133—134页。

可旁证安福及吉安在江右王学中不可动摇的领导地位。之所以形成如此局面，则与王门弟子及其后学聚会书院，大开讲学之会密不可分。

安福王学领袖以邹守益为首，包括刘晓、刘邦采、刘文敏、刘阳等，皆为阳明弟子。王学之会先是随举于四乡各地，并无定所，经过十年努力，始得以县城复古书院为中心，形成包括复真、复礼、连山、识仁、中道、一德、道东各书院为固定会所的且轮番举会的书院讲会圈。扩大到吉安府这一圈，会所则有府属之青原会馆、白鹭洲书院。其他各县则庐陵有西原会馆，吉水有仁文书院，泰和有萃和书院，万安有梅陂书院，永丰有太极、一峰、明新诸书院。王学领袖则聂豹、罗洪先、欧阳德与邹守益齐名，并称"四先生"。其他则黄弘纲、陈九川、胡直、王时槐、陈嘉谟、刘元卿、邹元标等前后相继，他们交砥互砺，共襄盛会。

安福惜阴会是江右第一个王学之会，在明代讲学运动中有着极重要的影响，它开创了集结地方王学同志定期讲学的风气。此会深为阳明所重，他生前曾作《惜阴说》以为训勉。后来邹守益又定《惜阴申约》以为会规，并作《惜阴说》再申师说。会中同志深信"惜阴分得良知诀，一点灵光照万年"。[①] 因此，不仅邑中四乡之会倡导惜阴而致良知，多以惜阴同志会相称，被邹守益全力推向邑外的大会，若九邑同志大会、五郡青原之会等，皆称惜阴会。于是，惜阴会渐而成为吉安乃至江西境内讲会的总名。[②]《王阳明年谱》也有"四方同

[①] 邹守益：《邹东廓先生诗集》卷六《题刘氏教贞卷》。转引自陈时龙《明代中晚期讲学运动（1522—1626）》，第58页。

[②] 陈来：《中国近世思想史研究》，第346—358页。

志之会，相继而起，惜阴为之倡也"之说。① 由此可见，惜阴会在王门讲学中的分量极重，我们借以称名江右各地书院讲学之会，抑或不诬。

惜阴会 江西吉安府王学系列讲会的总称。嘉靖五年（1526），安福王门弟子刘邦采、刘晓等人集同志创建惜阴会于南乡。规定逢双月望日，四乡同志齐聚五日，互相切磋，倡导师说。王阳明题写会籍，作《惜阴说》，以惜阴而致良知教习。其称："天道之运，无一息或停；吾心良知之运，亦无一息之或停。良知即天道……知惜阴者，则知致其良知矣。"② 前十年，虽会无定所，但各乡、各族间月而举五日惜阴之会，发展成为不同层次不同地点的王学联会组织，并且波及邻县，形成吉安府属九邑大会——青原会。十五年（1536），邹守益与知县程文德（浙中王门弟子）创建复古书院于县城，以为全县惜阴会会所。二十七年（1548），浙中王门钱德洪、王畿讲会复古、青原，惜阴之名更盛，邹守益作《惜阴申约》，③ 以为会规。受其影响，安福东西南北四乡分建道东、复礼、识仁、复真、连山、前溪、中道、中南等书院以及各种书屋、山房、会馆等，以为各自讲会之所。由此，惜阴会遂与书院紧密相连，风行吉安各县，形成安福复古、庐陵西原、府城青原等三个中心据点，及至晚明而始衰。主讲前期以邹守益、罗洪先、聂豹、欧阳德、刘晓、刘邦采、刘文敏、刘阳等人为代表，后期以邹善、邹德涵、王时槐、刘元卿、邹元标等人为代表。王畿有《惜阴会语》，刘晓有《安福惜阴会志引》，王时

---

① 《王阳明全集》卷三六《年谱附录一》，第1330页。
② 《王阳明全集》卷七《惜阴说》，第267页。
③ 《邹守益集》下册卷一五《惜阴申约》，第734页。

第六章 地域讲会：各地书院之会实录

槐有《惜阴会馆记》《书西原惜阴会籍》等传世。

复古书院讲会 又作复古会。江西安福县惜阴总会。安福惜阴会，前十年讲无定所。嘉靖十五年（1536），邹守益与知县程文德（浙中王门弟子）始建复古书院，以为全县惜阴讲会之所。有道德门、文明堂、茂对堂、忠信斋、笃敬斋等建筑，置田藏书，以"期有事于古人之学而学焉者也"，① 故名复古。按规定，安福惜阴会间月举于四乡，春秋则大会于复古，故聂豹尝称："会有期，司会有长，会凡若干人。"② 事实上，每有名家至则必讲会复古，钱德洪、王畿、罗洪先、聂豹、欧阳德等外地王门弟子皆曾开讲其中，"每会，四方翕然而至者，常不下二三百人"，③"上下论辩，有交修之益"。④ 俨然而成安福王学中心，其名与庐陵西原惜阴会并称，清人赞其为吉安洙泗，⑤ 今人则号为"惜阴系列会的里程碑"、江右王学的"象征地标"。⑥ 隆庆六年（1572），建尊经阁，并祀王守仁、程文德、邹守益。万历七年（1579），张居正废书院，改为三贤祠。旋复，增建二贤祠，祀刘文敏、刘肇兖。天启五年（1625），魏忠贤再毁书院，改为勋贤祠。清代修复，但不复讲会，成为聚徒式书院。复古讲会前后近百年，与庐陵西原会并称为吉安惜阴讲会之"洙泗"，前期主讲以邹守益、刘晓、刘邦采、刘阳、尹一仁、刘文敏等人为代

---

① 《聂豹集》卷五《复古书院记》，第134页。
② 《聂豹集》卷五《复古书院记》，第134页。
③ 《王畿集》卷一六《漫语赠韩天叙分教安成》，第467页。
④ 《王畿集》卷一六《漫语赠韩天叙分教安成》，第468页。
⑤ 《复真书院志》卷三《王塘南先生列传》称："本郡故儒所渊聚，乡有社，讲有堂，而登坛者必推公。西原、复古，其洙泗也。"
⑥ 分见陈来《中国近世思想史研究》，第350页；吕妙芬《阳明学士人社群：历史、思想与实践》，第117页。

表，中间以邹善、朱调、邹德涵等维持，后期则王时槐、刘元卿等再开盛局。嘉靖四十一年（1562），尹一仁、刘阳始修《复古书院志》。万历三十三年（1605），王时槐、刘元卿重修院志。

复真书院讲会 又作复真会。江西安福县四乡惜阴会之一。惜阴会始兴于南乡，但会无定所。嘉靖十五年（1536）县城建复古书院为大会之所。受其影响，三十二年（1553），北乡始建连山书院为同志会所。三十七年（1558），南乡同志以其会众三倍于北乡而无会所，乃由邹守益与刘邦采、刘阳、尹一仁、周儒等集资创建复真书院，以为岁时讲学之所。有萃胜楼、聚奎楼、砥德砺材堂、藏书阁等，置田以为会馔，藏经史诸子之书数千卷，"俾学者探讨"。每年一大会、三小会，以真心性、真气骨、真学术、真事功相倡。其除夕"考成"之会最负盛名，以致外省外县同志常常"披雪"来会，如嘉靖四十三年除夕大会，除安福同志外，还有来自庐陵、吉水、永新、金溪、泾县、太平、广德、青阳、祁门、婺源、昆山等十一县学者28人，诚所谓"千里远来，四海一堂，衣冠之盛会，古今之良夜也"。[①] 罗汝芳曾赴会讲学，有《复真书院参订》传世。[②] 万历年间，王时槐主盟，定有《复真书院会规》十七条，倡导"学以求仁为宗""学必见于躬行""学贵潜心"。会中，他"振衣高坐，因问发义"，使得"上士悟，下士笑，鄙吝者消其蓬心，执拗者融其习见，野叟不解而第首肯，童子无心而自为舞蹈"。[③] 效果极佳，所讲辑为《复真会语》，今存清康熙年间王吉等人所编《复真书

---

① 《复真书院志》卷七《刘狮泉先生甲子纪除》。
② 《罗汝芳集》上册《罗明德公书目》，第7页。
③ 《复真书院志》卷三《王塘南先生列传》。

院志》中。晚明虽经张居正、魏忠贤两度之毁，但旋加修复。到清代，则招生肄业，不复讲会。

连山书院讲会　安福县四乡惜阴会之一。江西安福四乡惜阴会本无固定会所，嘉靖三十二年（1553），邹守益、刘阳倡率北乡同志共建连山书院（又作连山书屋），有自强堂、玩易堂，"于是北乡有同会所矣"。受其影响，其他各乡亦建书院为惜阴同志会所。事见邹守益《创建复真书院序》。[①] 邹氏《简复董生平甫》载："惜阴之会，春秋举于复古，而四乡各间月举之。近复避暑于武功、连山之间……盖一岁之中，家居者鲜。"[②] 此亦可资旁证。

复礼书院讲会　又作复礼会。江西安福县四乡惜阴会之一。隆庆六年（1572），刘元卿倡率西乡彭、陈、刘、冯等二十四姓士绅共建复礼书院，以为西乡惜阴会所，举行每季五日之会。有明德堂，祀王守仁、邹守益、刘阳、耿定向。刘元卿为江右王门二传弟子的代表人物，热心书院讲会。邹元标为刘氏所作《墓志铭》称："所创复礼、识仁、中道、一德诸院，岁有常会，西乡诸习俗，得公一变。"[③] 复礼讲会分岁会和月会两种，辑有会录。刘元卿之《复礼、识仁、一德三书院会录序》《复礼书院记》《书复礼月会籍》《书路溪刘氏小会籍》等文所说甚明。[④]

识仁书院讲会　江西安福县四乡惜阴会之一。万历十五年（1587），西乡刘孔当、周惟中、王师仁等倡率乡绅共建识仁

---

① 《复真书院志》卷七。
② 《邹守益集》上册卷一一《简复董生平甫》，第573页。
③ 《愿学集》卷六上《明诏征承德郎礼部主客司主事泸潇刘公墓志铭》，《景印文渊阁四库全书》第1294册。
④ 四文分见《刘聘君全集》卷四、卷七、卷一二。

书院，以为会所，至二十年（1592）始落成。识仁书院在复礼书院以东八十里，有志学堂、复初堂、传心堂、依仁堂、辅仁堂、养性斋等，刘元卿作《识仁书院记》，① 以记其事。刘孔当、周惟中、刘学古先后主盟。刘元卿曾于万历二十六年、三十四年两次参加大会，留有《戊戌识仁冬会记》《丙午识仁问答记》二文。② 刘本振从刘元卿游，"晚年津津嗜学，什九于识仁书院，什一家居。家居时，又集子弟月一再会，读约申法"。③ 后建三先生祠，祀刘元卿、周惟中、刘孔当，并以西里讲学诸贤陪祀。

中道书院讲会 江西安福县四乡惜阴会之一。隆万之际，西乡在复礼、识仁两书院讲会激荡之下，家会盛行，"曰丽泽，曰志仁，曰陈氏家会，曰杨氏家会，乃今王、严、张、谢则又有一德会，是何其会之数也"。④ 万历三十一年（1603），赵思庵、郁达甫率众建中道书院于复礼、识仁之间，东西各距四十里，以为往返两书院讲会者之联络点，故又名中道会馆。有专致堂、崇德堂、歌沧楼等建筑，祀先圣孔子。置有院田，以为会馈之资。刘元卿有《题修中道馆募书》，⑤ 记筹建书院、开讲会诸情况。

一德会 江西安福县四乡惜阴会之一。邹元标尝称，刘元卿讲学西乡复礼、识仁、中道、一德诸书院（按：据吴宣德，一德书院约建于万历三十二年⑥），"岁有常会，西乡诸习俗得

---

① 见《刘聘君全集》卷七《记》。
② 二文见《刘聘君全集》卷九《纪事》。
③ 刘孔当：《刘喜闻先生集》卷四《双潭公传》，《日本所藏稀见明人别集汇刊》。
④ 《刘聘君全集》卷九《一德会规引》。
⑤ 见《刘聘君全集》卷一二《题》。
⑥ 吴宣德：《江右王学与明中后期江西教育发展》，第285—286页。

公一变"。① 如上所述，刘元卿有《复礼识仁一德三书院会录序》《一德会规引》传世，可知一德会即一德书院讲会，由西乡王、严、张、谢四姓士绅共建，定有会规，辑有会录。

道东书院讲会　江西安福县四乡惜阴会之一。万历二十一年（1593），刘叔唐率乡绅创建道东书院，以为东乡同志会所。二十八年（1600），王时槐曾应期赴会。三十二年（1604），周懋相迁建，有讲堂、馔堂、左右协厅等建筑。王时槐有《道东书院记》，② 记其建院讲学之事。

青原惜阴会　简称青原会。江右王学最高级别的惜阴会。在江西吉安府城东南青原山。首会于嘉靖十二年（1533）七月，其缘起则是正德末年王守仁以庐陵知县率邹守益等讲良知之学于兹山，故邹有"兹会也，先师尝命之矣"③ 之说。是会实为安福惜阴会的延伸与扩充，诚如邹守益所说："鄙邑惜阴之会，举于各乡，而春秋胜日，复合九邑及赣抚之士会于青原。"④ 九邑即吉安府属庐陵、吉水、永丰、安福、永新、永宁、龙泉、万安、泰和等九县，赣抚则为赣州、抚州，故青原之会几成赣省惜阴大会。十五年（1536），创建青原会馆，以为讲会之所，讲会大盛。邹守益为会中核心人物，他"与其乡人刘邦采、刘文敏、刘阳、欧阳瑜等建复古、连山、复真诸书院，为四时之

---

① 《愿学集》卷六上《明诏征承德郎礼部主客司主事泸潇刘公墓志铭》，《景印文渊阁四库全书》1294册。
② 见王时槐《塘南王先生友庆堂合稿》卷三《记》，《四库全书存目丛书》集部。
③ 《邹守益集》上册卷八《青园嘉会语》，第441页；亦见《复真书院志》卷四。又《邹守益集》卷一〇《复石廉伯郡守》称"青原之会，先师尝命之，乃今十有四年，始克一集，交砥互砺，同志甚觉奋发"（第511页）。
④ 《邹守益集》上册卷一〇《简方时勉》，第504页。

会,春秋二季,合五郡出青原山为大会,凡乡贤士大夫偕与,远者年聚,近者月会,小会人百,大会人千。绛帷一启,云拥星罗"。① 会中辅佐则吉水罗洪先、永丰聂豹、泰和欧阳德,学者称邹罗聂欧四先生。浙中王门高弟钱德洪、王畿等率众来会,俨然而成江右王学中心。后人比之"洛社",而与有"洙泗"之比的西原、复古并称。② 其后,王时槐、胡直、刘方兴、刘元卿等相继主盟会讲,并创传心堂,建五贤祠,祀王阳明,配以四先生。万历四十三年(1615),邹元标、郭子章、刘同开等迁建于翠屏山之阳,置书楼,旁建九邑会馆,各备廪饩,以食会众。邹守益有《青原嘉会语》《录青原再会语》二文,清人施闰章则补辑释大然《青原志略》十三卷,皆可资参考。

白鹭洲书院正学会 在江西吉安府城。白鹭洲为宋元名书院,白鹭之会,由来有自。嘉靖三十六年(1557),邹守益会于白鹭书院,发明《大学》《中庸》合一之旨,学使王宗沐率生儒"以千计听讲"。③ 其后,方志中常有江右学者会讲、讲学、问业于白鹭、青原之间的记载。④ 罗汝芳曾赴会讲学,会中讲语,刻为《白鹭书院会语》。⑤ 万历二十年(1592),知府汪可受迁白鹭书院于白鹭洲,复旧名,建理学、忠节、名臣三坊,集府学及九县诸生于十学号房讲学,陈嘉谟、邹善、王时槐、邹元标等江右王学后期代表人物皆曾讲会其中,倡导正

---

① 沈佳:《明儒言行录》卷八《邹守益东廓》,《景印文渊阁四库全书》第458册。
② 《复真书院志》卷三《王塘南先生列传》:"西原、复古,其洙泗也;青原,洛社也。"
③ 耿定向:《耿天台先生文集》卷一四《东廓邹先生传》,《四库全书存目丛书》集部第131册,第358页。
④ 可参见吴宣德《江右王学与明中后期江西教育发展》,第281—282页。
⑤ 《罗汝芳集》上册《罗明德公书目》,第7页。

学。王时槐有《续白鹭洲书院正学会条三条》，其中有赴会者"宜自思平日此心放逸何以收摄，此心昏昧何以开明，素行有缺何以修饬"和"会日，以静坐澄心，操存涵养为主，勿身在会堂，心驰会外，勿闲谈俗事"①等语，可知所谓"正学"仍是阳明心学。自此之后，万历甲午至天启甲子三十余年，鹭洲书院，"会讲无间"，"人文炳郁，颇有可观"。②王时槐有《鹭洲会语后序》，载《复真书院志》卷七。另有邹元标之《白鹭会答问复》《书白鹭会语后》二文③和《明儒学案》所载之《鹭洲会记》④等传世。

白鹭洲书院依仁会 在江西吉安府城。嘉靖、万历年间，吉安"学会如家常茶饭，无地不有，无岁不行"，⑤而白鹭洲书院更是名贤硕儒轮番"登坛讲学，彬彬有邹鲁风"。⑥天启初，魏忠贤毁院废学之后，"鹭洲十余年会事不举，人心风俗亦稍自异，识者每以为忧"。⑦崇祯八年（1635），知府李希有重建院舍，开依仁会于院中，请李懋明主盟，乃依学会旧规，揖让升堂，讲《伊尹耕于有莘之野》一章。府县官僚、乡绅、孝廉、诸生"环桥观听，肃肃雍雍"，"踵至者多以不及领略为恨"。⑧庐陵县学训导许大益因作《依仁会纪事》而广其传。

西原惜阴会 简称西原会，又名能仁会。在江西庐陵县城

---

① 王时槐：《塘南王先生友庆堂合稿》卷六，《四库全书存目丛书》集部第114册，第319页。
② 《白鹭洲书院志》卷七《依仁会纪事》，第161页。
③ 并见《愿学集》卷八《杂著》，《景印文渊阁四库全书》第1294册。
④ 见《明儒学案》卷二三《江右王门学案八》。
⑤ 《白鹭洲书院志》卷七《依仁会纪事》，第161页。
⑥ 《白鹭洲书院志》卷七《白鹭洲书院记》，第164页。
⑦ 《白鹭洲书院志》卷七《依仁会纪事》，第161页。
⑧ 《白鹭洲书院志》卷七《依仁会纪事》，第161页。

西门外。隆庆元年（1567），刘文敏学生王时槐、陈嘉谟创建，初借能仁寺聚会，故又名能仁会。万历八年（1580），始置会田以供会费。十一年，建西原会馆以为会所。定有《会规》，设有会籍，编有会志。① 规定每年举会八次，小会三日，九月则集九邑及门者大会五日。以会众日多，会馆中又先后增设体仁堂、敬止堂。西原讲会自隆庆至天启，坚持数十年，前期以王时槐、陈嘉谟为核心，前辈刘文敏、刘邦采、周禄、周祉等咸临讲席。后期则以贺沚为核心，刘海禹继其绪。西原会属吉安府王学惜阴系列会，惜阴之名，"授之"刘文敏而"命自"王守仁，其规模甚大，有"四方来学千百人"② "来学者常数百人"③ 的记录。地位与安福复古书院等同，并称吉安洙泗。贺沚为王时槐学生，王氏卒后，守心丧三年，其主盟期间，则"以西原为家，视其家如客舍""居西原，守体仁书院，奉王先生主，为月一会，聚同门老友及北面定斋（沚号）者，拜谒王先生，讲师学数日乃罢"。④ 由此可知，西原会后期亦与书院有关。

仁文书院讲会 又作仁文会。在江西吉水县城。万历八年（1580），张居正"尽毁天下书院，市地归民"，⑤ 吉水县知县陈与用以俸薪购县中文江书院，赠予邹元标为居舍。张死，十一年（1583），邹请复书院，归还院舍。知县徐学聚重修扩

---

① 按，王时槐《塘南王先生友庆堂合稿》卷三有《能仁会志序》，卷六有《书西原惜阴会籍》《西原会规十七条》，卷七又有七律《西原会志撰成附以小诗》一首。
② 光绪《吉安府志》卷一九《学校志》，第29页。
③ 雍正《江西通志》卷二一《书院一》，《景印文渊阁四库全书》第513册。
④ 罗大竑：《紫原文集》卷五《寿序》，《四库禁毁书丛刊》集部第139册，北京出版社，1997，第620页。
⑤ 光绪《江西通志》卷八一《建置略六》，第40页。

建，"为屋三层，缭以周垣，翼以重廊"，① 以院舍处仁峰、文水之间，又取曾子辅仁会友之义，改名仁文。邹元标作记，训释仁文，其称"义礼智信皆仁也，宇宙之至文在焉"，"视听言动皆文也，吾心之至仁生焉。仁也者，即性也，礼也，文之枢纽也"，因集诸生讲"识仁"之学。② 万历天启年间，邹元标以仁文为大本营，讲学三十余年，定有会约，立有会簿。其讲学"先自义利关始"，③ 旨在"破除名利"，④ 要做到"幸自约厉，道贵超悟，学贵真修"，以"善俗"和"真儒"相尚，以宴游征逐为戒。⑤ 已有别于王学末流之空谈心性。会中讲语，著为《南皋仁文会语》四卷。⑥

萃和书院讲会 在江西泰和县。泰和为文献名区，但自欧阳德、刘魁、罗钦顺逝世后，讲学一度沉寂，"间有胪倡主盟，竟以藏息无地，聚散靡时"而受阻。嘉靖三十九年（1560），辞官居家的郭应奎"乃蹶然起曰：'是邑之耻也夫，余之责也夫。'乃协庶谋，乃受成当事，辟今萃和书院为尊圣敬业乐群之所。乃订会期，定会规，采格言懿矩为会约若干条，以垂标的。乃创膳田，收岁入，以资会费，洎待四方之来学纳屦者。规制既具，衣冠萃止，昕斯夕斯，以游以咏，丐益质疑，有严有度"。⑦ 可见萃和书院讲会有会期、会规、会约、

---

① 光绪《江西通志》卷八一《建置略六》，第40页。
② 光绪《江西通志》卷八一《建置略六》，第40页。
③ 《愿学集》卷四《仁文会记簿序》，《景印文渊阁四库全书》第1294册。
④ 《愿学集》卷四《仁文会记簿序》，《景印文渊阁四库全书》第1294册。
⑤ 《愿学集》卷四《仁文会约序》，《景印文渊阁四库全书》第1294册。
⑥ 按，黄虞稷《千顷堂书目》卷一一（《景印文渊阁四库全书》第676册）、《明史》卷九八、光绪《江西通志》卷一〇五等都曾著录此书，今则未见。而现存《邹先生语义合编》之"会语下卷"，有《仁文会纪》一篇，仁文讲会言行得以略窥（万历四十七年龙遇奇刻本）。
⑦ 杨寅秋：《临皋文集》卷一《序》，《景印文渊阁四库全书》第1291册。

会费，规制齐全。据记载，郭"家食三十年，七荐不起，倡建萃和书院，日夕讲学其中"。① 其专注萃和书院以复兴泰和讲学之努力，实可与胡直及其求仁书社齐名，但似乎并没有引起人们注意。② 其实，萃和之会影响不小，到万历二十八年（1600），江右王学后朝讲学领袖王时槐，尚有积极参加泰和县萃和讲会的记录。③ 则萃和之会历嘉隆万三朝，至少存在了四十年。

梅陂书院讲会　在江西万安县。嘉靖二十四年（1545），安福县邹守益、刘邦采曾在此开讲会，与县中王学同志探讨良知之学。事见刘邦采《梅陂书院夜语》，其称："嘉靖乙巳孟夏，东廓携余设讲于万安梅陂书院。书院乃刘中虚集诸同志所构以藏修者也。时宿余于左庑之室。静夜，刘良溪入而问曰：'良知之学，易知而不易致也，奈何？'狮泉子曰：'知则致矣，惧不易知也……'深夜论学，实为佳话。"④

太极书院讲会　在江西永丰县。嘉靖三十八年（1559），邑人郭汝霖倡建太极书院，以为乡人讲学教化，移风易俗之

---

① 光绪《江西通志》卷一四九《列传十六》，第8页。
② 吕妙芬《阳明学士人社群：历史、思想与实践》第三章第四节专讲泰和县讲会活动，前后皆未涉及郭应奎及萃和书院讲会；吴震《明代知识界讲学活动系年：1522—1602》第421页偶引萃和讲会之名，但无细论，亦未涉及郭氏其人。今案，《明进士登科考》卷一一"嘉靖八年罗洪先榜"三甲进士中有江西泰和县人郭应奎。光绪《江西通志》卷一四九有郭氏小传，其称："郭应奎，字致祥，泰和人。嘉靖进士，授礼科给事中。以建言谪霍邱丞，历升工部郎中。移守嘉兴，罢诸浮蠹不便民者。引疾乞归，不待命，遂解印绶去。自是家食三十年，七荐不起。倡建萃和书院，日夕讲学其中。"萃和书院旧为萃和书社，万历年间知县濮中玉重修（详见同治《泰和县志》卷八）。
③ 吴震：《明代知识界讲学活动系年：1522—1602》，第421页。
④ 《复真书院志》卷四《刘狮泉先生语录》。

所。有义聚堂、揽秀楼、景止祠等建筑，祀乡贤罗伦等人，置田租以供祭祀、讲会之需。隆庆元年（1567），郭致仕返乡，除与王时槐主盟青原、西原惜阴会之外，即"与二三君子会"于院中，讲学作会，"慨然"率士，"转移风俗"，事具郭汝霖《太极书院碑》文中。①

一峰书院讲会 在江西永丰县城。一峰书院创建于弘治年间，后祀乡人王学名家罗伦，亦为江右王学讲坛，"会讲不辍"。万历二十八年（1600），王时槐因招而赴"一峰书院之会"，事见其《自考录》。其称："某自归金田以来，赖吾郡先觉倡明正学，遗风尚存。郡邑岁时会讲不辍。如在郡有青原之会，安福有复古、复真、复礼、道东之会……永丰有一峰书院之会，永新有明新书院之会。每及期见招，必往赴焉。"②

明新书院讲会 在江西永新县。万历二十五年（1597），知县徐懋学创建明新书院，以为讲学之所。邹元标作记，以宋儒"体认天理""致知格物"和明儒之"主静""致良知"比较，希望聚会学者能真正体会良知之学"所以明与新者"为何物。③三十二年，刘元卿主讲其中，著《明新纪会》，④详载讲会情形。甘若虚曾在院中与刘元卿相与商定邹守益、刘阳等江右王学前辈学说，"发明存理遏欲之旨。听者有省"。⑤

---

① 郭汝霖：《石泉山房文集》卷一〇《太极书院碑》，《四库全书存目丛书》集部第129册，第517—518页。
② 王时槐：《王塘南先生自考录》万历二十八年庚子条，转引自吴震《明代知识界讲学活动系年：1522—1602》，第421页。
③ 《愿学集》卷五上《明新书院记》《景印文渊阁四库全书》第1294册。
④ 见《刘聘君全集》卷九。
⑤ 曾同亨：《泉湖山房稿》卷二六《若虚甘公墓志铭》，转引自吴震《明代知识界讲学活动系年：1522—1602》，第302页。

昌黎书院讲会 又名春台会。在江西袁州府城宜春台，属江右王学惜阴会系列。春台建于汉代宜春侯，历来为城中名胜。正统年间，巡抚韩雍等迁建韩文公祠于此，祀韩愈。嘉靖初，知县徐栻改祠为昌黎书院。二十八年（1549），知府高廷诰等"乃即昌黎书院，葺旧拓新"，请邹守益赴会，共讲王阳明"慎独宗旨及万物一体之义"。以邹赴冲玄之会而未果。次年春，邹赴旧约，升讲春台，听讲诸生"乃效《惜阴申约》，订大会于春台"，岁以仲春三月为期，会期三天，每月小会一次，"规过劝善"。邹有《题春台会录》① 纪其事。

闻讲书院讲会 在江西广信府城。嘉靖年间，信奉朱子之学的贵溪人夏言，依朱子之议，使郊庙之制皆合古礼。二十七年（1548），夏以尚书致仕归家，因建书院祀朱熹，有闻讲堂、文公祠，及圣学、王道二斋，"朝夕嘉与多士讲明先生（朱子）之学"。② 事闻，皇帝赐名忠礼书院，赐建琼恩堂、宝泽楼，"盛典彰隆，宠恩崇异"，③ 名称一时。后夏为严嵩屈死。江右王学学者始讲会其中，"《会约》首揭阳明夫子《立志说》《拔本塞源》'一体论'，以示学的"，"每会轮一人讲《四书》一篇"。④ 三十三年，浙中王门高弟王畿曾会讲院中，有《闻讲书院会语》传世。三十九年，邹守益接续钱德洪怀玉书院浙江同志大会，再会于闻讲堂，"论良知之

---

① 详见《邹守益集》下册卷一七，第820—822页。
② 雍正《江西通志》卷一四四《闻讲书院文公祠安神告文》，《景印文渊阁四库全书》第518册。
③ 雍正《江西通志》卷一一四《谢特恩赐建忠礼书院琼恩堂、宝泽楼表》，《景印文渊阁四库全书》第516册。
④ 《王畿集》卷一《闻讲书院会语》，第5—6页。

学"。参加者有"徽、宁、苏、湖、广德同志",① 邹著《广信讲语》,记录讲学内容。由此可知,闻讲之会,前讲朱学,后倡王学。

怀玉书院讲会 在江西广信府玉山县。怀玉书院为宋元旧院,但屡遭僧人侵占。嘉靖三十三年(1554),江西提学浙中王门弟子王宗沐再改僧寺为书院,仿白鹿洞规制,有崇圣殿祀孔子,有崇贤祠、报德祠、明德堂、易简堂、敬一楼等建筑,斋舍齐全,"置书院田三十三顷,以赡学者"。② 玉山为江西、浙江两省分水岭,故怀玉书院以地近而成为王学同志"江浙大会"之所。三十八年(1559)、三十九年(1560)两举大会。第一次,钱德洪、吕怀主讲,胡迁、桂荣、吴学愚、夏浚参加,与会者"凡百十人,相与印证此学,期于大同,共聚甚乐"。③ 第二次钱德洪、邹守益主讲,刘邦采、陈明水、夏浚等参加。王畿亦曾主盟讲学,并定稿《王阳明年谱》于院中,一时东南数省王门弟子皆来赴会,俨然南方王学重镇。王畿讲学之语,著为《怀玉书院会语》。④ 王宗沐有《怀玉书院碑》,记载当年"复定规条,申厉约束",聘钱、吕主教之事。⑤ 钱、王讲学并成《年谱》之事,可参见南昌正学书院讲会条。

正学书院讲会 在江西南昌城。嘉靖年间,王门高弟张

---

① 《邹守益集》下册卷一五《广信讲语》,第726页。
② 雍正《江西通志》卷二二《书院二》,《景印文渊阁四库全书》第513册。
③ 佚名:《玉山县怀玉草堂斗山端明书院志》,清抄本;又见夏浚《易简堂记》,《月川类草》卷六。
④ 见《王畿集》卷二。
⑤ 王宗沐:《敬所王先生集》卷一六《怀玉书院碑》,《四库全书存目丛书》集部第111册,第357页。

元冲长期在江西做官,历任江西参政、布政使、副都御史、巡抚等职。政事之暇,张元冲与同门东廓、念庵、洛村、枫潭诸公"联讲会,以订证文成之学,因辟正学书院于省会,群彦士而修业焉。先生岁时进考,其成喁喁如也。异时名世巨儒,多出其中已。又建怀玉书院于信州,以处湖东诸郡士,且特迎龙溪、绪山两先生递主讲席。江右宗风丕振,遂留绪山卒文成《年谱》之役,相与上下其议论,逾年而竣"。① 则南昌正学书院实为省会书院,赣省彦士咸集,联讲会而订"良知"之学。

鳌溪书院讲会 又称乐安讲会。在江西乐安。元大德中邑人夏友兰创建鳌溪书院,有院田五百亩。皇庆元年(1312)赐额设官,规制与白鹿洞、鹅湖等同。吴澄作记,并请其学生詹崇朴主教事,实为理学讲坛。隆庆三年(1569),余姚人叶逢春以通判署知县,修复书院,清复故田三百余亩。万历二年(1574)秋,讲学名家罗汝芳讲学鳌溪,"城中各族留会者几一月","诸生以讲会请"。知县汪心村"勉事心学",聘请罗汝芳开讲会于鳌溪书院,以"立道""易俗"相劝。当时"奉台檄为乡约礼,设圣像、祖训于中,集诸绪绅父老子弟于庭阶……一日之间,其制屹然定,其风翕然同矣",可谓"盛举于一堂"。② 会中设题名册,罗汝芳为之作序,以记讲会缘由及盛况。门人董君静等录刻罗汝芳《鳌溪书院语录》。③

---

① 《刘蕺山集》卷一三《大中丞张浮峰先生暨配胡淑人合葬墓志铭》,《景印文渊阁四库全书》第1294册;又《明儒学案》卷一四亦载张元冲事迹,可资参考。
② 《罗汝芳集》下册卷一《乐安讲会题名序》,第449页。
③ 《罗汝芳集》上册《罗明德公书目》,第7页。

第二节　南直隶的三个会圈

明代南直隶辖地约当今安徽、江苏、上海，在这一区域之内，形成了江左、留都、环太湖三个联系较为紧密的讲学圈。江左地区，王阳明、湛若水曾流寓讲学，遗泽流芳，影响较大。讲学之会，则以邹守益所举复初书院之会最早，请王艮主讲席，影响也很大，其时王阳明尚在世。阳明身后，浙中王门领袖王畿、钱德洪迭主讲席，号令其间者数十年。邹守益、刘邦采等也曾数次临会，罗汝芳则以宁国府知府主会多年。境内乡邑之会常举，且联属而动，形成了新安六邑会、宁国六邑会、四郡（徽州、池州、宁国、饶州）大会，九华山阳明书院曾主办六郡（徽州、池州、宁国、饶州、滁州、广德州）大会，各书院轮年主持会务，联系紧密。区间以水西书院之会声名最大，号为王学堡垒，自嘉隆而至万启，坚持近百年。新安紫阳、还古书院之会，则以其天启初年由王转朱，改变学术趋向而著称。

总之，江左之会，乡族、县邑、州郡连环互动，轮年主持，先是王学抢攻而主讲坛，后则朱学收复失地再安讲席，其声势似不逊江右，而其变幻绵延，生命力则有反超江右之迹。永乐皇帝迁都北京，南京城则作为留都，仍是明代仅次于北京的政治文化中心。湛若水、吕柟、邹守益、耿定向等长期在此为官讲学，王畿、钱德洪等曾多次大会同志于白下，形成留都讲会圈。新泉、崇正等书院是其主要据点，所讲之学，虽然随讲坛领袖转换而变化，但以王学为主流。万历后期，以顾宪成、高攀龙等修复东林书院为标志，在环太湖地区出现了一个以龙城、东林、虞山、明道诸书院为会所，并以丽泽大会等形式为纽带的讲会圈。所讲之学由批评王学流弊转而趋向程朱，并与社会、朝政关涉，开创出新的传统。

复初书院讲会 简称复初会，又作桐川会。在南直隶广德州城（今属安徽）。嘉靖四年（1525），江右王门弟子邹守益为广德通判，改玄妙观为复初书院，建复初讲会，请同门王艮主讲席，以训多士。有明善堂、尊经阁、号舍等，置学田三百亩以供会费。王有《复初说》，刻于院中。湛若水为尊经阁作记，以"六经皆注我心""六经觉我"聪明、良知为训。① 自后，"复初之会，遂振不息"，至嘉靖三十五年，督学赵镗与知州庄士元、州判何光裕大修院舍，奉祀王阳明。钱德洪、王畿曾多次大会同志于其中。② 以州境有名川为桐川，故复初会又作桐川会。万历五年（1577），王畿著《桐川会约》，其称："桐川有会旧矣，自吾同门友东廓邹公判广德时，肇建复初书院，为聚友讲学之所，予尝三过桐川，与诸友相会。……兹予赴水西、斗山之期，州守中淮吴君（知州吴同春）笃于向学，多方挽留，传檄远近诸友凡百余人，大会于复初书院。"③ 由此可知，桐川复初之会，实为联系宁国水西、新安斗山二书院王学大会的纽带，在王门书院讲会中，具有联络与桥梁作用。

颖宾书院讲会 在南直隶徽州绩溪县（今属安徽）。颖宾又作颖滨，嘉靖年间创建，有如如堂、并高楼等建筑，邑人张连山、葛文韶讲学其中。万历三年（1575），王畿应葛文韶等人之请，以致知格物之旨为主题，讲会院中，留有《颖宾书院会纪》。其称："先生赴新安六邑之会，绩溪葛生文韶、张

---

① 《湛甘泉先生文集》卷一八《广德州儒学新建尊经阁记》，第 9 页。
② 《王阳明全集》卷三六《年谱附录一》，第 1348 页。
③ 《王畿集》卷二《桐川会约》，第 52 页。

生懋、李生逢春追谒于斗山（书院），叩首曰：'某等深信阳明夫子良知之学，誓同此心，以此学为终始。惟先生独得晚年密传，窃愿有以请也。'"① 于是，王氏以"致知格物之旨"开示。

富山书院讲会 在南直隶徽州婺源（今属江西）。嘉靖年间，湛若水门人方纯仁、方瓘创建富山书院，以为讲学所，有膳田。十五年（1536），湛"聚讲"其中，遂与歙县斗山、府城紫阳并称为新安三大书院，实为徽州湛学三大讲坛。二十九年开始，王门弟子邹守益、钱德洪、王畿、刘邦采等先后轮主新安王学六邑大会于院中，富山之会遂成王学重镇。其事见《婺源县志》："新安旧有紫阳，与今福山、斗山为三大书院，而甘泉先生有像焉。嘉靖丙申，先生从礼乡北上，过新安，一时俨然临之如泰山北斗。会于是，与多士竟究于是。而邹东廓、钱绪山、刘狮泉诸君子先后相继访焉。"② 邹守益曾谓："新安诸同志，春会于福山，在婺源；秋会于斗山，在歙西。……皆甘泉太宰公所命云。"③ 湛若水有《福山书堂讲章》传世。

东山书院讲会 在南直隶徽州祁门（今属安徽）。正德末年，知府留志淑因东岳庙故址创建，祀朱熹，为诸生"讲肄之所"。嘉靖二十九年（1550），湛门弟子谢显邀邹守益讲学东山，相与剖析富贵利达之关，始创新安六邑大会。陈大绶《重建东山书院记略》称："嘉靖庚戌，一墩谢先生（谢显）师事湛文简，与闻正学，复集都人士延东廓先生登讲东山，六

---

① 《王畿集》卷五《颍宾书院会纪》，第115页。
② 佚名：《福田书院石林庵记》，见康熙《婺源县志》卷一二，康熙三十二年刻本。
③ 《邹守益集》下册卷一七《寄题祁门全交馆》，第814页。

邑之会昉此。"① 三十九年，知县孙光祖建风教堂，"立有宴会，以订乡约"，每月朔望"与诸生讲诚意正心之学，次而进各乡之约正、保长而面加提撕，申之以圣谕，导之以八行。祁门士民咸涤虑，向风而率教，俗用丕变"。② 万历四十四年（1616），新安六邑大会轮讲祁门，即"布席"东山书院，而谋复考亭遗教，请陈大绶主讲席。两年之后，"讲社之诸君子"即请陈作记，以记其事。由此可见，嘉万之际，东山讲会凡经三变，先是谢显、邹守益共倡王门新安六邑之会，结束徽州讲会的湛学时代。继则孙光祖开教化之会，以辅讲学之会，以学而化俗。其后则考亭之学复兴于紫阳之故家，学术由王转朱。

斗山书院讲会 在南直隶徽州府（今属安徽）城斗山，其先为湛学讲坛，后则属于王学同志新安六邑大会之一。嘉靖十年（1531），知府冯世雍创斗山精舍。十六年，湛若水讲学于此，讲孟子见梁惠王一章，著为《斗山书堂讲章》。③ 嘉靖、隆庆间，讲会常开，邹守益、王畿等曾先后开讲其中，大倡王学。万历初，精舍改名书院。三年（1575）秋，新安六邑大会由歙县当值，再迎王畿主讲，萧知府"洒扫斗山书院，聚同志大会于法堂，凡十日而解"。④ 王有《新安斗山书院会语》，记录此次讲会情况。

福田山房讲会 在南直隶徽州府歙县（今属安徽）。嘉靖三十六年，王阳明弟子王畿与众多士友讲学于福田山房，接续斗山书院讲会余绪。福田山房讲会，不仅每日白天讲学，甚至

---

① 同治《祁门县志》卷一八《学校志二》，第5页。
② 同治《祁门县志》卷一八《学校志二》，第4页。
③ 见《湛甘泉先生文集》卷二〇，第29—32页。
④ 《王畿集》卷七《新安斗山书院会语》，第162页。

到了夜晚会讲者亦论辩不辍,"福田有讲堂,有华严西阁,昼则鸣钟鼓大会于法堂,夜则联铺会宿于西阁上,各以所见所疑,相与质问酬答,显证默识,破尽交修"。① 福田山房讲会之学术宗旨,多在强调修身躬行,立人、教化之意味颇为显著。"吾人在世,不能为枯木、为湿灰,必有性情之发,耳目之施,以济日用;不能逃诸虚空,必有人伦庶物,以为应感之迹。有性情而不知节,则将和荡而淫矣;有耳目而不知检,则将物交而引矣;有人伦庶物之交而不知防慎,则将紊秩而梦类矣。此皆近取诸身,不容一日而离,则此学固不容以一日而不讲者也。"② 每番讲会持续十余日,结束后更相切磨,以期有裨益于学行,"会凡余十日而解,临别诸友,相与执简,乞言以申饬将来,以为身心行实之助,且使知此学之有益,不可以一日不讲也"。③

余氏家族讲会 在南直隶徽州府婺源县(今属江西)。明中后期,新安的一些地方,逐渐出现了家会、族会一类的讲会形式。这种家族式的讲会,更强调受众的特定性,"自吾师倡学,而天下始有同志之会。始会于师门,既会于四方。迩年以来,各率族党子弟,以会于家"。④ 而在宣讲效果上,则愈加期求听讲者的全身心接受,"故始会于师门,尚寥寥也。会于四方,则信孚者博,无择地矣。会于家庭,则信孚者益博,无择人矣"。⑤ 这样的讲会形式,实际上更像是披着讲会外衣的

---

① 王畿:《福田山房序》,《王畿集》,第51页。
② 王畿:《福田山房序》,《王畿集》,第51页。
③ 王畿:《福田山房序》,《王畿集》,第51页。
④ 钱绪山:《书婺源叶氏家会序》,转引自解光宇《新安理学论纲》,安徽大学出版社,2014,第260页。
⑤ 钱绪山:《书婺源叶氏家会序》,转引自解光宇《新安理学论纲》,第260页。

另类族规、家约式的训教,所讲授之内容,大都不脱儒家纲常。《余氏家会籍题辞》即明言"予惟君子之学,不外于伦理。伦理以厚为道,而化裁之机在笃思义以联之。家庭之间恩常掩义,恩洽而济之以义,则恩不渎。敷而培之,以恩则义不乖,恩义并用,先后以节,正家之道也"。其中要求,更直接点明族人子弟须"言非虚诬,家人得有所稽;行非邪妄,家人得有所赖,风动之机于己取之而已……俾之自悟自改,又须与之同过,不至洁已大峻以彰父兄之失,既不伤恩亦不废义,自处以厚伦理,始从而敦"。由此可见,所谓"君子之学",实际上是五伦之学,而专门提倡伦理道德的讲会所订立之规约,几与家族规约无异。家族式的讲会,旨在通过"举合族之会",以谋求"示亲睦而征德业"[①]的丕振氏族之现实利益。

天泉书院讲会 在南直隶徽州休宁县(今属安徽)城西五十里。嘉靖十五年(1536)前后,知府冯三石创建,延请湛若水讲学其中,遂成湛学讲坛。影响所及,导成万历年间县城还古书院讲会。据汪佑《还古会籍序》记载,子弟俊秀者由郡县之学"甄陶","若缙绅先生与布衣潜德讲学明道,师成人小子而有造,则必诸名山书院,敬业乐群于其中,爰订会籍,资世讲,而商究三不朽之业。故郡邑惟一学而书院则人文蔚著,在在可缔构焉。海阳西牧旧有天泉书院,郡大夫三石冯公所建,甘泉湛先生主教所也"。天泉距城五十里,"学士担簦维艰",邑候"以簿书鞅掌,不得时举玉趾",影响讲会效果。到万历年间,邑中士民遂请知县祝世禄创建还古书院,以为讲会之所。[②] 冯三石即上文所述之冯世雍,嘉靖十年曾建歙

---

① 王畿:《余氏家会籍题辞》,转引自解光宇《新安理学论纲》,第256—257页。
② 《还古书院志》卷一五。

县斗山精舍。① 且汪佑在《紫阳书院会讲序》中亦称："嘉靖丁酉（十六年），甘泉湛先生主教于斗山。庚戌（二十九年），东廓邹先生联会于三院，厥后心斋王、绪山钱、龙溪王、师泉刘诸先生，递主齐盟，或主教于歙斗山，或缔盟于休天泉、还古，或振铎于婺福山、虹东，以及祁东山、黟中天诸书院……""阐扬道术，皆尊其师说。"② 则天泉书院当与斗山书院同时，先为徽州湛学讲会之所，后则演变为王门弟子缔盟、讲学、联会之区。

紫阳书院讲会 在南直隶徽州歙县（今属安徽）。紫阳书院为宋元旧院，有宋理宗赐额，奉祀朱熹，历来为朱学重镇。明正嘉以降，王门弟子邹守益、王畿、钱德洪等人缔盟联会于徽州，紫阳亦成王学新安大会之所。清修《紫阳书院志》尊朱辟王，其"会纪"以新安大会立目，首记宋庆元二年（1196）朱熹天宁山房主教，明代则以"正德十年乙亥大会于紫阳书院"为始，并称"嗣后新安大会多聘王氏高弟阐教，如心斋、绪山、龙溪、东廓、师泉、复所、近溪诸公，迭主齐盟。自此新安多王氏之学，非复朱子之旧者矣"，正所谓"会讲大旨非良知莫宗，主教诸贤多姚江高座"。及至天启元年（1621）休宁还古书院轮值讲会，延请东林书院高攀龙主教，朱学始有收复新安失地之迹。自正德十年至天启元年，凡百有七年，"学非紫阳之学，而徒聚讼纷争，侈为大会，非唯正学之弗明，当亦朱子所不乐也"，故而将记录历年王学讲会情况的会纪"概不登录"。③ 门户之争，显然可见。天启之后，朱

---

① 康熙《徽州府志》卷七《营建志上》，康熙三十八年刻本。
② 《紫阳书院志》卷一八。
③ 《紫阳书院志》卷一六《会纪》。

学渐复，延至清代顺康乾之世，紫阳讲会坚持数十百年，终成盛局。由此可知，明代紫阳之会，实可分为前后二期，前以王学为宗旨，后以朱学为依归。紫阳讲会设有会宗、会长、会正、会赞主事，每月两会，以初八、二十二为期，"紫阳书院大会定期九月，以十三日开讲"，十六日散会。其他会仪、会图、会辅、会指、会录、会论、会程、会章、会戒等规章制度，皆见万历三十八年方学渐所定之《崇实会约》。① 此约为王朱学者共遵，一直沿用至清代，实乃书院讲会之重要文献。

霞源书院之会 在南直隶徽州婺源县（今属江西）。万历三十年（1602）九月，周汝登讲会院中，发明心学，与会者有汪澄源、洪舒民、佘永宁、游一川、孙钦斋、熊年塘、方伯雨、胡汝嘉等。周氏有《新安会语》记其事，其称："壬寅九月十一日，会于婺之霞源书院。诸生请教，先生回曰：'学问之道，不必他求，各各在当人之心，千圣相传，只传此心而已。'"②

还古书院讲会 在南直隶徽州休宁县（今属安徽）。万历二十年（1592），知县祝世禄创建，以为讲学盟之所。院中讲会分邑会、六邑大会、四郡大会三个层次。邑会又叫"岁讲"，每年四或两次，"世世期以四仲月入，后改为春秋，而冬夏罢，在城与东西南牧分主之，终复有始"。③ 六邑大会即新安郡会，休宁以卯、酉之年十月轮值，自二十五年至崇祯十

---

① 《紫阳书院志》卷一五《会规》。
② 周汝登：《东越证学录》卷二《新安会语》，《四库全书存目丛书》集部第 165 册，第 433 页 a。
③ 《还古书院志》卷三《院宇制考》。

二年（1639），凡举七会，每会十天，有完整的《会纪》传世，① 详载主教、主会、临会、同会、司会姓氏及赴会人数，会众常数百近千人。邑中岁讲之会及六年一轮的新安郡会，有会规、会纪、讲义载于《还古书院志》中，可资参考。至于院中举行徽州、池州、宁国、饶州四郡大会之事，见于祝世禄致友人书中，其称："以旧治还古书院道里适均，岁联池、宁、徽、饶四郡为会，心口私盟，以此自老。"②

水西会 又作水西书院讲会。在南直隶宁国府泾县（今属安徽）。嘉靖二十七年（1548）春，受江右王门惜阴会影响，参加复古、青原之会后，贡安国、沈宠、周怡等请王畿、钱德洪会讲水西，举行宁府六邑王学同志之会。定有会约，立有会籍，规定每年春秋两会，王、钱二人间年至会主盟，"以求相观之益"。③ 其间，江右王学巨子邹守益、刘邦采等亦曾临会。会众常数百人，以至三寺不能容，至三十一年，知府刘起宗等另建水西精舍为会所，有仰止、明道二堂，熙光楼，东西号舍，置田膳士，请邹守益、罗洪先撰记。钱、王二人更迭往来，"学士荐绅云集，弦歌洋洋，由是水西之学名天下"。四十一年，知府罗汝芳扩建，改精舍为书院，增退省所、思默楼、怀德祠等建筑，祀王守仁，以其高弟王艮、邹守益、欧阳德、钱德洪、王畿配祀，与查铎、萧彦、萧良干"相与切靡其间"，④ 水西之会再盛一时，其名与浙江天真书院

---

① 《还古书院志》卷一一《新安大会讲学还古会纪》。
② 祝世禄：《环碧斋尺牍》卷五《复李元章》，万历刻本。
③ 《王畿集》附录二《龙溪会语》卷一《水西会约题词》，第679页；又《王畿集》卷二有《水西同志会籍》，卷三载《水西经舍会语》，皆为水西讲会情况之记录。
④ 《学余堂文集》卷一二《修葺水西书院记》，第146页。

并称，成为南中地区最具代表性的阳明讲会。① 罗汝芳有《勖水西书院诸生》② 等水西会语，其讲学语录，门人萧彦等录刻为《水西书院语录》。③ 万历初年，张居正议改天下书院，水西中废。十五年（1587），知县张尧文重建书院，查铎、翟台、徐榜、萧良干先后主盟，水西之会得以再开。其时"水西之学宗王文成而间参二氏"，有些偏差，查、翟二人以"即心即事，即事即心，溯源于良知"，而予纠正。查有《水西会语》，翟有《水西答问》，徐有《白水质问》，萧有《水西会条》传世。④ 天启初，邑人赵健追祀朱熹，改王文成祠为朱王二先生祠，虽讲会仍举，但所讲之学则由王转朱，已是明末景象。赵殁，"讲会寝辍"。⑤ 由此可知，水西之会依佛寺、精舍而书院，联讲不辍，大盛于嘉靖年间，复兴于万历之世，及至天启，则以朱王之祠维持，透露出魏忠贤禁毁之迹。

赤麓书院讲会 又作赤山会。在南直隶宁国府泾县（今属安徽）赤山岭。万历二十九至三十二年间（1601—1604），知县何廷魁、李邦华创建，以为乡会之所。邑人中丞董杰、副使萧雍、布政徐榜、进士翟台等先后主盟讲会。赤山会规仿县城水西会之制，所讲虽为"性命之学"，但"独计地方风俗"，更重"吾儒实学"，以"维风范俗"为宗旨。萧雍于赤麓用力

---

① 吕妙芬：《阳明学士人社群：历史、思想与实践》，第195页。
② 见《罗汝芳集》下册卷五，其称："孩提之童无不爱亲敬长，良知良能也。贤者养而弗失耳。养之之善，亦惟于亲长之间，怡怡听顺，愉色婉容，即如亲长视己幼稚之日，孩之欲其嬉喜，提之望其活跃，是谓知孝，是谓能弟。古云'慈鸟反哺'，义亦犹是也夫。"第716页。
③ 《罗汝芳集》上册《罗明德公书目》，第5页。
④ 《水西会语》《水西答问》《白水质问》《水西会条》有泾川丛书本传世。以上引文见清人赵绍祖嘉庆五年所作《水西答问》书后题跋。《水西会条》分立真志、用实功、销旧习、求益友四条，强调以会证学。
⑤ 《学余堂文集》卷一二《修葺水西书院记》，第146页。

最多,著有《赤山会约》《赤山会语》。[①] 从中可知,赤麓之会一岁三举,每会持续三日,所讲多关遵圣谕、冠婚丧祭四礼、营葬、睦族、节俭、正分、广仁、积德、慎言、忍气、崇宽、勤业、止讼、禁赌、备赈、防盗、举行、黜邪、戒党、置产、恤下、闲家、端本等,意在启迪乡党,匡正地方风俗。此即所谓以形上之学化为民风乡俗,正是赤麓讲会的努力所在。

蓝山书院讲会 在南直隶宁国府泾县(今属安徽)蓝岭。万历后期,徐榜、萧良干等水西讲会诸先生创建蓝山书院,以为乡党讲会之所。清人赵绍祖尝记此会,其称:"自姚江之学盛于水西,而吾泾各乡慕而兴起,莫不各建书屋,以为延纳友朋,启迪族党之所。其在台泉则有云龙书屋,麻溪则有考溪书屋,赤山则有赤麓书院,蓝岭则有蓝山书院。一时讲学水西诸前辈,会讲之暇,地主延之,更互往来,聚族开讲,故合则考德而问业,孜孜以性命为事,散则传语而述教,拳拳以善俗为心。"[②] 非常明显,乡间蓝山、赤麓二书院及云龙、考溪诸书屋,和县城水西书院往来开讲,构成水西系列讲会,孜孜于性命,拳拳于善俗,共创泾县王学盛局。

志学书院讲会 在南直隶宁国府城(今属安徽)。宁国府王学讲会,原借景德寺举行,多有不便。嘉靖四十三年(1564),提学耿定向、知府罗汝芳创建志学书院,以为讲会之所,有会讲堂及左右号舍四十楹。院成,即"联合士民,各兴讲会"。罗汝芳与汪俊、贡安国、周怡、查铎等缙绅"相与讨论",郡县诸生"侍坐听之,人各感动,其中奋发兴起

[①] 萧雍《赤山会约》《赤山会语》有泾川丛书本传世。下列遵圣谕各条,则为《会约》节目。
[②] 见赵氏嘉庆五年为明人萧雍《赤山会约》所作跋语,有泾川丛书本传世,《丛书集成初编本》据此影印。

者",就有沈懋学、徐大任、萧彦、赵士登、詹沂、郭忠信等百余人。① 罗汝芳有《勖志学书院诸生》② 等志学会语,其讲学语录,门人徐大任等编刻为《志学书院会语》。③ 当年,王畿以王学名家,数开讲会于院中,"深山穷谷,戴白垂髫,闒法堂观听者,几数千人,而弦歌之化,遍四境矣",④ 盛极一时。罗汝芳离任后,沈宠、梅守德先后主会事,"同志聚会不减"当年。

宛陵精舍讲会 简称宛陵会。在南直隶宁国府宣城县(今属安徽)。嘉靖四十三年(1564),知府罗汝芳建志学书院,为府属六邑王学同志会所,但会众不能容,知县姜台建精舍于志学书院之西,以宣城汉称宛陵,故名。有致道堂、至善堂、咏归亭、观复楼、号舍等。知府罗汝芳请太平县绅杜蒙为宛陵会长,集府属宣城、泾县、太平、宁国、南陵、旌德六邑之士讲会其中。其年暮春,王畿应邀赴会主讲,会众千余人,有《宛陵会语》记其事。其称:罗汝芳"既施化于六邑之人,复哀六邑之彦,聚于宛陵,给之以馆饩,陶之以礼乐,六邑之风蹶然震动。甲子春暮……侯大集六邑之士友长幼千余人,聚于至善堂中"。⑤ 可谓盛况空前。

阳明书院六郡大会 在南直隶池州府青阳县(今属安徽)

---

① 罗汝芳:《盱坛直诠》卷下,上海古籍出版社,2023。
② 《罗汝芳集》下册卷五,其称:"大丈夫自立,幼可以卜其壮,而穷可以占其通者,惟此志焉耳。志存乎义,而全力奋往,不以目前为效,而以身后为图,不以一时为计,而以百岁为期者,此其势勃勃洋洋,千千霄而川赴壑也。又安能中泥而未御之也耶?"第716页。
③ 《罗汝芳集》上册《罗明德公书目》,第5页。
④ 沈懋学:《郊居遗稿》卷五《王龙翁老师八十寿序》,《四库全书存目丛书》集部第163册,第659页。
⑤ 《王畿集》卷二《宛陵会语》,第43页。

九华山。嘉靖七年（1528），知县祝增建阳明书院，祀王守仁。王学倡盛时，曾举六郡大会于院中，邑人刘织主讲席。事见嘉庆《绩溪县志》卷四十六，其称："刘织，字章甫，青阳人。从乡先正吴邦治讲学。……时九华山阳明书院为六郡大会，织往往为之主。"按：六郡具体指称不详。王畿、罗汝芳在嘉靖后期曾举徽州、宁国、池州、饶州四郡王学大会。青阳属池州，阳明六郡大会或由以上四郡而扩充之，包括滁州、广德州。

南谯书院讲会 简作南谯会，又作滁阳会、南滁会。在南直隶滁州全椒县（今属安徽）。嘉靖初年，邑人给事中戚贤创建南谯书院，"聚徒讲学，阐发良知宗旨"，[①] 遂为南中王门讲坛，而受王学同志重视。十八年（1539）冬，罗洪先到访，戚率"诸友数十人咸来会"，在聚乐堂"各泛酬论，半日别去"，[②] 所论有"可欲谓善之旨"。[③] 三十一年，王畿、钱德洪始赴南谯会，戚以"每岁必期一往"，"与诸同志为旬日之处"，而遂其"聚友讲学之志"。[④] 次年，王畿再赴南谯之会，有《滁阳会语》，[⑤] 阐发王阳明为学三变之旨。此为《明儒学案》所述姚江之学三变之蓝本，[⑥] 可见南谯之会于王学实为重镇。

新泉书院讲会 在南京城（今属江苏）。嘉靖初年，南礼部侍郎湛若水建新泉书院，置田数顷，讲学会友其中。六年

[①] 乾隆《江南通志》卷一五〇《人物志·宦绩十二》，乾隆元年刻本。
[②] 《罗洪先集》上册卷三《冬游记》，第55页。
[③] 《罗洪先集》上册卷四《南谯书院记》，第115页。
[④] 《王畿集》卷一九《祭戚南玄文》，第571页。
[⑤] 见《王畿集》卷二，第33—35页。
[⑥] 吴震：《明代知识界讲学活动系年：1522—1602》，第189页。

(1527)，王艮来会，集吕楠及王门弟子邹守益、欧阳德于院中，湛讲"随处理认天理"，王则作《天理良知说》。① 次年除岁之会，"召各部同志饮于新泉共论大道"。② 湛有《新泉问辩录》记讲会情况。二十三年，王门弟子应天府通判庞嵩曾集诸生于院中，"相与讲习"。③ 二十九年，湛门弟子吕怀、何迁与王门弟子钱德洪等数十人增建大同楼，并祀王、湛二人，设像，为讲会。④ 则新泉之会由湛学讲坛变为王、湛二学合讲之所。四十四年春，王畿到南京，与李克斋、耿定向、许孚远、蔡汝楠等"偕诸同志大会于新泉之为仁堂，上下古今，参伍答问，默观显证，各有所发"，⑤ 因作《留都会纪》以记其事。

崇正书院讲会 在南京（今属江苏）清凉寺东。嘉靖四十五年（1566），督学耿定向创建崇正书院，有体仁堂，置学田，延其门生状元焦竑主讲席，"著《会议》"以为讲会制度，"遴十四郡髦士群而鼓铸之"。耿在任六年，"摩荡鼓舞，陈言邪说披剥解散，新意芽甲性灵挺出。士苏醒起立，叹未曾有，皆转相号召，雷动从之，虽糜他师者，亦借名耿氏，海内士习，几为之一变"。⑥ 其影响之大，由此可见一斑。耿有《清凉对客》，⑦ 焦有《崇正堂答问》，⑧ 皆记录当年讲学会讲情形。耿氏崇正之会影响深远，不仅"讲义语录吴人奉如著

---

① 王艮：《王心斋先生全集》卷一《年谱》，嘉靖六年条。
② 《湛甘泉先生文集》卷二三《天关语通录》，第 33 页。
③ 《明史》卷二八一《庞嵩传》，第 7215 页。
④ 《王阳明全集》卷三六《年谱附录一》，第 1340 页。
⑤ 《王畿集》卷四，第 88—99 页。
⑥ 焦竑：《澹园集》卷三二《耿天台先生行状》，中华书局，1999，第 528 页。
⑦ 《耿天台先生文集》卷八。
⑧ 《澹园集》卷四七。

蔡",在其家乡黄安后辈学者也建祠奉祀,立"约法",明"期会","私淑先生以为师,朔望得群萃而聚讲焉"。①

明道书院讲会 在南京城(今属江苏)。明道书院为宋元旧院,祀宋儒程颢。元明之际毁于兵。嘉靖初,御史卢焕重建。四十三年(1564)冬,耿定向、罗汝芳"为会"院中,"时与会者"有管志道、曹胤儒、李天植、蔡国珍、刘应峰、蔡阙、周希旦、张燧、李登、杨希淳、焦竑、吴自新、金光初、郭忠信,吴礼卿等人,所讲为"作一圣人""明体""默识"等问题。② 罗汝芳有《盱坛直诠》,记当年会讲情形。

龙城书院讲会 在南直隶常州府城(今属江苏)。万历二十九年(1601),欧阳东凤任常州知府,复龙城书院,建先贤祠,"祀一郡乡贤自延陵季子以下六十九人,考其行事,人者为传,颁布士庶,使知仰止。每以春秋集五邑绅衿于祠中,讲学问政,凡农桑水利、人才赋役,无不咨究,而于激浊扬清,抑强扶弱,尤惓惓焉"。③ 春秋举五邑大会于龙城,以讲学而问政,既激浊扬清,书院讲会之关涉政治已一目了然,此正所谓东林外围书院的特色所在。

东林书院讲会 在南直隶无锡县城(今属江苏),是晚明最负盛名的讲会。东林书院为宋理学家龟山先生的讲学之地,号为"洛闽中枢"。元代废为僧区。成化间,邵宝重建为诸生讲诵之所。正德八年(1513),王守仁作记,指龟山之学晚年流于佛,实有挑战权威之意。嘉隆之世,院废。万历三十二年

---

① 王发祥:《耿公祠会讲序》,见雍正《湖广通志》卷一〇三。
② 《盱坛直诠》卷下。
③ 《高子遗书》卷一〇《毗陵欧阳守纪略》,《景印文渊阁四库全书》第1292册。

(1604)，顾宪成、高攀龙等重建，有中和、丽泽、依庸三堂及道南祠，偕同志钱一本、薛敷教、史孟麟、于孔兼等讲会院中。定有《会约》，确立尊朱辟王讲学宗旨。定有《会约仪式》，规定每年大会十日，每月小会三日，大小会皆推会主一人主持，推一人为主说《四书》一章，设知宾负责接待，有门籍登记会中同志情况。万历年间，顾、高先后主盟，并与东南同志主持之书院联为丽泽大会，形成东林系列学会。士大夫抱道忤时者，闻风向附，遂由学术而涉政治，声名远播，极盛一时。顾有《东林商语》，高有《东林论学语》传世。① 其他讲学"诸贤各有东林讲语，则俟他日当汇为《东林诸贤会语》以传之"。② 天启崇祯之世，由吴桂森主盟，中经魏忠贤之毁，元气大伤，虽然东林之会仍举，但已无昔日景象，维持而已。崇祯十六年（1643）开始，高世泰"主盟东林者历三十有四年"，③ 则是以明遗民身份开学会于清初了。

虞山书院讲会 在南直隶常熟县城（今属江苏）。虞山书院原名文学，创建于元代，祀孔子弟子言偃（子游）。宣德年间改名学道，万历初年毁于张居正。万历三十四年（1606），知县耿橘重修，改名虞山，有学道、体圣、智圣三堂，弦歌楼，有本室、大中馆、十五精舍、六书房、言子祠、讲武厅、射圃等，规模宏敞，置田三顷，以为讲学奉祀之资。集诸生、孝廉会文、会课，聚同志会讲，间为百姓讲乡约，教学、讲学、教化三者并举。设有文、学、会三纲，"文纲以督文词"，"学纲以研道妙"，"会纲以定众志"。《会约》规定，每月初九小会，先"随有志者讲论三五章以发其端"，后"请教主阐发精义"。每年三

---

① 《东林书院志》卷三、卷四、卷五、卷六，第61—158页。
② 《东林书院志》"凡例"，第22页。
③ 《东林书院志》卷二一，第802页。

月初三、九月初九"大会四方同志"。每会有会主、教主、知宾,各司其职,设有会簿、宾簿,登记与会者情况。① 万历刊本《虞山书院志》卷七、卷八为《会语志》,记录三十四、三十五、三十六年到会讲学之提学杨廷筠,兵备道李右谏,巡盐左宗郢、方大镇,推官毛一鹭等"官师","主教"顾宪成,以及参与大会之各地学者会中商榷之语。其中有"虞山会创于丙午夏仲,而是年九月九日,东林诸老先生毕集于虞……远方来学与邑之缙绅贤士数百人,穷研三日乃罢"② 之语。可知虞山和其他书院联讲会,成为丽泽大会成员之一。可知虞山呼应锡山,实成东林外围。虽不必称"虞山书院成为东林讲学的另一枢纽",③ 但虞山与东林声气相通、关系紧密则是显而易见的。

明道书院讲会 在南直隶宜兴县城(今属江苏),实属东林系列讲会。万历三十六年(1608),知县喻致知创建明道书院,"为士绅讲习之所"。巡抚周孔教题院额,延东林学者史孟麟主讲席,一时"明贤学士云集,与东林相辉映"。④ 明道讲会效法东林,史孟麟《题时习会约》称:"余以今上戊申立讲会于明道书院,从同志请也,祁寒溽暑则辍讲,岁凡四阅月,用东林之约,而吴生肩之。复举'时习会',以补其辍,规条如明善书院云。"⑤ 由此可知,明道讲会始于戊申即万历三十六年,院中讲会之外,又有文会性质的时习会。有关明道

---

① 《虞山书院志》卷四《院规》之《三纲》《会约》。
② 《虞山书院志》卷八《大会一》。
③ 陈时龙:《明代中晚期讲学运动(1522—1626)》,第206页。
④ 乾隆《江南通志》卷九〇,《景印文渊阁四库全书》第509册。小野和子《明季党社考》第151页知县作喻致和,误。查雍正《江西通志》卷六九,有"喻致知,字无知,新建人,万历进士,授宜兴令",《景印文渊阁四库全书》第515册。
⑤ 《东林书院志》卷二二《诸贤轶事·史玉池先生》,第854页。

讲会会期、到会之人及其与东林书院讲会之关系，史孟麟之子史夏隆亦有记载，其称："明道书院，先君子继东林书院而手创者。先君子同高忠宪襄事顾端文修复东林讲会，因朝夕之便，建书院于宜城。""讲期定于朔望，有不远千里来赴者如邹南皋、刘念台诸先生，近则顾、唐、高、姜、钱诸君子。"①则明道书院讲会，实为东林讲会外授。明道书院效法东林会约而又略有变通，即每年寒暑休会四月，其余每月朔望各举一次。此会声名远播，邹元标、刘宗周等名家曾千里赴会，东林诸君子尝讲会其中。明道讲会之外，还与东林书院、经正堂等联讲而有丽泽大会之举。

丽泽大会 东林、明道等书院联合举行之讲会。其事见顾宪成年谱万历三十七年条：史际明以"大会不宜独烦东林，于是定《丽泽约》，每岁常润轮举，春以为期，而经正、明道、志矩次第及焉"。②《明史》也称："东林书院大会，纳陛与焉。又与同邑史孟麟、吴正志为丽泽大会，东南人士争赴之。"③按：上述明道指宜兴县明道书院。经正则为常州府武进县经正堂。万历三十一年（1603），知府欧阳东凤创建，推邑人东林学者钱一本主盟讲学。有万历初知府施观民建书院招禁之教训，欧阳知府经正堂"盖避书院之名，而举行其实"。④则经正堂实即书院，后来它也改称龙城书院，名实一致。志矩指金坛县志矩堂，邑人于孔兼创建，"偕士友讲肄其中，而时

---

① 史夏隆：《明道书院记》，见嘉庆《重修宜兴县旧志》卷四，嘉庆三年刊本。夏隆，小野和子作"道隆"，陈时龙《明代中晚期讲学运动（1522—1626）》第190页做了纠正。
② 顾枢：《顾端文公年谱》，万历三十七年己酉条，转引自陈时龙《明代中晚期讲学运动（1522—1626）》，第206页。
③ 《明史》卷二三一《顾宪成传》，第6036页。
④ 康熙《常州府志》卷一五《龙城书院》，康熙三十四年刻本。

过锡山与东林讲席"。①《明儒学案》谈及顾宪成讲学时也说："东林书院成，大会四方之士，一依白鹿洞规，其他闻风而起者，毗陵有经正堂，金沙有志矩堂，荆溪有明道书院，虞山有文学书院，皆捧珠盘请先生莅焉。"② 由此可知，丽泽大会实即以东林书院为中心的东南书院讲会之联会。

嘉义书院讲会 在南直隶溧阳县（今属江苏）。嘉靖二十九年（1550），邑人吏部主事史际筑塘"以活饥民，塘成而建书院于上，延四方同志讲会，馆谷之，籍其田之所入。以备一邑饥荒，名曰嘉义"。院中祀王阳明、湛若水。三年之后，钱德洪应邀主盟开讲，同志、诸生及史家子侄等"定期来会，常不下百余人"。③

邗江书院讲会 在南直隶扬州城（今属江苏）。嘉靖二十三年（1544）冬，颜钧、罗汝芳讲学邗江书院，"为会十日，剧谈正学，直辟中道。扬城文士，疑忆相半"，效果不是很好。颜钧有《扬城同志会约》④ 传世。

泰东书院会 在南直隶泰州东台场（今属江苏）。据《淮南中十场志》记载，万历十八年（1590），两淮盐运判官周汝登访王艮故居，与其孙相会，得见王氏遗集，因建泰东书院，以为奉祀讲学之所。并延请东台人葛雷、何垛、朱纬为会长，集好学之士讲学其中。葛、朱皆王艮之子王襞弟子，可谓泰州学派嫡传。葛雷身后，其子天民亦曾主讲泰东书院。⑤ 如此传承，可见泰东书院实乃泰州学派重要讲坛。

---

① 陈鼎：《东林列传》卷二一《于孔兼传》，康熙十五年刻本。
② 《明儒学案》卷五八《东林学案一》，第1377页。
③ 《王阳明全集》卷三六《年谱附录一》，第1337页。
④ 见《颜钧集》，第29页，引文亦摘自此会约。
⑤ 转引自吴震《明代知识界讲学活动系年：1522—1602》，第388—389页。

志道书院讲会 在南直隶淮安府城（今属江苏）。万历二十年（1592）推官曹于汴创建志道书院，有学孔堂、慎独堂、日新亭、射圃及兴文、观德二坊，号舍十区。曹于汴尝作《约言》，以"志大学之道"训多士。[①] 三十余年之后，"学会并起"，知府孙肇兴重建院舍。"萃誉髦课文讲业，既著成绩，剞有《课艺约说》诸篇"，又置田五十顷，以"供会之需"。[②] 其时，居家山西运城弘运书院讲学的曹于汴，以家乡与旧游之地的学会应求为快事，乃重为作记，以记书院学会沿革。

第三节　浙中王门书院讲学会

浙江是王阳明的家乡，王门弟子视其为王学渊薮。王阳明生前在余姚中天阁，绍兴稽山书院、阳明书院的聚会讲学，为王学讲会之发端。后又与广德州的复初书院之会、安福县的惜阴会一起，开创了阳明讲会的新时代。阳明身后，门人薛侃、孙应奎创杭州天真书院，以为天下同志奉祀先师之所，每年春秋因祭立会，因会订学，成为王门最重要的讲坛。然而，浙中王门高第王畿、钱德洪等时常出赴东南之会，甚至经年在外，根本之地反致荒疏。王门讲会风行天下，浙中以发源与根本之区反而落后于江右、江左两地，这不能不说是一种遗憾。但这也并不等于浙中书院讲学一无是处。如五峰书院讲会，因为应典、程梓、卢可久等王门弟子及其后学的经营，长年坚持，故有良知一脉，五峰独盛之说。又天心书院讲学会盟，使其成为王畿托付衣钵之所。凡此种种，皆为可圈可点之处，应该引起

[①] 《仰节堂集》卷一一《志道书院约言》。
[②] 《仰节堂集》卷四《重修志道书院置田供赡碑记》。

特别注意。

万松书院讲会 在浙江杭州城。万松书院创建于弘治年间。正德年间,王守仁为之作记,自此即成王学讲坛。嘉靖三十六年(1557),督府胡宗宪迎其师邹守益主讲院中,四方来会者三百人。其事见沈懋孝《水云绪编》,其称:"时胡督府梅林公迎其师东廓邹先生,馆于西湖之万松书院,因折柬招四方讲学者三百人,并侍邹先生之教几半月。大都宗象山,述阳明,二先生之旨而昌明之。"①

天真书院讲会 又作天真精舍讲会,简称天真会。在浙江杭州城南天真山。天真山有泉石之秀,王阳明生前曾有卜居此地讲学终老之意。王逝世后第二年,即嘉靖九年(1530),门人薛侃、孙应奎等率同志合资创建精舍,奉祀先师,以遂其遗志。每年春秋二祭,"四方同志如期陈礼仪,悬钟磬,歌诗侑食,祭毕,讲会终月"。② 此为天真讲会之始。自此"因祭立会,因会订学",③ 王门后学对此努力经营,天真书院讲会遂成浙中最重要的王学例会。十五年(1536),巡按御史张景、提学徐阶重建,改精舍为书院,增置田亩,以为奉祀讲会之资,礼部尚书黄绾作记以记其事。三十四年(1555),欧阳德扩建,增仰止祠,于是书院规模宏敞,有文明阁、藏书室、传经楼、游艺所、明德堂、日新馆、嘉会堂等建筑。并"重刻先生《文录》《传习录》于书院,以嘉惠诸生"。④ 三十九年(1560)、四十三年(1564)、隆庆六年(1572)、万历四年

---

① 见沈懋孝《沈太史全集》。
② 《王阳明全集》卷三六《年谱附录一》,第1328页。
③ 孙应奎:《燕诒录》卷四《与稽勋许敬庵》,《四库全书存目丛书》集部第90册,第567页a。
④ 《王阳明全集》卷三六《年谱附录一》,第1346—1347页。

（1576）均留有邹守益、王畿、管南屏、许孚远与祝冠乡会于天真的记录。① 此会会众多至数十百人，甚至四百五十余人，其规模可比在玉山县怀玉书院举行的江浙同志大会。隆庆年间，王门弟子浙江巡按谢廷杰辑有《天真精舍志》四卷，② 记录书院历史沿革及讲会情况。万历七年（1579），遭禁，佃为民业。十二年（1584），重建，赐名勋贤祠。其后，以距城较远，讲会渐少，地位被会城虎林书院取代。③

虎林书院讲会 在浙江杭州城内。万历三十六年（1608），④ 巡抚甘士价檄钱塘知县聂心汤改抚院旧府为虎林书院。意在取代距城较远，不便课士讲学之天真书院（勋贤祠），并欲建为浙省最高教育与学术中心。院舍宏敞，中为明贤堂，祀陈恭愍、文章懿、徐横山、王龙溪、钱绪山、季彭山、陈敬亭、唐一庵、许敬庵、张阳和等，皆明代"两浙理学诸公"。前有凝道、友仁二堂为会讲之所，可坐数百人，左右六馆"以待诸士肄习及四方来学者"，后为藏书楼，其他博士孝廉厅、会馔延宾所等一应俱全。甘与顾宪成相商，仿《东林会约》，合司道郡邑所议，制定《虎林会约》，"独主白鹿洞规而自为之阐发厥旨，复推而广之，共为八条"，"首以谈玄说妙为戒，要在切近精实，上下皆通"。⑤ 书院竣工后，

---

① 分见吴震《明代知识界讲学活动系年：1522—1602》，第234、253、305、323页。
② 黄虞稷《千顷堂书目》卷八著录未见。孙应奎《燕诒录》卷六有《天真精舍志前序》《天真精舍志后序》。
③ 见陶望龄《勋贤祠记》、聂心汤《虎林书院始末记》，载《杭州三书院纪略》卷末。
④ 虎林书院的创建时间，季啸风主编《中国书院辞典》依地方志材料作万历二十七年，误，今依聂心汤《虎林书院始末记》、顾宪成《虎林书院记》改正，作经始于戊申，落成于己酉，即万历三十六、三十七年。
⑤ 顾宪成：《虎林书院记》，见《杭州三书院纪略》卷末。

"海内高贤骈集,乡绅士月有盟会,相与谈道修生,蒸蒸盛矣"。① 提学陈大绶有《虎林书院会约序》,倡言"良知如家之有主翁也,事必禀命,而行如舟师之有舵也,视之毋敢停瞬",强调"处则实学,出则实任"。② 由此可知,虎林讲会以"正士习"为宗旨,意在纠正王学末流之弊。

石龙书院讲会 在浙江台州黄岩。正德初年,邑人黄绾"在京师时与王(王阳明)、湛(湛若水)论圣学,闻道之的,乃期作室于幽深以候二子者共之"。后居家创建书院,有凝道堂、幽赏斋、寓远斋、虚白窝、天风轩、空翠轩。十二年(1517)冬,郑善夫来会,"偕处旬月,昼谈夕息","得闻所未闻"之学。③ 因作《石龙书院记》,以记其事。黄绾《少谷子传》所记此次卧雪论学情形,更为精彩,其称:"岁丁丑而少谷子果来,遂与坐凌峰,步石梁,倚天柱,面龙湫,倦则归紫霄卧予所居谓之石龙书院者,时天晦大雪,浃旬不止,人踪尽灭。予昼伐松枝,夜烧榾柮,与少谷坐,剧谈尧舜以来所传之道、六经百家、礼乐刑政、天文地理之源流,及二氏之所同异,极于天地之间,无一不究。少谷子亦尽出其平日所著述以质予,又贻书其友孙太初、高宗吕、傅木虚,使之逊志而同归。故太初之逃老归儒,皆少谷启之也。少谷子又自谓生平知己莫予若者,但恨相遇之晚,遂忘形而不忍去。予兄芝谷主人,因为少谷子亭以居之,南洲应子亦来会,凡数月而出,至台城,台守金陵顾公欲重胜会,乃作玉辉之堂以延之。"④ 由

---

① 聂心汤语,见《杭州三书院纪略》卷末。
② 陈大绶:《虎林书院会约序》,见《杭州三书院纪略》卷末。
③ 郑善夫:《少谷集》卷一一《石龙书院记》,崇祯九年刻本。
④ 黄绾:《少谷子传》,见《少谷集》卷二三;又见《明文海》卷三九五,清抄本。

此可见，石龙书院之会，论题广泛，举凡六经百家、佛道二氏、天文地理、礼乐刑政，无所不及，真所谓"极于天地之间，无一不究"。更卧雪燃松，吸引南洲，影响台城，诚"胜会"也。更加值得注意的是，此次黄绾、郑善夫石龙书院之会，虽不是真实的王、湛二子共讲，但以黄讲"王、湛二子"之学为主，实可视作王、湛讲会之先声。嘉靖二十一年（1542），王畿率沈静夫、杨汝鸣访院，黄绾"与论绝学未明之旨数晨夕"。与会者有冯通先及黄婿王正亿（王阳明之子）、黄子承式、承忠等。①

思贤书院会　在浙江嘉善县武塘。正德十二年（1517），县丞倪玑创建思贤书院，有志学堂、游息所、养蒙馆、清风楼，及名宦、乡贤二祠，学礼、卓然、漱芳三亭，规模宏敞。嘉靖四十五年（1566），知县许镃迎王畿为书院会主，升坛设教。其事见《龙溪王畿会籍记》，其称："武塘有思贤书院，旧矣。白塘许侯注心学校，以文教饬吏治，谋诸袁生表，以余为有闻也。扫室庐，饬器物，具廪饩，介使相属，迎致余为思贤书院会主。升坛设教，非余敢当。若夫求友四方，以尽交修之益，余素心也。"其所讲主旨为立圣人之志，寻求实致良知之方，并告诫与会诸友，"益坚尚友之志，力行此学，务求日新，而后不虚今日之会"。按规定，思贤会"每月初二、十六为会。当会之日，辰而入，终酉为出。或举经书大旨以究微义，或呈所得所疑课业以证新功，或歌咏以陶适性情，或瞑坐以究极理奥。务逊志虚心，和声柔气，以相下为益，毋得动气求胜。动气即长傲，求胜即遂非，非求益之道也"。②

---

① 黄绾：《游雁山记》，转引自吴震《明代知识界讲学活动系年：1522—1602》，第 105—106 页。
② 见《王畿集》附录三《龙溪王畿会籍记》，第 819—821 页。

第六章 地域讲会：各地书院之会实录

天心书院讲会 又作天心之会。在浙江平湖县。天心书院又作天心精舍，为陆氏家族"义塾"，乃陆光宅、陆光祚兄弟所建。书院集合族之少隽者肄业其中，置田三百亩"以资膏油楮墨"。天心虽为陆氏家有，但亦对外开放，时举王学讲会。陆光宅就曾"集名士百十人，储廪授餐，讲究师门宗说"。① 隆庆二年（1568），王畿赴天心之会，证良知，而讲修身立命之学，与陆光宅、丁宾、陆安石、周梦秀等八人，共定天心盟约，推王畿为盟主，立志圣学，史称"天心会盟"。对此，丁宾有如下记载："往龙溪王先生倡道东南，四方同志者争迎先生主讲席，余得从游，函丈尝赴当湖天心之会，则陆氏昆仲穉石、云石诸公实领袖焉。"② "余忆昔戊辰，与公尊君稚石吾友，从龙溪王先生于天心书院，证入良知，庶几修身立命之学。"③ 王畿也有《天心授受册》以记其事，其称："天心精舍，门人陆生光宅所建，后为尊师阁。……择其中质粹志真，终身可信托者八人，相与焚香对越，定为盟约。"④ 岳元声曾在书院讲学，并辑《天心书院志》。⑤

稽山书院讲会 在浙江山阴（今属绍兴）。稽山书院为纪念朱熹讲学而建，为宋元旧院。正德年间重建。嘉靖三年（1524），王门弟子知府南大吉扩建，有明德堂、尊经阁、瑞泉精舍等，王守仁作《稽山书院尊经阁记》，阐扬其"六经

---

① 天启《平湖县志》卷七《学校》、卷一六《儒林》，天启刻本。
② 丁宾：《丁清惠公遗集》卷五《贺奉常陆安石先生膺封司寇郎序》，崇祯十一年刊本。
③ 《丁清惠公遗集》卷五《寿安石陆公六十序》，崇祯十一年刊本。
④ 王畿：《龙溪王先生全集》卷一五《天心授受册》，道光二年刻本。同卷《册付光宅收受后语》《册付丁宾收受后语》《册付梦秀收受后语》，皆记天心书院王氏师生会盟之事，可资参考。
⑤ 《千顷堂书目》卷一一著录此书。未曾见。

吾心之常道"的心学思想,稽山遂与次年创建的阳明书院并称为王学的学术重镇。六年(1527),王守仁征思田时曾写信给留守的王畿、钱德洪,要"余姚各会同志诸贤","不废"院中"讲会之约",① 则稽山之会实乃阳明生前予以关照的少数几个讲会之一,其名与江右惜阴会相齐。后来王、钱遍讲东南,反致根本之地讲会荒废。万历七年(1579),书院例废。十年(1582),知府水西学者萧良干重建,建祠祀朱熹,设仕学所,大集越中诸儒会讲,定有《会约》三条,以立真志、用实功、涤旧习警士。② 十二年(1584),王学同志因吊唁王畿赴越,萧乃设讲坛于院中,请查铎主讲开述,一时"衣冠骈集","环听悚然",至有"真圣人"之比。③

仁文书院讲会 在浙江嘉兴府。万历三十一年(1603),知府车大任创建仁文书院,有仁文堂为讲学之所。崇贤堂祀薛瑄、陈献章、胡居仁、王守仁。并置有院田,集乡绅生徒讲学其中。次年,提学副使岳元声大开讲会,院规首列朱熹《白鹿洞书院揭示》,订立讲规,酌定会朝,规定每会必由"院长先捧晦翁先生院规、象山先生喻义利章,或朗诵一过,或讨论一番,在坐者肃然倾听。复少顷,师友各随己意,以六经疑义互相问难"。④ 可知仁文讲会以朱陆并重为特色,王学色彩已然淡化。岳元声、岳和声有《仁文书院志》十一卷,记书院历史沿革及教学讲会情况甚详,可资参考。

---

① 《王阳明全集》卷六《与钱德洪、王汝中》,第223页。
② 萧良干《稽山会约》有泾川丛书本传世。上列立真志、用实功、涤旧习为《会约》条目。
③ 张应泰:《查先生毅斋行略》,见查铎《阐道集》附集。
④ 《仁文书院讲规》,见《仁文书院志》卷四。《院志》分形胜、建置、先儒、院规、官师、艺文、祀典、书籍、公移、院田、讲义等十一卷,所记甚详。

第六章　地域讲会：各地书院之会实录

五峰书院讲会　简作五峰讲会。在浙江永康。嘉靖年间，邑人王门弟子应典、程梓、卢可久创建五峰书院，以绍"良知"之传。郡人杜惟熙、陈时芳、陈正道、卢自明、周梧、吕一龙诸儒"负笈来游，更相授受"，形成"良知一脉，又五峰之所独盛，非他邑所敢拟也"的局面。① 五峰讲会，散见于诸人传记。如周梧"岁时赴五峰讲会，请正于石门应子（应典）、方峰程子（程梓）。"陈正道"年八十余，能灯下作细字，犹徒步赴五峰讲会"。陈其蒽"其所讲学，永康则五峰，东阳则文山、西庵，随地举会，接引后学，悃款详密，言不足则继之以歌，无有智愚，莫不感动"。② 可知五峰讲会大倡"良知"，实乃浙中王门"随地举会"之盛者。

崇正书院讲会　在浙江东阳县。东阳阳明学者多为同郡永康县五峰书院讲会成员，除按期赴五峰讲会之外，在邑中亦"随地举会，接引后学"。如陈时芳、陈正道之法界、官桥之会，陈其蒽文山、西庵之会。陈时芳曾"于五峰、法界、官桥诸会外，复立丽泽会于乡"，定有《丽泽会规》，"接引四方学者，从者云集"。凡此种种，可谓兴盛，惟举会随地，并不讲究。然以书院为讲坛者，仅杜惟熙一人。据记载，分守张凤梧建崇正书院于县城，聘其与徐鲁源"并主教席"。杜师事五峰书院卢可久，称阳明再传弟子，为邑中讲学前辈，倡言"学是一体之学，心是统同之心"。③ 可知崇正之会，乃浙中王学讲会之一。

---

① 程兆选：《重修五峰书院记》，见《五峰书院志》卷四。
② 《五峰书院志》卷三《附载传略》之《明念松周先生》《明诚源陈先生》《明蘋斋陈先生》。
③ 《五峰书院志》卷二《明见山杜先生》《明春洲陈先生》《明诚源陈先生》《明蘋斋陈先生》。

第四节　其他地区的书院讲会

上述江右、南京、浙江之外，其他各地书院讲学之会虽然相对松散，但作为当年讲会的一个有机组成部分，值得一一记录，以为研究参考。更何况福州共学书院作为福建省会书院的讲会制度化建设，海南岛文昌县官绅在玉阳书院倡正学于南海之中的努力，黄冈问津书院在本部之外设分院于邻省讲学，天下名院岳麓书院尝试在朱张学统之下传播王学，罗汝芳以其讲学热情将王学种子撒向云南各地，等等，皆各具特色。尤其是西安的关中书院之会与京师的首善之会，更是与无锡东林之会齐名的书院讲学之典型代表。

共学书院讲会　在福州城内。万历二十二年（1594），巡抚许孚远改怀安县学为书院，由提学主持，以为闽省士人共学之所，故名共学书院。四十六年（1618），提学岳和声修葺院舍，有时习堂、观生堂、求我轩、道南翼统祠、崇德报功祠、味兰居、东西号舍。其时会课、会讲并重，定有会规，设置主教、主铎、院长、会长，规定每年春秋大会二次，每月小会二次，会期分别为三天、一天，有纪言簿、纪名簿记录讲会情况。① 岳和声等辑刊《共学书院志》，有上、中、下三卷，分形胜、沿革、规制、先儒、宦绩、祀典、会规、田赋、典籍、艺文、公牍、善后、题名、器用、主会姓氏等十五目，可资参考。

崇正书院讲会　在湖广蕲州（今属湖北）麒麟山。邑人顾问、顾阙兄弟以理学名家，嘉靖三十四年（1555）居丧，分建阳明、崇正二书院讲学。次年，佥事沈宠（南中王门学者）与

---

①　《共学书院会规》，见《共学书院志》卷上。

知州谷钟秀建仰止祠祀王阳明,"以合州选士",讲授王学,并从水西会迎请浙中王门高弟钱德洪到院讲会。与会诸生"一百十人有奇,合会于立诚堂"。钱有《仰止祠记》记其事。① 自此而至万历中,天下咸重二顾之名。先后"同讲学者"有罗洪先、罗汝芳、王畿、侯尧封、萧廪、万廷言、李材、姜宝、陈循、管志道、耿定向、耿定理等人,皆王学名家。"四方从学者,不可胜载",② 实为楚中王门最重要的讲会之一。

同仁书院会 在湖广潜江县城(今属湖北)。万历二十四年(1596)邑人督学刘垓建同仁书院,"时集同志","且学且教"于其中。刘本吉安安福人,其父始迁居潜江。刘垓本人对故乡书院讲会心向往之,尝称:"予故安福人也,习父师之教,梦寐复古(书院)、复真(书院)之间,而不得以身游,辄于侨寓创同仁书院"。书院兼讲学与赈贫双重功能,故其形式也略有不同,"其前为厅事,后为义仓,又后为堂,堂之后有池,群同志日聚其中"。③ 刘氏与江右王学讲学名家刘元卿为同年(皆隆庆辛未进士),与邹元标有同官之谊,故请二人为书院作记,虽以为同志之援,其实有联络楚中、江右王门之意。邹元标之记由识仁、体仁、求仁,而大谈"同仁之旨",且以楚中岳麓、石鼓二名院为同仁会中同志倡。④

问津书院之会 在湖广黄冈县(今属湖北)孔子问津处。问津书院极盛于万历年间,其时萧继忠主盟,并建分院于河南

---

① 《王阳明全集》卷三六《年谱附录一》,嘉靖三十五年条,第1348—1349页。
② 乾隆《蕲州志》卷四《书院》。
③ 《刘聘君全集》卷七《同仁书院记》。
④ 《愿学集》卷五上《同仁书院记》。

商城县汤池，及门之士以千计。萧为耿定向弟子，并游邹元标、高攀龙、冯从吾之门，立会院中，每月十六日举会一次。"上奉先师之灵，下资朋友之益，共出一月所学，互相咨证。盖会不欲数，数则徒资口耳；会不欲疏，疏则或至遗忘。会所供具，唯以四味八殽〔肴〕为率，道腴是甘，谅有同心也。"并定有《学规》，分德行、宗旨、经济、举业、识议、规劝六条，规定"惟我同盟，务各遵守，倘当会不至与至不遵规者，俱各有罚"。① 问津之会历万历、天启、崇祯数十年，影响甚大，其"师友渊源，风动海内，一时钟鼓管弦之盛，几与鹿洞、鹅湖、东林、首善相颉颃"。②

岳麓书院之会 在湖广长沙府城（今属湖南）。岳麓书院为天下名院，宋初即名列天下四大书院之首，南宋时成为湖湘学派的基地。自宋而历元明，朱熹、张栻之学是其长久坚持的学术传统。正德年间，王守仁赴龙场时曾诣院作诗，称颂朱张讲学之功。其后，王门后学时有讲学院中者。隆庆五年（1571），罗汝芳游历衡湘，遍访同志，曾会于岳麓书院。③ 罗氏作有《勖岳麓书院诸生四条》，其称："人生贵立志，勿务近与细。谛观古圣贤，功名几千岁。人生贵好学，先学孝与弟。久之通神明，前光后且启。人生贵师友，孔曾无私授。传也能习否，身省日当守。人生贵读书，读书期实用。身心与家国，担荷万钧重。"④ 会中语录，由门人曾凤仪录刻为《岳麓书院会语》。⑤

---

① 萧继忠：《问津书院学规》，见《问津院志》卷四。
② 《问津院志》卷四《讲学》。
③ 方祖猷：《罗汝芳年谱》，见《罗汝芳集》，第905页。
④ 见《罗汝芳集》，第115页。
⑤ 罗怀智：《罗明德公书目》，见《罗汝芳集》，第8页。

第六章　地域讲会：各地书院之会实录

玉阳书院体仁会　在广东文昌县（今属海南）。万历二十二年（1594），知县贺泚率邑绅林有鹗创建玉阳书院，以为讲学会文之所。置有田产，有文在兹坊、浴德池、体仁堂、崇正楼，祀白沙先生陈献章。贺氏为江右王学后朝领袖王时槐学生，曾仿西原惜阴会开讲院中，会曰体仁，设有堂长、堂副，定有《会条》二十二条，以明为学之方。又立有《体仁会约》，以定仁之志、识仁之体、谨仁之微、完仁之初、祛仁之障、著仁之常、敦仁之守、求仁之宗为"体仁八条"。规定每月十六日会文，十七日"会学"。"其会也敛容端肃，默识本来，或撼自得而示真宗，或因问难而析疑义，要以自识本心为功，而支离污漫一切黜焉。学者翕然从之。"[①] 宗伯王宏诲（忠铭），吏部给事中许子伟（甸南），督学胡桂芳（瑞芝）等皆曾临会开讲。王有《会语》，胡有《体仁图说》。玉阳之会仿效西原惜阴会，江右王学之迹甚深。四十年（1612），知县庐陵人刘叔鳌以王时槐与陈献章之学脉同，羽翼斯道之心同，故同祀于崇正楼。有《玉阳会纪》记录当年讲会情形，传至清乾隆年间，仍在书院新旧首事交接名单中，足证江右王学影响之深远。

五华书院之会　在云南昆明城。嘉靖三年（1524），巡抚王启创建五华书院，招博士弟子讲习其中。经三十一年（1552）提学黄琮扩建，万历二年（1574）巡抚邹应龙重修，成为云南最大书院。徐养正、黄琮、聂良杞等先后讲学其中，士风丕变。万历二年冬，讲学名家罗汝芳以云南屯田副使身份，会同方伯方旸谷，宪长顾西岩，大参李同野、张禹江，宪副张渐江一起，"集会五华书院，进三生讲书，初仕而优则学，次颜渊、季路

[①] 林有鹗：《玉阳书院纪略》，载《蔚文书院全志》卷一《玉阳会文部》。以上《玉阳会条》《体仁会约序》《体仁会约跋》《体仁八条》，以下《玉忠铭会语》《体仁图说》，皆见《玉阳会文部》。

侍，又次富与贵是人之所欲"。① 其讲学语录，门人史旌贤、范维贤录刻为《五华会语》② 传世。罗著有《勖五华书院诸生》③，以承道、刚果及"从吾心体细味沉思"等警士。

龙泉书院之会　在云南楚雄府城。嘉靖年间，佥事彭谨建龙泉书院。万历三年，讲学名家罗汝芳以云南屯田副使身份讲会院中。《近溪子集》尝记其事，称："楚雄分巡毕，公偕郡邑诸君，邀会于龙泉书院，父老子弟群然而集。时见诸声歌，间以钟鼓，堂上下雍雍如也。"讲到兴起，罗"遍呼士子，各当兴奋以仰答遭逢之盛，且启之质辩疑义"。④ 龙泉之会虽开于西陲，但名家主讲，父老弟子群集，讲学问难，间以钟鼓歌声，其盛况实不亚于内地书院，更有泰州学派"乐学"的鲜明特色。

海春书院讲会　在云南昆阳州城。海春书院建于隆庆年间，为士人讲习之所。万历二年至五年，讲学名家罗汝芳以屯田副使、署提学事、左参政等职居滇四年，分巡各地，随地举会讲学。至昆阳，知州夏渔"因请视学，及举行乡约于海春书院"，"父老子弟乐意"，骈集环听。又与夏渔及分守李同野、丽江二守潘子，结合书院前之林鸟、滇池、青苗，就"停当"二字

---

① 罗汝芳：《近溪子集》卷五，见《罗汝芳集》，第147页。明人郭斗《刻近溪罗先生会语叙》亦称：罗与诸君子"讲学五华书院，日孜孜不倦。诸生不惟得领诸君子文学之教，其所熏陶培养者多矣，幸不大哉"。见《罗汝芳集》，第918页。
② 罗怀智：《罗明德公书目》，见《罗汝芳集》，第8页。
③ 见《罗汝芳集》，第715页，其称："人之肩承道担，非力量直前不可。第经躁之与刚果相似，而实不同。古谓其进锐者其退速，是误执经躁而作刚果也。善为道者，先当从吾心体细味沉思，早夜不休，仓卒不变。水流物生，浑成一片，则愈受持愈益虚下，不至圣人不已也。是大力量，亦真刚果云。"
④ 见《罗汝芳集》，第170页。

而谈性命、日用之学。① 仍是泰州讲学特色。对此,《明儒学案》记为"罗子行乡约于海春书院,面临滇海,青苗满目"② 云云。由此可知,海春之会,既重教化,亦讲学术。

正学书院之会 在云南永昌府城。永昌书院讲会,见于罗汝芳《近溪子集》,称:"丁祭方毕,永昌两庠生儒具在,郡邑诸君率之于书院会讲。"所讲内容为作圣贤之方,理会性命之法。主讲罗汝芳以"今须持畏死求生之心,以去理会性命,使自精神百倍,而圣人地位方有可望矣","不如此恳切,而漫欲理会性命,吾知其决不可得也已"③ 相告。按:乾隆《云南通志》载,永昌城明代建有正学、见罗二书院。正学为嘉靖年间知府杨朗创建,见罗为知府陈严之、副总兵邓子龙创建。而邓子龙万历十一年(1583)二月始任永昌参将,④ 罗汝芳在万历五年(1577)即离开云南。故罗之"会讲"书院只能是正学,而非见罗。

关中书院讲会 又作关中会。在陕西西安府城。首会于万历二十四年(1596)秋,时关中大儒冯从吾"与诸君子立会讲学于宝庆寺"。越数会,冯作《学会约》,以为与会同志共守之规章,附有《士戒》《谕俗》,以为参会诸生及农工商贾之守则。规定"每月三会",逢一举行。"讲论毋及朝廷利害、边报差除,毋及官长贤否、政事得失,毋及各人家门私事,与众人所作过失,及词讼请托等事,亵狎戏谑等语。其言当以纲常伦理为主,其书当以四书五经、《性理》、《通鉴》、《小学》

---

① 罗汝芳:《近溪子集》卷五,见《罗汝芳集》,第 167—179 页。
② 《明儒学案》卷三四,第 776 页。
③ 见《罗汝芳集》,第 172—173 页。
④ 乾隆《云南通志》卷一六下《师旅考》:万历十一年二月,"移武定参将邓子龙为永昌参将",乾隆元年刻本。

《近思录》为主，其相与当以崇真尚简为主，务戒空谭，敦实行，以共任斯道，无令乡之先达如横渠、泾野诸先生专美于前也。"可谓宗旨明确。讲会主张"彼此讲论务要平心易气，虚己下人，即有不合，亦当再加详玩，不可自以为是，过于激辨〔辩〕"。会中"愿歌诗者，歌诗数首，以涤襟怀"。① 次年冬十二月，冯又作《关中士夫会约》② 规范士风。二十六年（1598）因病休会九年，至三十四年（1606）冬始复宝庆之会。③ 三十七年（1609）十月，布政使汪可受、按察使李天麟等"联镳会讲，同志几千余人，相与讲心性之旨"。以"寺中之会第可暂借，而难垂久远，当别以图之"，④ 遂正式创建关中书院，以为同志会讲之所。置公田，藏书籍，延请冯从吾、周传诵主讲其中。从此，冯除天启初进京讲学首善书院之外，即以关中书院为立会讲学据点。⑤ 坚持

① 《少墟集》卷六《学会约》。此约收入万历刊本《关中书院志》卷三《学约》，但改名《会约》，与《朱文公白鹿洞教规》并列。
② 《少墟集》卷五。同卷还有明人周宇《关中士夫会约原序》、周传诵《关中会语跋》、秦可贞《关中会语述》，可资参考。
③ 冯从吾《答朱平涵同年》称："弟素多病，丙申归来，贱体颇适，因与山林旧游立会讲学于宝庆寺。不意自戊戌一病，闭关九年，至丙午冬始复举宝庆之会。而己酉冬，藩臬诸公为寺中不便，特为弟辟一书院。虽讲有专所，同志益为兴起，第愧弟不足以当之耳。"见《少墟集》卷一五。
④ 冯从吾：《关中书院记》，载《关中书院志》卷五，又见《少墟集》卷一五。按《关中书院志》，万历四十一年陕西巡抚崔应麒序刊，分公移、建造、学约、讲章、文、诗、公田、书籍、器物等九卷。是记录关中建院讲学及其学会运作的原始资料，可资参考。
⑤ 冯从吾《圣学启关臆说序》称："万历甲寅仲夏二日，按台紫海龙公偕茶台见平张公会讲关中书院，乡士大夫及孝廉诸生约千有余人，而环桥观听者不可胜计，济济雍雍如也。"见《少墟集》卷一三。又，卷一五有《关中书院科第题名记》，载冯氏门人万历四十年中试题名情况，由科举、辞章、文学，而至德行、政事，提出"虽然书院之讲，固不专为科第，而即科第亦足见书院讲学之益"。

十余年，"四方从学，至五千余人"。① 由此，关中之学与关中书院大盛于晚明。天启五年（1625），书院毁于魏忠贤。及至清康熙年间，李颙再开讲会于院中，关学得以复兴。冯从吾有《关中书院语录》传世。②

太华书院讲会　在陕西华阴县青柯坪。太华之会始于万历三十六年（1608）春，时冯从吾率同志周传诵、刘养性等及门人数十人，游学华山，华阴知县崔时芳、教谕张辉（号去浮）率群弟子来会，开讲于岳庙灏灵楼。"华阴士之知讲学，实自此始"。③ 次年冬，崔知县改青柯坪之署为书院，以为讲会之所。四十年（1612）春，冯率同志及门人百余人，再"会于太华书院，盘桓十数日始归"。④ 因辑录两次会讲之语，刻为《太华书院会语》二卷。⑤

弘运书院讲会　在山西运城。天启三年（1623），巡盐御史李日宣创建弘运书院，"买田取租，供赡会事"，请安邑人曹于汴主讲席。曹则"时时联朋聚讲"，大开"学会"于院中。⑥ 黎城人李甲黄在此"折朱陆同异"，夏县人裴鹤章"谈天人一贯之理"，皆有名于时。继曹主盟者为安邑人吕崇烈。

---

① 王心敬：《关学续编》卷一《少墟冯先生》。见冯从吾《关学编（附续编）》，中华书局，1987，第74页。
② 见《少墟集》卷一二，有三十余条，涉及良知精一之说、存心养性、道心率性、人心道心、日用百姓、天理人欲、圣贤之学、允执厥中等等问题。
③ 张辉：《太华初盟》，见《少墟集》卷一〇。
④ 冯从吾：《太华书院会语》，见《少墟集》卷一〇。
⑤ 见《少墟集》卷九、卷一〇。卷一〇有《太华书院会语附录》，收有崔时芳《太华书院》，张辉《太华初盟》，刘养性《游太华会讲灏灵楼》、《壬子春月冯仲好直指赴新辟太华书院讲座，余病未偕，诗以送之》，周传诵《游华麓纪事》《重游华山有感》，胡如楠《青柯坪听讲》等诗文，涉及太华会讲建院诸情况，可资参考。
⑥ 《仰节堂集》卷四《重修志道书院置田供赡碑记》。

他"抠衣升堂,颂礼甚严,指示如梧叶秋雨,清快宜人,又如剥蕉抽茧,条分缕析,晋人士多从游"。[①] 吕为崇祯十六年(1643)进士,仕清官至礼部左侍郎。可知弘运讲会,跨越明清两代,难能可贵。曹于汴有《育才馆同志录序》,[②] 记明末学会同志姓名、字贯,以明其"同志居仁,同志由义"之义。

首善书院讲会 在京师(今北京)大时雍坊。首善之会缘起于天启元年(1621)秋之城隍庙"约会讲学"。当时都察院左都御史、左副都御史邹元标、冯从吾,及高攀龙、杨东明、曹于汴、邹德泳等在京官员,以"同志"而"云集",每月逢三有荐绅先生之会,逢八有举监生儒布衣之会,午集而酉散,"不设酒醴,不用柬邀,不谈朝政,不谈私事,不谈仙佛"。千言万语,不出儒家五伦和高皇帝圣谕六条,[③] 以"人人可来",而致座不能容。次年,御史台同仁集资购民房改为首善书院,以为邹、冯二人讲学之所。内阁首辅叶向高作记,左通政何乔远作上梁文,[④] 皆予推崇,以京师首善之地始有书院讲学为庆。高攀龙等"时与讲会",但很快招致反对者东林朋党之指。开讲不久,邹、冯先后离京。[⑤] 五年(1625),诏毁天下书院,首善首当其冲,院废碑碎。崇祯间改为历局、天主堂。

---

① 雍正《山西通志》卷三六载李日宣建院事,卷一三七记李甲黄讲学事,卷一三九则记裴、吕事,《景印文渊阁四库全书》第774册。
② 见《仰节堂集》卷一。
③ 冯从吾:《都门稿·语录·自序》,见冯氏《冯恭定全书》续集卷二,康熙刻本。
④ 叶向高:《首善书院记》、何乔远:《首善书院上梁文》,皆见清人王昶《天下书院总志》卷一,清抄本。
⑤ 《东林列传》卷二《高攀龙传》。

第七章 由讲会而社团：天下东林讲学书院

明代禁毁书院，既缘于书院的讲学，更隐含大量的政治因素。明末流行的"天下东林讲学书院"，就是一个由讲学而泛化为政治的典型。自万历后期而历泰昌、天启、崇祯，甚至清初，在相当长的一段时间内，人们都在讨论它，它也实实在在地影响着当时书院的生存状态和发展方向。同时，在某种程度上，它也决定了清初书院的走向，当引起特别注意。

书院之所以被泛政治化，是因为反对派将书院视为讲学而涉政的社会团体，涉及书院的社团化问题。我们知道，明代中后期，读书人或联讲会，或开学会，或结社为盟，形成了很多社团组织。书院本为士人讲学之所，士风激荡，也就创造出颇具时代特色的社团书院。之所以称作社团书院，是因为这类书院"凡学必有约，凡会必有规"，① 会有统，会有期，会有仪，会有图，会有辅，会有指，会有录，会有论，会有程，会有

---

① 《共学书院志》卷上《共学书院会规》。

章，会有戒，① 宗旨明确，制度严明，已经具备了现代社团的基本特质。约而言之，这些书院定有"会约""会规""规约""规程""规章"等标举自己学术特点、学术追求、政治倾向的章程，必须遵守这些章程才能加入其中，因此凡与会者得称"同志""同盟"。入会之后，必须将各人姓氏、籍贯、年龄、入会时间等登记入"门籍""会簿""同门录"等名目的花名册中，"一以稽赴会之疏密，验现在之勤惰；一以稽赴会之人他日何所究竟，作将来之法戒也"。② 会中讲学的内容，以"讲章语录""会语""商语""会纪"等名目记录下来。各会基本上都有自己的书院，或者讲会本身就是书院主办的，与会者或在其中讲学、授业、传道，或在其中著书立说、出版图书，皆视书院为大本营。如遇有不同主张者，他们又将书院视作与其他各会进行学术交流的基地。因此，我们称这类书院为社团书院。

社团书院虽为地方公众所兴办，但除了一般的儒家教育外，兴办者更以追求共同的学术主张，甚至政治理念为第一要务。因此，社团书院与一般书院至少有三个区别：一是受业者年龄，前者为父兄（包括子弟），后者为子弟，也就是说，社团书院基本上是以成人为主的书院；二是追求目标，前者重学术主张，后者重知识传授；三是运作方式，前者重讲会、会讲，即学术交流，后者重授受考课。

立书院与联讲会（学会），是社团书院运作形式的一大特色。如前所述，讲会（学会）既是一种学术组织、学术团体，

---

① 以上几条，为方学渐万历三十八年（1610）所作的《崇实会约》条目，该条约为当时徽州六邑书院所共遵。
② 顾宪成：《东林书院会约仪式》，见《东林书院志》卷二，第30页。

| 第七章 由讲会而社团：天下东林讲学书院 |

又是书院固有的学术讨论活动。从某种意义上讲，讲会和书院之间的关系从组织形式上看是并行而各自独立的。但实际上，由于"讲学"这一共同事业，"会讲"这一共用的讲学形式等原因，书院和讲会两者往往连体共存，以"立书院，联讲会，相望于远近"为其生存状态。讲会和书院的结合，是王、湛及其后学寻求学术自由的明智选择，也寄托着社团书院的讲学精神，乃至政治理念。著名的讲会很多，王守仁与其弟子钱德洪、王畿经营的越中书院讲会、姚江书院讲会，王题写《惜阴说》而予指导的江右王门书院惜阴会，有关情况已备记于前，此不赘述。以下我们将以统属于"天下东林讲学书院"的紫阳书院讲会、仁文书院讲会、东林书院讲会、关中书院讲会、首善书院讲会为例，来揭示这类书院的社团属性，及其带有时代烙印的学术特色与隐含其中的政治倾向。

第一节 天下东林讲学书院概说

《明史》卷二二《熹宗本纪》载：天启五年"八月壬午，毁天下东林讲学书院"。何谓"天下东林讲学书院"？这在当时就是一个既明确而又含混的指称。说它明确，是因为矛头直指东林书院，说它含混，则是因为凡讲学者皆可指为东林党人，泛涉无限。查当年张讷请毁之疏和魏忠贤的矫旨，内有"其东林、关中、江右、徽州一切书院，诸着拆毁"之语。由"东林"则推及"关中"，已经是扩大化，但"关中"还有具体书院可以指认，不至泛化。江右、徽州则是地域名称，若称其地的一切书院，则不能和代表具体书院名称的东林、关中并列。如今这四者并列，只能说明阉党自己也是心中无数，只是泛泛而称，用以打击可能的敌人而已。此或犹可恕之。毕竟疏

231

旨中曾经点过邹元标、余懋衡等人的名字，由人推院，我们还可以将邹元标家乡的吉水仁文书院，余氏家乡的新安紫阳、还古书院与江右、徽州去做勉强的对应。然则当时的实际情况却更为离谱。诚如前引孙承泽所说，是"人不知有各处书院也，而统谓之东林，又不知东林所自始也，而但借此二字以为排陷君子之具"。更有甚者，无论好事坏事，都牵扯到东林。"乃言国本者谓之东林，争科场者谓之东林，攻逆奄者谓之东林，以至言夺情、奸相、讨贼，凡一议之正，一人之不随流俗者，无不谓之东林。若似乎东林标榜遍于域中，延于数世。"① 到崇祯年间诛灭魏忠贤之后，还有人"复倡党说"，凡持不同意见者，都被指为东林。其时"政事日新，议论日奇，刑尚苛刻，而以言宽大者为东林；饷主加派，而以言减免者为东林；兵议款抚，而以言战剿者为东林；监视四出，而以言罢遣者为东林；至政本之地，司马之堂，前后闻凶，俱衣绯办事，而言纲常者为东林"。② 由此可见，在明代末年，"东林"完全被泛政治化了，可以说与东林书院、东林讲学毫无关系，此即所谓"排陷君子之具"。它使得"天下东林讲学书院"无所不在，无所不能。

"东林何不幸而有是也？东林何幸而有是也？然则，东林岂真有名目哉？亦小人者加之名目而已矣！"③ 这是黄宗羲在写《东林学案》时所发出的千古感慨。平心而论，东林之幸，在于它讲学而成为天下书院的代表与象征；东林之不幸，在于它清议而成为人间正义的化身与希望，它既是真名目，也是小人所加之名目。

---

① 《明儒学案》卷五八《东林学案一》，第1375页。
② 孙承泽：《书院考跋》，见《畿辅通志》卷一一二，雍正十三年刻本。
③ 《明儒学案》卷五八《东林学案一》，第1375页。

第七章 由讲会而社团：天下东林讲学书院

"天下东林讲学书院"，是以东林书院为代表的一个有着鲜明学术特色和政治倾向的书院群体，其范围也大致不外乎阉党魏忠贤所要拆毁的东林书院、关中书院、仁文书院、紫阳书院、首善书院。有关东林、首善书院的情况将做专题讨论，其他各书院的情况略述如下。

关中书院在陕西西安。万历三十七年（1609），布政使汪可受，按察使李天麟，参政杜应占、闵洪学，副使陈宁、段猷显等建于府治东南安仁坊，请"关西夫子"冯从吾讲学其中。冯原本讲学于城东南宝庆寺，学者甚众，寺不能容，故汪氏等特建此院，迎其讲学。有讲堂六楹，题曰"允执"，取"允执厥中"之意，其他号房、斋舍、门廊、亭阁、池桥等应有尽有，规模宏敞。冯定有《学会约》《关中士大夫会约》，以为讲学会讲的规章制度。冯从吾居院讲学十余年，四方从游者五千余人，使关中之学蔚为大观。天启五年（1625），书院毁于阉党王绍徽、乔应甲之手。七年（1627），冯逝世。崇祯元年（1628），书院重建。

冯从吾主讲的关中书院，是明清之际关中学派的大本营，它和东林书院有很多类似之处，成东西呼应之势。学术上，冯师事许孚远于正学书院，《明儒学案》将其归于甘泉学派。但他对王阳明非常尊重，称"阳明先生揭以致良知一言，真大有功于圣学，不可轻议"。[①] 不仅如此，他对程朱理学亦十分尊重，尤其是其编纂《关学编》，全面总结以张载为主的关中理学时，思想上更倾向于隔合朱陆，回归孔孟，属于当时比较典型的由心学转向理学的学术代表。他讲学各地书院，留下了《关中书院语录》《太华书院会语》等讲义语录，尤其是天启

---

① 冯从吾：《宝庆寺学会约》，见《少墟集》卷六。

二年和邹元标主讲首善书院时，与朱童蒙等辩争，指禁讲学为非，认为王守仁"当兵戈倥偬之际，不废讲学，卒能成功"。因此，他自己也要"不恤毁誉，不恤得失"而坚持书院讲学。① 其讲学主张，强调"躬行""救时"。尽管有"会期讲论，勿及朝廷利害、边报差除及官长贤否、政事得失"的《会约》规定，但冯氏更加看重"正以国家多事，人臣大义不可不明"② 的讲学理念。这和东林书院的情况，颇为相似。冯从吾及关中书院的政治关涉，既有自己的主动进入，亦有阉党的加害因素。

仁文书院在江西吉水县，原名文江书院。万历八年（1580），张居政毁天下书院，"市地民间"。知县陈与相用官俸购买后，送给邹元标作居室，院舍免遭拆毁之劫，但不得办学。十一年（1583），即张居正死后次年，邹以"复书院请，上报曰可"。于是，他将院舍全部交还给知县徐学聚，"以待来学"。徐扩建之后，改名仁文书院，并请邹作记以教诸生。记称："余吉彬彬，海内称为邹鲁，往学禁方炽，独余吉不少变仁为己任，继往开来，吾于诸君有厚望焉。元标进未得行斯道于朝，退愿得行斯道于野，俾乡子弟孝友忠信，雍雍翼翼，庶上不负今天子明圣之世，下不负良有司振作之美，而余眷眷欲开斯地之意，庶几其不孤也欤！"③ 由此可见，作为反张居正毁书院的产物，仁文书院一开始就是作为邹元标讲学的大本营而建设的。其后知县黄流芳、沈裕相继扩建，邹则长期讲学其中，直至天启四年（1624）逝世。五年（1625），魏忠贤毁书院，院舍大都有拆售，邹亦遭削夺官职。至崇祯十五年

---

① 《明儒学案》卷四一《甘泉学案五》，第984页。
② 《关学续编》卷一《少墟冯先生》。
③ 邹元标：《仁文书院记》，见光绪《江西通志》卷八一。

（1642），始重建书院。

邹元标万历五年（1577）中进士，即以"夺情"之谏而得罪张居正。从此，一生仕途不顺，但与书院情缘颇深。张居正死，即奏复书院，天启初年与冯从吾主讲京师首善书院。而其居家讲学前后三十年，以仁文书院为大本营，不仅足迹遍布江右书院，与吴越、楚湘、中州、秦晋各地讲学之名儒亦皆有往来。他曾应顾宪成之约为东林书院作《依庸堂记》，高攀龙也有《答邹南皋先生》书传世，而其《柬东林书院诸同盟书》更是他与东林书院交往的见证。其中有他为东林所作的两副楹联，一曰"坐间谈论人，可贤可圣；日用寻常事，即性即天"；二曰"光天下做个人，须循着规规矩矩；落地来有场事，要识得皓皓巍巍"。[1] 从中我们可以看到，邹元标不仅与东林往来密切，且其讲学志趣亦与后者大体相同。

徽州紫阳书院在府城歙县，奉祀郡人理学大师朱熹。自宋理宗赐额以来，即成为朱子之乡徽州（新安）六邑（歙县、休宁、黟县、绩溪、祁门、婺源）的骄傲。它既是程朱理学的基地，又是徽州的文化象征。正德七年（1512），知府熊世芳重修，王守仁为作《紫阳书院集序》，揭一"心"字示诸生，从此阳明心学渗入。嘉靖、隆庆间，巡抚周名斗、督学耿定理等皆以王学名家修葺书院，传道其中，然对朱子之学也不得不表示足够的尊重。万历二十二年（1594），休宁还古书院创建，成为王学举行讲会的中心。王门高足邹守益、王艮、钱德江、王畿等皆来主盟讲学，数开徽州六邑大会，每会十天，听众数百上千，大倡心学，其势盖越紫阳，新安遂成王学重镇。尤其是万历三十一年（1603）大会，"环听千人，辩难不

---

[1] 《东林书院志》卷一七，第647页。

生，满堂若琴瑟之专一，佥谓心学复明，一扫支离"，对朱子之学发动了明目张胆的攻击。四十三年（1615）大会，主坛金凤仪又极力诋毁朱熹之学，而歙县吴崇文力主朱学，起而辩驳，剖析异同。这是徽州学风由王转朱的一个标志。对此，当时的与会者汪佑曾说："还古癸卯（万历三十一年）之会，自祝侯腾说山阴，主教重衍新建，其时环听千人，辩难不生，满堂若琴瑟之专一，佥谓心学复明，一扫支离也。迨乙卯（万历四十三年）再会还古，歙县吴崇文问道东林，追宗正学，见主会力诋朱注，不得不指点厉阶，辩晰异同。固讲学闲距之大端也，岂以有争无争为会堂隆替哉？若金先生调剂之说，曰：'今日诸友所争皆为君子。'又曰：'诸公哄然争论，种种不同，皆是千紫万红。'其言其旨。"①

天启元年（1621）大会，邀东林书院高攀龙主盟。尽管高深知徽州久依姚江之学，口舌难胜，婉拒赴会，仅撰《教言》十五则寄会中同志，但其声援之意甚明。这是徽州本土学者扭转王学之弊的一个有力举措。对此，汪佑也有说法，其称："新安大会，自正德乙亥至天启辛酉，百有七年。会讲大旨，非良知莫宗，若主教诸贤，多姚江高座，暨其流派，盖向往不分，故询谋佥同也。乃辛酉轮休，休士何景企梁溪而往宗之。梁溪思以道易世，胡不贲临休邑，而以正学相勖？倘亦闻徽士久归依越学，难以口舌争，姑出所论著遥寄相印可与？"② 五年，魏忠贤毁天下书院，还古作价630两白银售卖而废。崇祯元年（1628）重建。明清之际，徽州士人以紫阳、还古等书院再开徽州六邑大会，所讲则由王而朱，

---

① 《还古书院志》卷一一《会纪》，万历四十三年汪佑按语。
② 《还古书院志》卷一一《会纪》，天启元年汪佑按语。

已是另一种景象。①

受阉党点名请赐处分的余懋衡，为徽州婺源人，和朱熹是小同乡。万历二十年（1592）中进士，任永新知县，倡建明新书院，联讲会讲实用之学，邹元标为之作记。后任陕西巡按，建正学书院，与冯从吾讲学其中。天启初年，在京师参与邹元标、冯从吾的首善书院讲会，在家乡则集多士讲学紫阳书院，参与徽州大会，复于福山书院联讲会，讲学福教堂等。因而张讷指其与邹、冯等人"南北主盟，互相雄长，请赐处分"。② 天启五年（1625），婺源紫阳、福山书院被毁，余则遭削夺，至崇祯年间始复职。

第二节　东林书院的重建及其重构学统的讲学活动

东林书院在江苏无锡。北宋政和元年（1111），理学家杨时创建于城东。杨时是理学大师程颢、程颐的高足。在中国思想史上，杨时以南传师说而著称。东林书院即杨时弘扬师说、传播理学的重要基地。他居院讲学十八年，成就众多人才。其学传至朱熹，终于集大成而成为影响古代中国社会数百年的官方哲学。因此，东林书院也就因承接程朱而有"洛闽中枢"之称，备受人们的关注。南宋初年，金兵南掠，杨时遂南归故里福建将乐，书院渐至废毁。南宋中期，理学大盛，无锡士人建祠堂祀杨时，并称龟山书院。元至正十年（1350），僧人改

---

① 以上参阅季啸风主编《中国书院辞典》，第80—81、87—88页，《还古书院志》卷一一之《会纪》部分。
② 《明熹宗实录》卷六二。

为东林庵。自此遂为佛教传道之所者二百余年。

明成化年间，邵宝重建书院于城南，以举人之身，"聚徒讲诵于其间"。邵中进士入仕为官后，其址"复荒"，而为邑人华云所有。华为邵氏门人，"仍让其地为书院，以昭先生之迹，而复龟山之旧"。此举得到知县高文豸支持。于是，应邵宝本人及高知县之请，王守仁为之作记，时在正德八年（1513）。记称：

> 东林书院者，宋龟山杨先生讲学之所也。龟山殁，其地化为僧区，而其学亦遂沦入于佛老、训诂、词章者且四百年。……若夫龟山之学，得之程氏，上接孔、孟，而下启罗、李、晦庵，统绪相承，断无可疑。顾世犹疑其晚流于佛，此其趋向毫厘之不容于无辨，先生必尝讲之精矣。先生乐意谦虚，德器溶然，不见喜怒，人之悦而从之，若百川之趋大海。论者以为有龟山之风，非有得于其学宜莫能之。然而世之宗先生者，或以其文翰之工，或以其学术之邃，或以其政事之良。先生之心，其殆未以是足也。从先生游者，其以予言而求先生之心，以先生之心而求龟山之学。庶乎书院之复，为不虚矣！①

非常明显，王守仁虽然对杨时南传道学之功表示了足够的尊重，但质疑龟山之学晚而"沦入于佛老"的原因，并期望以邵宝之心而上求于龟山之学，实有以心学而救龟山之学的意思。

嘉靖、隆庆、万历三朝，王学大兴。嘉靖十三年（1534）

---

① 王守仁：《东林书院记》，《王阳明全集》卷二三，第898—899页。

第七章 由讲会而社团：天下东林讲学书院

提学闻人诠、隆庆元年（1567）提学耿定理、万历元年（1573）提学谢廷杰，皆曾应当地王门后学之请，议准修复东林书院。① 尤其是泰州学派主将之一的耿定理倡道南京，其崇拜者盛罄曾经在隆庆元年、万历元年两次具呈请求修复书院，并得到学院批准。可惜直至万历七年（1579）盛氏逝世，其"修复雅意"仍是"虚愿"。尽管如此，这次长达十余年的努力，仍足以表明王门后学对东林书院的重视。此事历来不为人注意，其原委仅见于盛淳追忆父亲诗作的小序中，有必要揭示如下：

> 先子敦玄，门下士追称文玄子，好古博学，文章行谊卓然于时，为四方名公所器重。会耿宗师倡明斯道，先子黾勉以从。因念吾〔无〕锡东林为杨龟山先生讲学处，遂图修复。于隆庆丁卯、万历癸酉两具呈学院，蒙批允行。将会同志鸠工聚材，薪竣厥业。不幸于戊寅之三月，先子即世〔逝〕，修复雅意竟成虚愿，能无俟后之君子乎！垂三十年甲辰，顾泾阳诸缙绅先生，乃缘未就之绪，经纪其成。左复道南祠，右建堂。群贤时至，远近交集，而龟山讲学之风复振，一如先子所志焉。九原有知，良足慰已耶。次东字韵，以叙今昔废兴之感云。
>
> 道南遗泽在兹东，先子殷勤觅往踪。
> 远控江门盟主定，近邀朋辈众心同。
> 文坛尚尔疑残雪，讲席依然振古风。
> 莫谓数奇功未就，倡之必和在群公。②

---

① 《东林书院志》卷二一《东林轶事》，第790页。
② 盛淳：《东林书院成追忆先子》，见《东林书院志》卷一八，第708页。

239

可知，自正德八年（1513）至万历张居正禁毁书院之际，王守仁及其后学，都曾有过经营东林书院以"倡明斯道"的努力。

万历三十二年（1604）二月，顾宪成、高攀龙以系道脉、树风声为己任，率顾允成、安希范、刘元珍、史孟麟及陈幼学、叶茂才、张大受、钱一本、王永图等倡导捐资修复书院，并得到常州府、无锡县以及相邻的苏州、松州、嘉兴三府在职官员的资助。四月始动工，重建东林书院于城东故址。九月，书院落成，共费1200余两白银。有大门、牌坊、东林精舍、丽泽、依庸二堂及燕居庙、道南祠、藏书楼、山房、草庐、书斋、学舍等建筑，奉孔子，祀杨时，置田200亩、地16亩，以为院中经费。常州府知府欧阳东凤作《重修东林书院记》，无锡知县林宰作《重修道南祠记》，邹元标作《依庸堂记》，以揭书院历史沿革、学术追求。

重建后的东林，不同于一般书院，没有属于弟子之列的诸生常年在院学习，而是同志诸君子的讲会场所。每年大会十日，每月小会三日，是一所典型的社团型书院。顾宪成制定的《东林会约》，是院中同志必须共同遵守的会章。其中的《会约仪式》即就会中组织、会期等具体问题做出规定。大会、小会皆推会主一人主持讲会，"每会推一人为主说四书一章"。大会设知宾负责接待。每会皆设门籍登记会中同志情况，"一以稽赴会中疏密，验现在之勤惰，一以稽赴会之人他日何所究竟，将作来之法戒也"。①

顾宪成的《东林会约》② 是标明东林书院讲学宗旨、治学

---

① 顾宪成：《顾泾阳先生东林会约·会约仪式》，见《东林书院志》卷二，第30页。

② 顾宪成：《顾泾阳先生东林会约》，见《东林书院志》卷二，第10—31页。以下凡引此约而未标明出处者，皆出于此。

第七章 由讲会而社团：天下东林讲学书院

之方、学术趋向的纲领性文件。它首列孔子、颜子（渊）、曾子（参）、子思、孟子为学要旨，次揭朱熹《白鹿洞书院学规》，复次引申朱规而开列"饬四要、破二惑、崇九益、屏九损"诸条。其意在阐明东林书院继承杨时精神，上承周程，下接朱熹，以程朱理学反对王学陋习的学术主张。这是重构学统的大动作，其目的就是要将正嘉以来已经挤入东林的王学重新排挤出去。关于这一点，重修《东林书院志》的许献在《会约》的按语中有明白的表述，其称："泾阳先生爰作《会约》以谂同志，而景逸先生为之序。首列孔、颜、曾、思、孟，明统宗也；次《白鹿洞学规》，定法程也。申之以饬四要、辨二惑、崇九益、屏九损，卫道救时，周详恳到。其间阐提性善之旨，以辟阳明子天泉证道之失，尤见一时障川回澜之力。"①

"四要"指知本（又作识性）、立志、尊经、审几，都是为学、治学、讲学最紧要的"关头"。继顾、高而主盟东林的吴桂森曾说："所谓四要者，一曰识性，绎白鹿洞规则可以识性也。一曰立志，以圣人必可为学志也。一曰尊经，以五经四书为常道而尊之也。一曰审几，审下讲学一念诚耶伪耶？为己耶为人耶？四者，入学最紧切关头，故提之为要云。"

"二惑"指世人对讲学的两点疑惑。一是"讲学迂阔而不切，又高远而难从"，二是"学顾躬行"即可，"将焉用讲"。顾宪成认为，此其不当惑也不必惑者。"不当惑而惑，昧也；不必惑而惑，懦也。协而破之，是在吾党。"吴桂森的阐释更为明了，其称："二惑者，一则曰讲学迂阔而不切，又高远而难从。如朱子洞规，皆须臾不可离，曷云迂阔？夫妇所可知

---

① 顾宪成：《顾泾阳先生东林会约》，见《东林书院志》卷二，第10页。

能,曷云高远?此不当惑者也。一则曰学顾力行何如耳,若讲之而所行则非,何益。不知此病在所行,而非所讲耳。岂得亿逆其行,而先诟讲学也。此不必惑者也。世之病讲学者,靡不借口二端,故为云破其惑云。"

"九益"既讲讲学的好处,也讲讲学的方法,"皆致益之道,协而崇之,是在吾党"。具体内容是,第一,讲学可以以道义相切磨,进到圣贤之域。第二,四方的宿学硕儒齐集,"其有向慕而来者,即草野之齐民、总角之童子,皆得环以听教"。第三,会讲时,"耳目一新,精神自奋,默默相对,万虑俱澄"。第四,当会之时,"非仁义不谈,非礼法不动,瞻听之久,渐摩之熟,气体为移,肺肝为易,一切凡情俗态,不觉荡然而尽"。第五,四方学者不远万里寻师觅友,济济一堂,相互切磋,声应气求。第六,一人的见闻有限,众人的见闻无限,会讲可以使人广见博闻,个人钻研累月累日,旁搜六合,邀求千古而不得。一旦举而质诸大众之中,便相悦以解。第七,一日之中可以"追按其既往","预筹其将来",起旧图新。第八,使人感到责我也周,望我也厚,爱我也至,而不敢妄自菲薄,聊自姑息。第九,"会以明学,学以明道",从本根出枝叶,从明道来立言、立功、立节。对此,吴桂森也有过概括。其称:"九益者,国家设学,本教人为圣为贤,非止科名,讲学庶几不负,一也。广联同志,二也。指视森严,三也。整肃习气,四也。寻师觅友,五也。广见博闻,六也。一日之中,可以按既往,可以筹将来,七也。人之责望我者甚重,八也。我之自树立者方真,九也。凡此之益,陶铸生平,岂系细事,故欲人知所取。"

"九损"是指鄙、僻、贼、浮、妄、怙、悖、满、莽等九种毛病。其中的浮,具体指"或评有司短长,或议乡井曲直,

第七章 由讲会而社团：天下东林讲学书院

或诉自己不平"。顾宪成认为："此皆致损之道，协而屏之，是在吾党。"吴桂森对"九损"有过简要的说法，其称："比昵狎玩，鄙也。党同伐异，僻也。假公行私，贼也。评议是非，浮也。谈论琐怪，妄也。文过饰非，怙也。多言人过，悻也。执是争辩，满也。道听途说，莽也。于此少不敬谨，有不觉日入于损者，故欲人所知戒。"

历史上，对东林发展做出贡献的人很多，著名者有所谓"东林八君子"之称，他们是顾宪成、顾允成、高攀龙、安希范、刘元珍、叶茂才、钱一本、薛敷教，其中前六人都是无锡人，故又有"无锡六君子"之称。但就讲学而言，终明之世，真正主盟东林者，则仅为顾宪成、高攀龙、吴桂森三人。

顾宪成人称东林先生，自万历三十二年（1604）开讲，到四十年（1612）逝世为止，首为东林主盟，前后有八年之久。这是东林讲学最兴盛的时期，尤其是前五年，"缙绅辐凑〔辏〕，其时盛而繁"，后三年由于卷入淮抚入阁、京察等政治事件，"见崎于当途"，讲学受到影响。[1] 尽管顾宪成曾写信给临时顶替自己主持会务的高攀龙，有"大会只照旧为要。世局无常，吾道有常，岂得以彼妇之口，遽易吾常，作小家相哉"[2] 的说法，强调要按时举行讲会，但终因政局的制约，自御史徐兆奎在万历三十九年上疏，称"今日天下大势尽趋东林，今年计典之误，实由于此"[3] 之后，"东林书院"日渐为"东林党"所取代，讲学活动被迫步入低谷。查记录顾宪成讲

---

[1] 吴桂森：《息斋笔记》："东林开讲于甲辰（万历三十二年），缙绅辐凑〔辏〕，其时盛而繁。未几，见崎于当途。庚戌（三十八年）以后，渐简渐真。癸丑（四十一年）讲《易》，则二三君子苍然隆冬之松柏矣。"
[2] 顾宪成：《泾皋藏稿》卷五，明刻本。
[3] 《明神宗实录》卷四八三。

学情况的《东林商语》,① 万历三十六年（1608），他虽曾赴任南京光禄寺少卿，也还有十六条语录在案，此后却戛然而不见任何记载。这也从侧面反映出，东林讲学自三十七年（1609）开始，已经确实是"渐简渐真"了。

高攀龙从东林重建开始，就协助顾宪成主掌书院事务，但真正主盟东林，则是在顾逝世之后。自万历四十年至天启元年（1612—1621）北上任御史，前后有十个年头。其时他审定《东林讲会规则》，仍然坚持讲学，留有《东林论学语》二百余则,② 但东林已经卷入党争甚深。问政而坚持讲学，应该是这个时期的特点。志载，自万历四十年、四十一年（1612、1613）以后，东林"锋镝纷起"，他们勇敢面对，"谓此吾辈一大炉缸，不如是，真者不成其真，赝者不成其赝，东林不成其东林"。③

吴桂森主盟东林，始于天启元年（1621）冬高攀龙北上之日，直到他崇祯五年（1632）逝世止，前后十二年。历经天启五年书院被废和崇祯元年奉命修复书院，悲喜交加，全力维持。其最盛者，为天启初年，"是时群贤蔚起，而景逸在都中以政暇讲学于首善书院，三千里外遥相应和，一时大儒如少墟冯（从吾）先生、南皋邹（元标）先生辈，闻东林有先生，群然向往，脉脉神交"。④ 但毕竟禁毁惨烈，崇祯修复之后，讲学虽宗顾、高而本程、朱，但已是"即如鹅湖、姚江之辩，

---

① 顾宪成：《东林商语》上下卷，见《东林书院志》卷三、卷四，第38—87页。
② 高攀龙：《东林论学语》上下卷，见《东林书院志》卷五、卷六，第61—159页。
③ 《东林书院志》卷八《刘（元珍）本孺先生传》按语，第295页。
④ 邹期桢：《（吴桂森）墓志铭》，见《东林书院志》卷九，第329页。

第七章　由讲会而社团：天下东林讲学书院

亦不必再烦拟议"，并且"绝议论以乐时"，"自今谈经论道之外，凡朝廷之上、郡邑之间是非得失，一切有闻不谈，有问不对"。① 全然已无昔日景象，实在维持而已。

吴桂森以后，"东林遂无主盟。嗣后，丽泽堂会讲亦辍"。直至崇祯十六年（1643）高世泰以湖广提学副使致仕归家，渐次修复书院，"主盟东林者历三十有四年"，② 但这却是他在清初以明遗民身份所从事的事情了，明朝已亡于其归家后之二年。

第三节　社团与政治：东林开创的书院新传统

东林书院一堂师友，冷风热血，洗涤乾坤，从一个明代中期既有的社团性传统出发，在官方的禁毁中，顽强地坚持二十余年，开创了书院扭转学术风气，关心天下时政的新传统。

东林书院的社团属性是显而易见的。它首先来自当年聚会诸友的共识。东林首创同人中，大多都有讲学地方的经历。顾宪成自万历二十二年（1594）因主持吏部考选忤逆皇帝与权臣之意罢官，讲学十年，"泾里家学""连年弟子云集"，又筑"同人堂"，"月集诸从游者会焉"。③ 高攀龙在无锡城有乐志堂，尝"偕四郡同志会讲"其中。刘元珍在常州城居家讲学，与钱一本共倡"同善会"，"表章节义，优恤鳏寡"。钱一本在武进筑经正堂讲学。武进、无锡皆属常州府，南北相望，不出百里。顾宪成在万历二十六年（1598）曾说："我吴尽多君子，若能联属为一，相牵相引，按天地之善脉于无穷，岂非大

---

① 吴桂森：《东林会约》，见《东林书院志》卷二，第32页。
② 《东林书院志》卷二一《东林轶事》，第802页。
③ 康熙《无锡县志》卷七，康熙刻本。

胜事哉！"① 这表明他迫切希望将吴地同人君子结为会社，将原来分散的讲学活动"联属"成统一的组织。他还曾对高攀龙说："日月逝矣，百工居肆以成事，吾曹可无讲习之所乎？"② 东林书院的重建，就是这种结社意愿得以完成的表现。

其次，《东林会约》作为书院的规章，标示着东林的学术主张，甚至政治倾向。规定以会籍登记书院讲会同人，会中称"同志友""同志""吾党""各郡各县同志""同志会集"等，都显示出书院操作程序的社团特性。

最后，当时就有人称书院为"东林社"。如武进人胡佳胤曾说："（万历三十七年）仲秋十九日，吴子往邀余入东林社。时泾阳先生为会主，而高、刘诸公冀之。予与子往，及一方外楚人为客，列东西坐。坐定，泾阳先生讲《孟子》首章，析义利之旨。自是互相送难，及尽心、天命诸义。讲罢，一人从东席趋下，正立揖，出所书魏庄渠先生励学语读一过，闻者悚然。罢会，设鸡黍供客，酒数巡，各散出。微言久绝，此会为东南领袖，风动四方，真千古一事矣！"③ 胡氏所记，正是当年社团型书院讲学的一般情形，宜乎其将东林书院称作东林社。

扭转学术风气，是东林书院讲学的首要任务，因而学术史上有"东林学派"之称。其一，有鉴于王学末流之弊，东林诸君皆思起而救之。重建东林院舍时，他们回避正德以来王守仁及王门后学建设东林的努力，故意将王的《东林书院记》改作《城南东林书院记》，意在绕过阳明的存在，而将自己的

---

① 《泾皋藏稿》卷五。
② 高攀龙：《（顾宪成）行状》，见《东林书院志》卷七，第212页。
③ 《东林书院志》卷二一《东林轶事》，第795页。

第七章　由讲会而社团：天下东林讲学书院

行为上接于杨时。

其二，直接开展对王学的批评。如欧阳东凤就称："龟山者，固程夫子所目为道南者也。晋陵之有宋儒学也，自龟山始也。……嗟乎！世皆以新会之自然，姚江之良知为第一义，而究其所以，实非于人性上另添一物也。主敬主此，穷理穷此，亦非于率性外另为一事也。何必曰千古秘密至今日始泄机，欲闻宋儒之统哉！余为此惧，私心时时念之，幸而有人焉，超然反其所自始，相与联集同好，恢宏遗绪，此其尊德乐道，又非第泛涉其涯而已。"① 其矛头已直指王、湛，惟言语尚且平实。而顾宪成讲学，首揭"明善同人之旨"，"于阳明无善无恶一语，辩难不遗余力，以为坏天下教法，自斯言始"，② 已经很不客气了。"自顿悟之教炽，而实修之学衰。嘉隆以来，学者信虚语而卑实践。渐磨既久，浸灌益深，视居敬为拘囚，目穷理为学究，恶言工夫，托之本体，更不知操存涵养为何物矣。斯文未丧，东林代兴。高景逸先生心程朱而脉孔孟，拜官之日，首辟世则张子之邪说，使程朱之学晦而复明。未几，罢官，归里三十年，与泾阳顾先生辈力扶正学，专事实修。"③

其三，在批判的过程中，将学术由心学转向理学。辟王崇朱，转移学风，是明末的一个特点。主持徽州紫阳讲会的方学渐，学宗朱子，作《性善绎》，批评王阳明以心体为无善无恶的观点。万历三十九年（1611），他以七十二岁高龄率众游学东林两个多月，与会中同志"幽讨剧谭，务寻学脉之所在"，

---

① 欧阳东凤：《重修东林书院记》，见《东林书院志》卷一五，第599—600页。
② 《明儒学案》卷五八《东林书院学案一》，第1397页。
③ 周彦文：《东林景逸高夫子论学语序》，见《东林书院志》卷一六，第633—634页。

其结论是"东林之学,以朱为宗",① 遂引为同道。吴桂森也说:"盖良知之说与紫阳氏原自立一赤帜也。""尊王学者导流扬波,至有心学、理学之名,而脉若分为二矣。悟门既辟,一切穷理居敬之学视为尘垢秕糠,而流弊且中于人心。于是,东林君子起而维之,言体则必合之于用,言悟则必证之于修,程朱之说复揭中天……其一时并兴,声气同而道脉合者,则有关中冯恭定少虚先生云。"② 正是"东林君子"与"天下东林讲学书院"的共同努力,才将明代学术由心学传向理学,开创出一个程朱理学"复揭中天"的新时代。

"风声雨声读书声,声声入耳;家事国事天下事,事事关心",这是顾宪成高扬的一面讲学大旗,也是东林书院在万历、天启年间讲学的一大特色。兹举东林讲学时关涉朝政、品评人物事例以为见证。例一见吕楠《东林书院语》,其称:

> 用问:镇守之害,使人不能聊生,何也?先生曰:此非知制敕者之过邪!故不为作欺人敕,则朝廷奚遣?故不为作欺人敕,则镇守奚害?彼镇守者,又何足道哉!③

中官镇守,危害各地,是明代刘瑾擅权以来出现的一大弊政。书院讲学问答中尤其关涉自镇守之害至朝中制敕者,其问政言词激越,连连设问,且由地方而及朝廷,可谓凌厉。

例二见阎若璩《潜邱札记》,其称:

---

① 方学渐:《东游纪小引》,见《东林书院志》卷一六,第628页。
② 吴桂森:《真儒一脉序》,见《东林书院志》卷一六,第637页。
③ 吕楠:《东林书院语》,《泾野内篇》卷二。

第七章 由讲会而社团：天下东林讲学书院

> 万历甲辰东林书院九日首会，山阴刘念台讲"克复章"毕，坐中尚论，微不满于薛文清。无锡高存之请故，念台徐曰：易储一事（按《薛文清公年谱》：景泰元年二月，以大理寺丞督饷四川、云南，明年二月归。易储，则景泰三年五月事，公方为南大理卿。明年九月调北），文清时以大理卿理饷云南，归而不诤，犹曰位不在也。于忠肃临刑，文清时在内阁，建言云：天子新复辟，不宜诛戮以伤天地和气。于初拟极刑，因文清言拟斩。此事为慊心否乎？存之曰：论至此，却不能为文清解。可见后世眼可畏，不为你丝毫隐漏也。念台又曰：所以文清不久去位，以为曹石之故，非也。只此事，文清已不能安其位。念台将别去，存之曰：此会可以千秋。①

薛瑄谥文清，是明代少数几位从祀孔庙的大学者。东林书院首次讲会，刘宗周（号念台）就与高攀龙（字存之）对其品评，发表不满言论，可见其裁量人物不避权贵。更为重要的是，高攀龙十分赞赏这种对本朝贤哲的讽议，所谓"此会可以千秋"，东林倡导之所在已不言自明。

例三见汪琬《陈处士墓表》，其称：

> 当前明熹宗之世，宜兴陈少保（于廷）公为吏部侍郎，以会推忤魏忠贤，削籍。愍帝即位，起左都御史，以言事忤同县要人，又削籍。盖公尝从无锡顾端文公讲学东林书院，为世指目，至是再以直声动天下。东林益共推服公，而公有子贞慧，字定生，即处士君也。少用文学著

---

① 阎若璩：《潜邱札记》卷二，乾隆九年刻本。

闻，喜结纳东南名士，最善金坛周礼部镳、贵池吴秀才应箕。每当群集时，杯酒淋漓，相与掀髯抵掌，往复下上，其议论尤于国家之治乱，中朝士大夫之贤不肖，无不根极始末，刺刺数千言可听。诸名士尤慕君气节，故皆师事少保公，而与君相亲爱。……会魏忠贤义儿阮大铖，久被痼，阴挈金巨万于京师，谋复用，公卿间口语籍籍。诸名士闻之曰：怀宁起东林，无噍类矣。怀宁者，大铖所居县名也，乃谋数大铖罪恶，为文檄之。共推应箕属草，而君与周礼部皆列姓名其间。……会福王擅立，大铖骤蒙湔洗用事，将尽杀东林党人。是时少保公已前殁，而君与周礼部及应箕皆在南京。礼部先被逮，君为营救万端。人又谏止君，君嫢笑曰：死耳，何畏。铖诇知之，遂积前恨，夜半遣校尉捕君与应箕。……呜呼！君书生，又贵公子也……与闻国家之事，侃侃凿凿，濒死而不悔，何与昔东汉两宋之季太学诸生率皆危言核论，用以臧否人物，甚则伏阙上章，诋讪当国者。①

宜兴人陈于廷、陈贞慧父子，其杯酒淋漓、往复议论、关心国家治乱、反对阮大铖的东林党人形象，跃然纸上。而汪琬将其比附东汉两宋太学生之议论，更令人对明末真正的东林党人肃然起敬。

关心天下大事，注意时政得失，扬善去恶，拯时救世，是顾宪成的一贯主张。他曾说："士之号为有志者，未有不汲汲于救时者也。"② 其"论学与世为体。尝言官辇毂，念头不在

---

① 汪琬：《尧峰文钞》卷二〇《陈处士墓表》，清抄本。
② 《泾皋藏稿》卷八。

第七章　由讲会而社团：天下东林讲学书院

君父上；官封疆，念头不在百姓上；至于水间林下，三三两两，相与讲求性命，切磨德义，念头不在世道上，即有他美，君子不齿也。故会中亦多裁量人物，訾议国政，亦冀执政者闻而药之也。天下君子以清议归于东林，庙堂亦有畏忌"。① 其间，最有名的事件是顾宪成争淮抚入阁、高攀龙论浒墅关税贪，并卷入万历三十九年（1611）京察，引来御史徐兆奎"东林党"的指责。其疏称：

> 臣观今日天下大势，尽趋东林。今年计典之误，实由于此。盖无锡县有东林书院，宋儒杨时祠也。顾宪成自谪官归，会林居诸臣，讲学于此。未几，其徒日众，挟制有司，凭凌乡曲，门遂如市矣。黄正宾者，以赀郎冒迁谪名，团结淮抚、东林，所至郡县，一喜一怒，足系诸有司祸福。凡东林讲学所至，主从百余，该县必先设厨，传戒执事，馆谷裎席之需，非二百金上下不能办。会讲中必杂以时事，讲毕，立刊传布。远近各邑行事有与之左者，必速改图，其令乃得安。今已及浙中诸郡矣。杨龟山失足蔡京，君子讥焉。宪成之结淮抚，不过以淮抚为蔡京耳。宪成学术驳杂，颇似王安石而行远不逮。即家食，而之淮之浙，席不暇暖。与其徒书札所及，大能使南北交攻，邪正角胜。而党附者，不曰'清流'，则曰'清议之臣'。岂谓天下耳目尽可涂哉！……至东林败坏天下，其祸更显。盖自假讲学以结党行私，而道德性命与功名利达混焉一途，而天下之学术坏；自濡足淮扬，而气节坏；自广纳赞币，庇短护贪，而天下之吏治人品并坏；自游扬之书四

---

① 《明儒学案》卷五八《东林学案一》第 1377 页。

出，而天下之官评坏；自指摘之怨生，而移书挽单，假计典尽剪其所忌，而天下之元气坏。①

疏中所言，大多不实之词，意在以"朋党"而名东林，杀其议政之风，锢其清议之习。其时，光禄寺丞吴炯等上疏为其辩诬。尽管如此，"嗣后攻击者不绝，比宪成殁，击者犹未止"。② 东林书院被人为地冠以东林党之名，而受到了无休止的攻击。

面对无端攻击，东林讲学诸君，以"赤金在烈焰中借火之力，得真色见于世"相勉，仍然讲学自修，挺立于世，成为正义的象征。③ 诚如《明史》所记，"当是时，士大夫抱道忤时者，率退处林野，闻风向附，学舍至不能容。"院中"讲习之余"，仍"讽议朝政，裁量人物。朝士慕其风者，多遥相应和。由是，东林名大著"。④ 以至如陈鼎《东林列传》所记："虽黄童、白叟、妇人、女子，皆知东林为贤。贩夫竖子或相诮让，辄曰：'汝东林贤者耶？何其清白如是耶？'至今农夫野老相传，以为口实，犹喋喋〔喋〕不休焉。"⑤ 东林贤明清白之名如此深入民心，可见社会自有公道。因此，也就可以理解，在"朝论纷纭，海宇震挠"的情况下，为什么仍然还是"远近名贤，同声相应，天下学者咸以东林为归"。

以讲学议政而得民心、士心，此正是东林获幸之所在，亦是其招祸之所致。诸往矣，其功过是非，历史已有公正评价，

---

① 《明神宗实录》卷四八三。
② 《明史稿·顾泾阳先生传》，见《东林书院志》卷七，第197页。
③ 《（顾宪成）行状》，见《东林书院志》卷七，第214页。
④ 《明史》卷二三一《顾宪成传》，第6032页。
⑤ 《东林列传》卷二。

可以置之不论。这里我们所要强调的是，东林"一堂师友，冷风热血，洗涤乾坤"，在明末的危局中，开创了一个书院议政的传统。这种传统，受到稍后因崇祯十一年（1638）就学长沙岳麓书院而成名于天下的王夫之的欢呼，更受到20世纪新文化运动旗手胡适的欢呼，称其虽"赴汤蹈火，尚仗义执言"，"前者死，后者继"，"制造舆论"，使书院成为了"代表民意的机关"，因而"亦可代表古时候议政的精神"。①

第四节 东林之继：首善书院

首善书院在北京城大时雍坊（今宣武门内）。天启二年（1622），御史台同仁集资创建，为都御史邹元标、副都御史冯从吾讲学之所。天启初年，邹、冯二人以老师宿儒取用入京，高攀龙也辞东林主盟而任左都御史，余懋衡亦出任兵部右侍郎，一时讲学精英大集于京城。而"京师独缺"当时"通都大邑所在皆有"的书院作为讲学之所。"欲讲学者，率寄迹于琳宫梵宇，黄冠缁流之所居，而无一敬业乐群之地。"有鉴于此，御史台五厅十三道同仁集资180两白银，"贸易民间"，由司务吕克孝、御史周宗建督工创建书院一所，"以在京师为首善地也"，故名首善书院。②

首善书院创建伊始，即陷于纷争。兵科给事中朱童蒙首先发难，认为"宪臣议开讲学之坛，国家恐启门户之渐，宜安本分，以东林为戒"，③ 疏请亟行禁谕。其疏称：

---

① 胡适：《书院制史略》，《东方杂志》第21卷第3期。1924年。
② 叶向高：《首善书院记》，见《天下书院总志》。
③ 《明儒学案》卷二三《江右王门学案八》，第534页。

昔在皇祖时，有理学之臣顾宪成、郭正域开讲东林，其初亦以发明圣贤蕴奥，开示后学，岂不甚善？逮从游者众，邪正兼收，不材之人借名东林之徒以自矜诩，甚至学士、儒生挟之以捍文网，冠裳仕进借之以树党援。欲进一人也，彼此引手；欲去一人也，共力下石。京察黜陟非东林之竿牍不凭，行取考选非东林之荐扬不与。日积月累，门户别而墙壁固，所以朝端之上，士林之间，玄黄血战十有余年，摧残几多善人，戕伤几许国脉，皆讲坛之贻害也。今二、三年来，源流始清，葛藤始断，而门户之说乃始去诸其口。二臣一旦复为择地建坛，招朋引类，况又在皇都之内，贤否辐凑〔辏〕之处乎？臣谓今日之人心犹昔日之人心，将来今日之讲学犹昔日之讲学者也。①

邹元标上疏辩争，指出"人生闻道，始知本分内事，不闻道，则所谓本分者，未知果是本分当否也。天下治乱，系于人心，人心邪正，系于学术，法度风俗，刑清罚省，进贤退不肖，舍明道其道无由……前二十年，东林诸臣有文有行，九原已往，惟是在昔朝贵，自歧意见，一唱众和，几付清流。惩前覆辙，不在臣等"。② 可谓针锋相对。冯从吾也说，他壮年登朝，即与人立会讲学，自万历二十年（1592）因病告归，而京师讲学也就停止荒废。去年秋天入京，见到人心不古，因此与邹元标立会讲学。诸臣感到寺院不便久借，因此各捐公俸建一书院，使首善之地，永有尊君亲上之风。并说："我二祖开基，表章六经，颁行天下。天子经筵讲学，皇太子出阁讲学。

---

① 《明熹宗实录》卷二六。
② 《明儒学案》卷二三《江右王门学案八》，第534页。

第七章 由讲会而社团：天下东林讲学书院

讲学二字，昔为厉禁，今为功令。是周家以农事开国，我朝以理学开国也。昨因东事（指辽事）暂停经筵，而言者以为不可，旋复举行，人人称快。然臣子望其君以讲学，而自己不讲，是欺也。况今夷虏交侵，邪教猖獗，正为讲学以提醒人心，激发忠义。先臣王守仁当兵戈倥偬之际，不废讲学，卒能成功。此臣等所以甘心冒昧为此也。"[1] 指出讲学对国家、臣民的重要作用。有旨慰留邹、冯二人，说是"讲学原是教人忠孝，自祖宗朝未有此禁，但不可自立门户，致起争端"，[2] 虽意在调停而实属左袒。

高攀龙对此不满，起而为东林书院辩诬，揭露阉党嫁祸东林的事实，其称：

> 近者黄门朱五吉老先生，有宪臣议开讲学之坛，国家虑启门户之渐一疏，指意归重东林，至欲以东林为戒而不复讲学。此说一倡，吾道之祸大矣，天下国家之祸大矣。职东林人也，即不言及于职，何忍坐守东林之诬，正欲具疏。旋奉明旨，如日中天，不复渎奏，以启争端，故谨具揭。
>
> 夫黄门所言东林，非东林也，乃攻东林者之言也；所言东林之祸，非东林能祸人，乃攻东林者欲祸东林也。数年来，职每自诧理义人心同然，何以言理义者，辄目为朋党而不容于世乎？一日憬然曰：正惟其同然也，故以为党也，国家用一当用，行一当行，去一当去，必曰是东林之脉也；或有人言一当用，言一当行，言一当去，必曰是东

---

[1] 《明熹宗实录》卷二六。
[2] 《明熹宗实录》卷二六。

林之人也。不论东西南北,风马牛不相及之人,苟出于正,目为一党,东林何幸,而合天下之众正;何不幸,而受天下之群猜。弓蛇石虎,涂豕鬼车,皆非实事也。即如郭明龙正域,生平未尝讲学,生平不识东林,黄门谓与顾宪成开讲东林。即此而观,他可例推。……

昔程伊川先生讲学于熙丰,而为蔡京诸人所攻;朱晦庵先生讲学于庆元,而为韩侂胄诸人所攻。不以蔡京、侂胄诸人为戒,而以伊川、晦庵诸人为戒可乎?东林非程朱而习程朱之教者也,不幸类是矣。夫学者,何也,人之性也;性者,何也,天之道也。知道则刑名钱谷皆实事也,不知道则礼乐刑政皆虚文也,在此心迷悟间耳。诸老从迷得悟,不忍人之觌面而迷,故讲以明之,正使之,即事为学,非以学废事也。黄门曰:孰是仕优者乎乃可学,不然勿言学。职亦曰:孰是学优者乎乃可仕,不然勿言仕。审如是,可仕者寡矣。宇宙甚大,不可以一见相碍,释老且不能废,况可废儒?儒者以明道者也,非儒生帖括之谓也,非督学胶黉之事也,收拾精神,而非消耗精神者也。人不知学,世道交丧,于是,朋党祸起。相安则交安,相危则交危,故党类之党不能无是群分之品也,偏党之党不可有是乱亡之本也。知党类之不能无使之,各得其所而勿相猜忌;知偏党之不可有使之,各惩其祸而勿为已甚,但得人人自反,勿专尤人,则无可融异为同,化小为大,故有教则无类,并党类之党,亦可融之者,其必由学乎。惟学可消门户,顾以学为立门户,职未见立门户者,而可以谓之曰学也。谨揭。①

---

① 高攀龙:《论学揭》,见《东林书院志》卷一七,第683—685页。

第七章　由讲会而社团：天下东林讲学书院

工科给事中郭允厚、郭兴治为阉党成员，对邹、冯二人横加非议，指其讲学总不会超脱政事。并说今考察官员之事将要开始，作为大臣，原有宿望，又处身尊巍之位，而新创书院，每天讲会，似有号召天下，使人争相趋从之嫌。这样，"阴为乘而显为用，空完善类而祸国家，所关匪细"，应予禁止。

在这种情况下，一向支持讲学的内阁首辅叶向高站出来支持邹、冯二人。先是上疏称"二科臣之疏，屡奉内传，频更票拟，至谓宋室祸败由于讲学"，都是不对的。"宋方盛时，正以濂、洛、关、闽讲明学术，比及南宋王淮、韩侂胄、陈贾辈始立伪学题目，构陷朱熹诸贤，而宋祚遂终。"也就是指出禁讲学才是赵宋灭亡的原因所在。疏中对邹元标数十年讲学书院的行为也做了很高的评价，并指出讲学与结党无关。①

随后，叶又应邹、冯之请，为首善书院作记。其称："邦畿千里，惟民所止。"二先生之学，"于规矩准绳、伦常物理，尺尺寸寸不少逾越"，讲求"君臣夫子之伦明而后朝廷尊，朝廷尊而后成其为邦畿，可为民止"，"与世之高谈性命，忽略躬行者，大相径庭"。"今合二先生振铎于邦畿，又适值圣天子道化覃敷，统接尧舜，一时名流济济，如龙源钟先生辈，相与于喁倡和，共明君臣父子之伦，阐皇极以示会归，使凡有志于大学者，毋以至善为荒唐，而唐虞三代之治可复还于今日，则其所补于世道岂浅鲜哉！往徐文贞在政地好讲学，朝绅借以为市，江陵矫之，至尽毁天下之书院，使世以学为讳。余愧不能为文贞奉二先生于皋比，而幸与之同朝，时聆其謦劾，又读其论学之书，目睹书院之建，未尝不忻忻然有执鞭之愿。世得

---

① 《明熹宗实录》卷二七。

无执江陵之见以诮余乎？余亦甘之矣。"①

从以上文字中可以看出，叶首辅不仅高度赞扬冯、邹之学，而且对讲学表示出最坚定的支持，对张居正禁书院讲学的行为予以抨击，大有与邹、冯及首善书院同进退之势。于是，书画名家太常寺卿董其昌为叶记书石立碑，左通政何乔远作《首善书院上梁文》，② 书院正式落成。院中除讲堂外，还有愿学祠奉祀孔子。祠名愿学，取孔子"所愿则学"之意。

天启二年（1622）冬十月，首善书院正式开讲。邹元标、冯从吾在公事之余，不通宾客，不赴宴会，即入书院讲学，京城官绅有志于学者，环听问难，畅其所怀，风气为之丕变。院中讲学情形，曹于汴曾作诗记载，其称：

> 维皇建有极，日月丽霄汉。
> 借问极云何，至善谁容畔。
> 此善来自天，大宝逾琼瑾。
> 主之为师模，阐之为性案。
> 为之圣者徒，积之庆可断。
> 帝京天下首，千方文体贯。
> 坦坦王路遵，蒸蒸登于岸。
> 明善善以明，洵其乐且衎。
> 先觉觉斯民，构馆敦学半。
> 将期实行修，宁啻缛文焕。
> 登其门崔嵬，升其堂轮奂。

---

① 叶向高：《首善书院记》，见《天下书院总志》。
② 何氏上梁文，见《天下书院总志》。

第七章　由讲会而社团：天下东林讲学书院

入其室深幽，敬止何敢玩。
不学善乃湮，不善世乃乱。
谁兮匪天民，勿作如是观。①

首善书院讲学，除邹、冯二先生之外，还有长期主盟东林书院的高攀龙及其同乡华允诚等人。"当是时，群贤蔚起，朝野蒸蒸"，高攀龙"在都中以政暇讲学于首善书院"，与东林书院"三千里外遥相应和。一时大儒如少墟冯先生，南皋邹先生辈，闻东林有先生（洪波按：指继高攀龙主盟东林书院的吴桂森），群然向往，脉脉神交"。② 这说明，至少在东林书院看来，高攀龙北上讲学，使东林、首善成南北呼应之势，扩大了东林书院的影响。

确实，首善作为"以继东林者也"的书院，③ 开办以后，即受到关心讲学的正直官绅的拥戴。他们将其视为"仕而优则学"的处所，试图在其中提高自身素质与从政能力。但由于党争的干扰和影响，加之在京城之内，结果还是不断受到阉党的非难。在此压力之下，有人想以尽量少提或不讲国家政事来缓和矛盾，以使讲学能够继续下去。但这一举措，即不为近似东林诸子的正直人士所认可。据记载，兵部主事、北直隶（今河北）定兴人鹿善继"将入""首善书院之会"听讲，"闻其相戒不言朝政，不谈职掌，曰：'离职掌言学，则学为无用之物，圣贤为无用之人矣。'遂不往。"④ 这说明，结合朝政讲学，扭转社会与官场不良风气，正是人们对于首善书院的

---
① 曹于汴：《题首善书院》，《仰节堂集》卷一二。
② 《（吴桂森）墓志铭》，见《东林书院志》卷九，第329页。
③ 《天下书院总志》卷一。
④ 《明儒学案》卷五四《诸儒学案下二》，第1305页。

期望所在。但这些,恰恰又是阉党所不愿意甚至十分惧怕看到的。因此,他们交相攻击,不断纠缠。

天启四年(1624),阉党得势。叶向高、邹元标、冯从吾、高攀龙、赵南星等人先后被罢官,讲学基本中断。五年(1625),御史倪文焕上疏以伪学请毁天下东林讲学书院,首善终于被改作忠贤祠,碑石亦遭轧碎。崇祯初年,亦困于党争而未能恢复。不久即由礼部尚书徐光启出面,奏准作为西洋人汤若望主持的历局。一代名院,如此命运,使"曾见其建,又见其毁,而冉冉老矣"的孙承泽十分痛惜。他在"思兴复之何期,不能不于此愤惋留连,三致意焉"之后,① 只得作文以为凭吊:

> 京师首善之地,元宫梵宇,鸱吻相望,而独无学者敬业乐群之所。往年,虽罗念庵先生讲学于佛寺,徐华亭相国讲学于射所。识者谓,元朝会建太极书院于京师,聘儒士赵复为师,讲明洛闽之学,而明乃无之。天启二年,邹南皋、冯少墟两先生起废至京,正值兵火震撼,人心披靡。两先生忧之,谓亲君死长之义,非以道学提撕之不可。御史台诸公构书院一所,于宣武门内东墙下,两先生朝退公余,不通宾客,不赴宴会,辄入书院讲学。绅衿有志于学者,环而静听,或间出问难,无不畅其所怀。一时转相传说,咸知顾名义,重廉耻,士风为之稍变。未几,逆珰用事,郭允厚、朱童蒙辈相继疏论,以讲学为门户。未几,杨公涟二十四罪之疏上,附珰者喙珰,谓此皆门户中人也。党祸大作,善类一空。而御史倪文焕奏毁书院,

---

① 《书院考跋》,见雍正《畿辅通志》卷一一二,雍正十三年刻本。

弃先师木主于路，左壁有记，为叶文忠向高文，董文敏其昌书，并碎焉。书院既毁，逆祠乃建。及逆祠毁，而书院不复建。盖以秉政大臣犹袭门户，以锢天下向学者。于时朝臣有习西裔之学者，遂请聚类而居之，吁可慨矣。因辑其略，俾后之有志复兴者有所考云。[①]

奈何明清之际，王朝交替，首善书院终究未能修复，而被改作西方传教士的天主堂。清初著名学者朱彝尊，康熙年间曾作《书冯尚书元飙题首善书院诗后》[②]《跋首善书院碑》[③] 二文，仍有"是碑传，书院虽毁，安知无有复之者"之念。可惜时至今日，其地仍为天主教堂，不惟首善恢复无望，恐知其曾为书院者亦复不多，岂不悲乎哀哉！

[①] 孙承泽：《首善书院考》，见雍正《畿辅通志》卷一一一。
[②] 朱彝尊：《曝书亭集》卷四四。
[③] 《曝书亭集》卷五一。

第八章　讲会的劫难：
　　　　　明季三毁书院

明代前期，政府对书院虽然"无令无禁，学者藏修息游，不于学校则于书院"。① 但"书院之建非制也"，② 没有得到朝廷的正式认可。正嘉以来，当它发展成为王、湛之学的学术基地，以及中下层读书人讽议朝政、要求政治权力的大本营之后，更罹禁毁之祸。可以说，明代书院因为讲会而成辉煌盛大之势，也因为讲会而招致嘉靖、万历、天启三次禁毁，并由此走向衰落。真可谓成也讲会，败也讲会。以下我们将具体讨论三毁书院的情况，以及在禁毁笼罩下的明季书院的生存状态。

明季禁毁书院，论者多指为嘉靖十六年（1537）、嘉靖十七年、万历七年（1579）、天启五年（1625）四次，而称作四毁书院。③ 其实不然。据史志记载，仅万历之禁，至少就有确指为初年、五年、六年、七年、八年、九年、十年、十二年

---

① 张凤翧：《夹江县平川书院记》，同治《嘉定府志》卷四四，巴蜀书社，2017。
② 杨名斗：《武信书院记》，嘉庆《四川通志》卷八〇。
③ 陈元晖等：《中国古代的书院制度》，上海教育出版社，1981，第77—86页；史明：《明末书院的创建与毁禁》，《齐鲁学刊》1996年第3期。

者，计有八次之多。天启也有五年、六年二说。再加嘉靖两次，合计有十二次。若依例而称作十二毁书院，则不胜其烦。因此，我们主张循其讲学而招禁毁的内在逻辑，表述为嘉靖、万历、天启三毁书院，或径称明季三毁书院。

第一节 嘉靖之毁：矛头直指王、湛讲学

王守仁和湛若水，自弘治末年北京定交，"共以倡明圣学为事"，即以斯道为己任，"上欲以其学辅吾君，下以其学淑吾民，惓惓欲人同归于善，欲以仁覆天下苍生"，高扬"致良知""随处体认天理"的大旗，到处讲学，动摇了宋元以来官府所确立的程朱理学在思想界的统治地位。尤其是王守仁，奋不顾身，以当天下之大难，平定宁藩朱宸濠叛乱，建立盖世奇功。然而，功愈高而招致当权者忌恨愈深。于是，反对派以捍卫程朱理学为借口，对王、湛及其心学展开了攻击，诬其学为伪学、邪学，指其人为邪党、无赖，必欲置之死地而后快。并由人而学，由学而书院，终于酿成明代书院的第一次劫难。

矛头首先是指向王守仁的。嘉靖元年（1522），王以守丧居家讲学，"四方来游其门益众，科道官迎当路意，以伪学举劾"。[①] 如给事中章侨、毛玉，御史梁世骠、程启充先后上疏，云："三代以下，正学莫如朱熹。近有聪明才智，倡异学以号召天下。好高骛名者靡然宗之，取陆九渊之简便，诋朱熹为支离，乞行天下，痛为禁革。"[②] 二年（1523）会试，他们又借策问试题攻击王学。策问称："朱陆之论，终以不合，而今之

[①] 黄绾：《阳明先生行状》，《王阳明全集》卷三八，第1424页。
[②] 《明纪》卷二八。

学者，顾欲强而同之，乐彼之径便，而欲阴诋吾朱子之学欤？究其用心，其与何澹、陈贾辈亦大相远欤？至笔之简册，公肆诋訾，以求售其私见。礼官举祖宗朝故事燔其书而禁斥之，得无不可乎？"① 王守仁死后，他们还穷追不舍，指斥"王守仁事不师古，言不称师，欲立异以为高，则非朱熹格物致知之论。知公众论之不与，则为《朱熹晚年定论》之书，号召门徒，互相倡和，才美者乐其任意，庸鄙者借其虚声，传习转讹，背谬弥甚"。② 因而，尽管王守仁功勋卓著，却不予恤典。与此同时，还以各种借口对王学门徒进行打击。史称其时"学禁甚严"，是为禁毁的序幕。

当王守仁遭遇麻烦时，湛若水以老师宿儒挺然特立而成为"心学"的旗帜，并赢得了王门弟子的广泛认同与尊重。其时，"学禁方严"，湛任职南京，仍不改建院讲学之习，和王门高足邹守益、河东学派的吕柟，"九载南都""共主讲席，东南学者，尽出其门"，③ 其势正盛。不仅如此，针对学禁，湛若水于嘉靖七年（1528）六月在进呈给皇帝的《格物通》中，借宋禁道学而亡，蒙古建太极书院而兴的历史事件，对禁书院讲学之举提出了反制性的批评意见。这是一段鲜为人知的史实，兹引如下，以供参考：

> 宋理宗嘉熙二年，蒙古建太极书院于燕京。时濂溪周子之学未至于河朔，杨惟中用师于蜀、湖、京、汉，得名士数十人，始知其道之粹，乃收集伊洛诸书，载送燕京。师还，与姚枢谋建太极书院及周子祠，以二程、张、杨、

---

① 《日知录集释》卷一八，第30页。
② 《明纪》卷三〇。
③ 《明儒学案》卷八《河东学案下》，第138页。

游、朱六子配食，请赵复为师，选俊秀有识度者为道学生，由是河朔始知道学。

臣若水"通"曰：元自太祖至世祖，用兵百四十年，至灭宋而始一天下，其战胜攻取，古所未有之盛。及观史，至杨惟中与姚枢奋然兴起道学，而叹其有以也，岂非知守天下者乎？夫蒙古北俗也，乃能兴道学之教，而当时南宋乃禁锢道学，指为伪学，使天理民彝之在人心渐灭殆尽，以归于败亡之辙而不悟，为能保天下者耶？欲其不亡难矣。元儒刘因诗云："王纲一紊国风沈〔沉〕，人道方乖鬼境侵。生理本直宜细玩，蓍龟千古在人心。"盖叹宋也。《书》曰："商俗靡靡，利口惟贤，余风未殄。"后之主教化之责者，可不独观而深省之，以救流俗之弊乎？①

湛若水借古讽今，其指宋"禁锢道学，指为伪学，使天理民彝之在人心渐灭殆尽，以归于败亡之辙"，尤其是宋以"能保天下者"之道学为伪学，"欲其不亡难矣"之长叹。实可视为反对学禁的宣言。它说明以王、湛为代表的讲学者不仅没有被学禁所吓倒，仍在建院讲学，而且借呈御览之书的时机，对反对派实施反制措施。于是，反对派终于对甘泉先生及其所到之处建以讲学的书院下手了。

关于嘉靖年间的这次禁毁书院，《续文献通考》有过一个综合性的记述，为了交代事情缘由，还对明代书院政策做了简要的回顾，其称：

世宗嘉靖十七年四月，吏部尚书许赞请毁书院，从

---

① 湛若水：《格物通》卷四七《立教兴化上》。

之。初,太祖因元之旧,洪武元年立洙泗、尼山二书院,各设山长一人。宪宗成化二十年,命江西贵溪县重建象山书院。孝宗弘治元年,以吏部郎中周木言,修江南常熟县学道书院。武宗正德元年,江西按察司副使邵宝奏修德化县濂溪书院。其时各省皆有书院,弗禁也。至帝十六年二月,御史游居敬疏斥南京吏部尚书湛若水,倡其邪学,广收无赖,私创书院,乞戒谕以正人心。帝慰留若水,而令所司毁其书院。至是,赞复言,抚按司府多建书院,聚生徒,供亿科扰,亟宜撤毁。诏从其言。[①]

但《明史》的《世宗本纪》、《湛若水传》和《许赞传》都不记其事。夏燮的《明通鉴》仅略载游居敬疏毁书院,不记许赞之请毁书院。沈德符著《万历野获编》记游居敬疏毁书院事甚详,《皇明大政纪》记许赞之毁书院事也很翔实。兹分别摘录如下:

《明通鉴》卷五七载:嘉靖十六年四月,"壬申,罢各处私创书院。时御史游居敬论劾王守仁、湛若水伪学私创,故有是命"。

《万历野获编》卷二《讲学见绌》载:"丁酉年(嘉靖十六年,1537),御史游居敬又论南太宰湛若水,学术偏陂,志行邪伪,乞斥之,并毁所创书院。上虽留若水,而书院则立命拆去矣。"

《皇明大政纪》载:"嘉靖十七年五月,毁天下书院。吏部尚书许赞上言,近来抚按两司及知府等官,多将朝廷学校废坏不修,别起书院,动费万金,征取各属师儒,赴院会讲,初

[①] 王圻:《续文献通考》卷五〇。

| 第八章 讲会的劫难：明季三毁书院 |

发则一邑制装，及舍供亿，科扰尤甚。日者南畿各处，已经御史游居敬奉行拆毁，人心称快，而诸未及，宜尽查算，如仍有建者，许抚按据奏参劾。帝以其悉心民隐，即命内外严加禁约，毁其书院。"

《典故纪闻》卷一七也记载："嘉靖时，御史游居敬请禁约故兵部尚书王守仁及南京吏部尚书湛若水所著书，并毁门人所创书院，戒在学生徒勿远出从游，致妨本业。世宗曰：'若水留用，书院不奉明旨，私自创建，令有司改毁。自今再有私创者，巡按御史参奏。比年阳倡道学，阴怀邪术之人，仍严加禁约，不许循袭，致坏士风。'"①

游居敬、许赞奏请禁毁书院事，《明世宗实录》皆有记载，是为一手材料，兹引如下：

（嘉靖十六年四月壬申）御史游居敬论劾南京吏部尚书湛若水学术偏诐，志行邪伪，乞赐罢黜。仍禁约故兵部尚书王守仁及若水所著书，并毁门人所创书院。戒在学生徒毋远出从游，致妨本业。疏下，吏部覆言：若水尝潜心经学，希迹古人，其学未可尽非。诸所论著，容有意见不同，然于经传多所发明。但从游者日众，间有不类，因而为奸，故居敬以为言。惟书院名额似乖典制，相应毁改。上曰：若水已有旨谕留，书院不奉明旨，私自创建，令有司改毁。自今再有私创者，巡按御史参奏。②

（嘉靖十七年五月癸酉朔，吏部尚书许赞条陈地方事务所宜裁革者八款，其中第七款涉及书院，其云）"七，禁兴

---

① 见陈谷嘉、邓洪波编《中国书院史资料》，浙江教育出版社，1998，第811页。
② 《明世宗实录》卷一九九。

造。如擅改衙门，另起书院，刊刻书籍，甚为民害。今后额设衙门，不许擅自更改书院官房，应创建者必须请旨，教官生员悉令于本处肄业，不许刊刻书籍，刷印送人，糜费民财。……疏入，上嘉其悉心民隐，令所司严禁厘正，果有积弊难除，格于沮〔阻〕挠者，各抚按官具以实闻。"①

据此可知，许赞奏疏时间在嘉靖十七年（1538）五月初一，《续文献通考》记为四月与事实不符。且当时是禁书院与禁刊刻书籍并提，其禁止讲学之意甚明。同时，须特别注意的是，嘉靖书院之禁，不仅是针对湛若水一人的，王守仁也被指为罪魁之首。关于这一点，《明世宗实录》所记游氏之疏十分明白。现在游氏之疏全文虽不可见，但从邹守益以王门高足身份与湛若水"共主讲席"之事，联系嘉靖八年（1529）即王守仁逝世次年，世宗皇帝不顾功臣新丧之痛而有"守仁放言自肆，抵〔诋〕毁先儒，号召门徒，声附虚和，用诈任情，坏人心术，近年士子传习邪说，皆其倡导"②之辞，我们认为，从整个事件的逻辑走向分析，也能清楚地看到，书院讲学才是其招致禁毁的真正原因。当时朝廷的执政大臣们，有许多是反对王、湛之学的，他们对于王、湛的广建书院，聚徒讲学，妄加罪名，实是为了在政治上和学术上进行压制。先是以"倡其邪学，广收无赖"的罪名毁闭王、湛私立的书院，随后又以"官学不修，别立书院""动费万金，供亿科扰"为借口，禁毁所有书院。

嘉靖禁毁对书院的危害，因有"虽世宗力禁，而终不能止"的记录，③一般认为不是很大，仅限于湛若水活动的南京

---

① 《明世宗实录》卷二一二。
② 《明世宗实录》卷九八。
③ 《万历野获编》卷二四《畿辅》"书院"条，第608页。

地区，也仅针对湛若水所建的书院。其实不然。湛若水只是突破口，打击的对象还有王阳明及其讲学门人，由南京而及于全国。在湖南就有这样的例证。据万历《慈利县志》卷二记载："月川书院在观嘉渚，嘉靖十年，知县刘长春建为庠士肄业之所。宇堂整饰，规制宏敞，有爱月堂、留月所、吸月湍、弄月矶，极为佳胜。寻以未经申详，当路革去。今废。"刘知县可能是位月神崇拜者，爱、留、吸、弄者皆为空中之月，浪漫而极有情趣，有意将书院建成人间月宫。可惜刚建六七年，即有禁令下达。于是"以未经申详"，而被"当路革去"。到万历年间，再遇权臣厉禁，宜乎当年地方志记作"今废"。

第二节　万历之毁：张居正痛恨讲学

万历禁毁书院，由内阁首辅张居正一手策划。这次禁毁书院的原因、经过和结果，正史不乏记载，同时各地方志上记载也很多，可作为旁证。

《明史》卷二〇载："七年春正月戊辰，诏毁天下书院。"

《明纪》载："七年正月戊辰，诏毁天下书院。自应天府以下，凡六十四处，尽改为公廨。"

《明通鉴》卷六七载："七年春正月戊辰，诏毁天下书院。先是原任常州知府施观民，以科敛民财，私创书院，坐罪褫职。而是时士大夫竞讲学，张居正特恶之，尽改各省书院为公廨，凡先后毁应天等府书院六十四处。"

《御批历代通鉴辑览》卷一一〇："己卯七年春正月，毁天下书院。时士大夫竞讲学，张居正特恶之，尽改各省书院为公廨。"

《御定资治通鉴纲目三编》卷二六："己卯七年春正月，

毁天下书院。原任常州知府施观民，以科敛民财私创书院坐罪，革职闲住。是时，士大夫竞讲学，张居正特恶之，尽改各省书院为公廨，凡先后毁应天等府书院六十四处。"

《万历邸钞》万历七年己卯卷："吏部题复，参究文武不职官员，大肆枭贪等事。奉旨，施观民原劾赃私狼藉，不止科敛民财、私并书院一节，明系勘官私庇容隐，独以一事坐罪，姑依拟，著革了职，冠带闲住。其所并书院，并各省直有私建的，著遵照皇祖明旨，都改为公廨衙门，田粮查归里甲，再不许聚徒游食，扰该地方。各巡按御史，仍将查过缘由，立限从实具奏。其各提学官，候科场事毕，你部会同礼部，照前旨从公考察，目今预行体访。如有违背敕谕，徇私作弊的，著不候考察，即便奏来处治。"①

万历七年书院禁毁的具体数字，尤其值得关注。上引正史记载大致相同，按其所述则此次禁毁天下书院数额为64所，但实际上，根据《司铨奏草》（下称《奏草》）所载，当时书院禁毁数远超此额，数量惊人。有论者尝据《奏草》统计，指出其时全国禁毁书院数目为377所。② 职此之由，我们有必要对这份材料及其中所关涉到的书院禁毁问题进行重新审视。

《司铨奏草》为王国光所著。王国光（1512—1594），字汝观，号疏庵、可乐山人。山西泽州府人。《明史》有传。王国光系嘉靖二十三年（1544）进士。初授吴江知县，后出任户部尚书，万历五年（1577）始任吏部尚书。王氏任职户、吏二部的时间，正是张居正当路之时，他本人更是张居正改革

---

① 钱一本：《万历邸钞》，广陵古籍刻印社，1991，第81页。
② 张兆裕：《万历初年的书院整顿探微：基于〈司铨奏草〉中相关资料的考察》，《明史研究论丛》第十六辑，中国社会科学出版社，2017，第3—15页。

期间负责财政和人事等事宜的重要辅臣之一。① 作为万历初年张居正改革的直接参与者,王国光留下了两部非常重要的历史文献,其一为《万历会计录》,其二为《司铨奏草》。

《司铨奏草》共八卷,现有明万历刻本藏于国家图书馆,乃海内外孤本。是书为王国光任吏部尚书期间所上奏疏的结集,时间横跨万历五年至万历十年。《奏草》以内容分卷,每卷又按时间先后排列,囊括了王国光主持吏部期间的大部分为政举措。此书各卷之主要内容为:卷一多议论官员铨选之法及考察事宜;卷二是处理下级官员的奏疏;卷三、六载官员封赠事宜;卷四、五专门处理官员弹劾及乞休等问题;卷七载议裁文册、查改书院和裁汰官员等事宜;卷八多参论官员等疏。② 可见,《奏草》作为王国光"议论务在振举纲维,揭揭然示我周行,令天下人人知上所耆欲,然后天下治可得而虑也"③ 的改革指南,完全能成为我们了解张居正变法情况的重要文献。

《奏草》中有关各地书院进行整顿的奏疏题覆共有 22 篇,涉及江西、山东、广东、广西等 21 个地区。其中《覆直隶巡按胡时化查勘知府施观民私建书院疏》,就明确记载了整顿书院的要求,即"(各官员)所创书院并各省直有私建的,着遵照皇祖明旨都改为公廨衙门,粮田查归里甲,再不许聚集游食,侵害地方。各巡按御史仍将查改过缘由立限,从实具

---

① 彭勇:《明代中期社会改革的再探讨——兼以王国光的事迹为观察视角》,《西部史学》2019 年第 2 期。
② 任健:《明王国光〈司铨奏草〉研究》,硕士学位论文,山西大学,2010。
③ 王篆:《司铨奏草序》,见王国光《司铨奏草》,《阳城历史名人文存》第 1 册,三晋出版社,2010。

图 8.1 王国光《司铨奏草》书影
（原书藏国家图书馆）

奏",① 若有违反,可立时"不候考察,即便奏来处治",② 当时书院禁毁之严酷由此得见。又《覆江西巡按邵陛查改书院疏》中所载万历皇帝的批复,实际上已被当作查收书院土地和学田的工作模板。其云:"（书院田土）都召民上价承买,各归里甲,办纳粮差,仍将召买价数并归入里甲。缘由类造覆册,报部稽查。各省直都照这例行。"③ 总之,《奏草》所留存的万历禁毁书院的材料十分丰富,史料价值极高。

依上述史料所载,张居正在改革中曾禁止讲学、关停书

---

① 《司铨奏草》,第 178 页。
② 《司铨奏草》,第 178 页。按:此道圣旨后亦被收进《万历邸钞》"万历七年己卯卷"中。
③ 《司铨奏草》,第 191 页。

院，细究起来则发现，他的这些举措是有历史原因的。嘉靖三十二年（1553）开始，内阁大学士徐阶以阳明再传弟子的身份在北京灵济宫大开讲会，自为盟主，请王门高足欧阳德、聂豹、程文德"分主之"，当时"学徒云集至千人，其时在癸丑、甲寅，为自来未有之盛"。两年盛会，轰动京师。三十七年（1558），何吉自南京而来，"仍为灵济之会"，仍然推徐阶为"主盟"。① 此时的徐阶，权势更重，及至嘉靖隆庆之际，他终于由大学士而成内阁首辅，执政近十年。上有所好，下必行焉。"一时趋骛〔鹜〕者人人自托吾道，凡抚台莅镇，必立书院，以鸠集生徒，冀当路见知。"② 于是，建书院讲学就异化成巴结上司、希冀升迁的手段，失去了其原本之意。

作为内阁成员，张居正参加了当年的灵济大会，但印象不好而生厌恶。在《答南司成屠平石论为学》中，他讲到了这段经历，其称："夫昔之为同志者，仆亦尝周旋其间，听其议论矣。然窥其微处，则皆以聚党贾誉，行径捷举，所称道德之说虚而无当，庄子所谓其嗑言者若哇，佛氏所谓虾蟆禅耳。而其徒侣众盛，异趋为事，大者摇撼朝廷，爽乱名实，小者匿蔽丑秽，趋利逃名。嘉隆之间深被其祸，今犹未殄。此主持世教者所深忧也。……仆愿今之学者，以足蹈实地为功，以崇尚本质为行，以遵守成宪为准，以诚心顺上为忠，兔鱼未获无舍筌蹄，家当未完毋撤藩卫，毋以前辈为不足学而轻事诋毁，毋相与造为虚谈，逞其胸臆以挠上德也。"③

---

① 《明儒学案》卷二七《南中王门学案三》，第618页。
② 《万历野获篇》卷二四《畿辅》"书院"条，第608页。
③ 张居正：《张太岳文集》卷二九《答南司成屠平石论为学》，万历四十年唐国达刻本。

万历初年，张居正设法取代徐阶、李春芳、高拱而成为内阁首辅之后，旋乘改革之风，禁讲学而废书院。三年（1575）五月初三日，在《请申旧章饬学政以振兴人才疏》中，他首提"不许别创书院"的主张，其称：

> 圣贤以经术垂训，国家以经术作人。若能体认经书，便是讲明学问，何必又别标门户，聚党空谈。今后各提学官，督率教官生儒，务将平日所习经书义理，着实讲求，躬行实践，以需他日之用。不许别创书院，群聚徒党，及号招他方游食无行之徒，空谭废业。因而启奔竞之门，开请托之路。违者，提学御史，听吏部督察院考察奏黜，提学按察司官，听巡按御史劾奏，游士人等，许各抚按衙门访拿解发。①

张曾多次为自己不喜讲学而禁书院的主张辩解。他说："今人妄谓孤不喜讲学者，实为大诬。孤今所以佐明主者，何有一事一语背于尧舜周孔之道。但孤所为皆欲身体力行，以是虚谈者无容耳。"②"吾所恶者，恶紫之夺朱也，莠之乱苗也，郑声之乱雅也，作伪之乱学也。夫学乃吾人本分内事，不可须臾离者。言喜道学者，妄也，言不喜亦妄也。干中横计去取，言不宜有不喜道学者之名，又妄之妄也。"③ 从这种辩解中，我们可以知道，张居正以"群聚徒党，及号招他方游食无行之徒，空谭废业"为由，来加害书院讲学，在当时就有人提出不同意见。但禁书院的真实意图是，防止讲院师生"徒侣

---

① 《张太岳文集》卷三九，第10页。
② 《张太岳文集》卷三〇《答宪长周友山明讲学》。
③ 《张太岳文集》卷三一《答宪长周友山讲学》。

众盛，异趋为事"，进而"摇撼朝廷，爽乱名实"，危及其集权统治。因此，为了配合其"尊主权，课吏职，信赏罚，一号令"的以强权推行全面改革政策的既定方针，张居正不顾反对，继续他的禁毁行动。

万历五年（1577），曾以"讲会乡约为治"的罗汝芳不听招呼，讲学于北京广慧寺，"朝士多从之者，江陵恶焉"。① 随后，又发生"夺情"案，张以不遵回家守丧的礼制而受到猛烈批评。其中也包括何心隐、邹元标等讲学人士的批评，指其"忘亲贪位""位极人臣，反不修匹夫之节"，使张对讲学"言之切齿"。七年（1579）春天，常州知府施观民以创建书院，被人告发科敛民财，正好也就成了厉行禁毁的一个借口。从此，不再是"不许别建书院"，而是"诏毁天下书院"，且必"芟草除根"而后快。"查改书院并田粮事，一一明悉。必如是而后为芟草除根，他日亦不得议复矣。但军屯难以招买，只宜募军佃种纳粮，幸惟裁之。比审学政，精明风标，峻整旦夕，部议公平，必当为举首矣。慰甚。"② 张居正对"查改书院"并变卖书院田粮的陕西学政李翼轩，是如此满意，并出主意将书院学田变作军队屯田，以求"芟草除根"，他日也"不得议复"。这不得不令人怀疑，其禁毁书院之举已杂入其个人私愤，而有泄恨报复之嫌。禁毁书院的行动也很严厉、粗野，邹元标就说："万历庚辰，江陵尽毁天下书院，市地归民间。"③ "予忆庚辰、辛巳间，江陵在事，有诏尽毁天下书院，诸凡先圣贤遗像，捆而投于江者。"④ 在当年，敢对圣贤遗像

---
① 《明儒学案》卷三四《泰州学案三》，第760页。
② 张居正：《答陕西学政李翼轩》，见《张太岳文集》卷三一。
③ 《愿学集》卷五上《仁文书院记》，《景印文渊阁四库全书》第1294册。
④ 《愿学集》卷五上《重新岳麓书院》，《景印文渊阁四库全书》第1294册。

如此不敬，是难以想象的。

由上可知，张居正执政十年，不论是出于国家利益，还是出于个人私心，其禁毁政策都给书院带来了巨大的灾难。其实，万历间禁毁书院远不止一次，而是一项持续时间较长的行政方针。兹据《奏草》所载，制作成万历七年至八年之间的毁禁书院情况一览，以窥大概。见表8.1。

表8.1所录万历七年至八年间因张居正恶讲学而遭毁废改卖的书院计有365所，分布在今京、津、冀、辽、鲁、晋、豫、苏、浙、闽、赣、皖、湘、粤、桂、川、陕、甘、宁等19个省、直辖市、自治区，范围广大，但主要集中在王、湛弟子活动的赣、浙、苏、皖、闽地区。须知，本次统计执行禁毁令的时间仅为十个月，不到一年，而书院禁毁数字已有如前之巨，据此可知，其一，整个万历之毁，实际受害的书院肯定不止365所，其危害绝不应低估。

其二，此次禁毁的矛头主要是指向讲学。张居正恶讲学而毁书院，有文献可稽者历历可数。科敛民财，即经济问题是次要的，从经济、民生的角度来讨论禁毁书院不属正途，张氏之本意在夸大经济之害，为禁毁寻求更夺目的借口，是一种斗争的策略。因此，我们不能由经济出发来评价此次禁毁事件，而必须将其定位于恶讲学而毁书院。从本质上，万历之毁书院和嘉靖、天启之毁书院是没有区别的，皆在禁锢学术自由，同样应该受到批判，没有理由为它开脱。①

应该说，张居正的书院政策经历了一个从开始反对空谈废业，不许别创书院，希望重振官学教育，到最后为保护自己的

---

① 按，任冠文《论张居正毁书院》，意在为张氏开脱，既低估其危害，又夸大其对万历改革的积极作用。文载《晋阳学刊》1995年第5期。

第八章 讲会的劫难：明季三毁书院

表 8.1 万历禁毁书院情况一览

改废措施	江西	山东	湖广	辽东	宣大	河南	顺天	真定	甘肃	北直	山西	陕西	苏松	浙江	贵州	广东	四川	福建	云南	南直	广西	小计
改公馆、府馆、公署、社学、约社、社仓、仓库、公所	31		20	8	2	5	2	13	3	11	7	9	4	20	2	10	12	32	28	22	11	252
改祠/庙	11	4	5			2					1		2	2		1	5	4	7		2	46
改教官廨舍	1																					1
拆毁	3	3				1					2			3		2						14
迁址	6																					6
改尊经阁	1																					1
存留	4		2							2								3				11
改提学道校士文场		1					1															1
改衙门公廨		10																				11
改庄舍			1																			1

续表

改废措施	江西	山东	湖广	辽东	宣大	河南	顺天	真定	甘肃	北直	山西	陕西	苏松	浙江	贵州	广东	四川	福建	云南	南直	广西	小计
改义仓							1															1
改养济院							1															1
归还本主										1				2		1		2				8
变卖院舍										2		1	1					7				11
总计	57	18	28	8	2	8	5	13	3	16	10	10	7	27	2	14	17	48	37	22	13	365

注：此表依据王国光《司铨奏草》卷七制作。奉圣旨时间为万历七年九月十二日至八年七月十一日。统计过程中，如果遇到诸多禁废措施，只计算主要项目，不分析叠加。

第八章　讲会的劫难：明季三毁书院

政治利益而不惜禁学毁院的这样一个思路历程。对于这种以禁书院来重振官学，尤其是以拆毁书院而封杀天下讲学、清谈议政自由的举动，在当时就遭到很多人的反对、抵制。许孚远《唐一庵先生祠堂记》就记载了这样的事例，其称：吴兴城北门有唐先生书院，"前有讲堂，后有寝室，傍有号舍，外有坊表，规模闳靓，焕焉成一方之观。……江陵柄国，严禁学徒，尽毁天下书院。而郡守李侯权易坊额为唐先生祠，乃移文报监司曰，郡故无书院，得不毁"。① 明明书院规模甚大，焕焉而成一方景观，但地方官却说没有书院，显然是瞎说欺瞒。虽然事不可取，但其背后所表明的却是鲜明的反对禁毁书院的态度。地方志也不乏这样的记录，如雍正《江西通志》载："万历七年，大学士张居正请禁伪学，诏毁天下书院，鬻田以充边需。巡抚邵锐以白鹿书院有敕额，不便拆毁，量留田三百亩备祭祀。巡道王桥随请留星都二县田，其建昌县千余亩俱变价解司。"雍正《江南通志》载游应乾"出守宁波，浚陂塘，通水利。时郡邑承张居正指毁书院，惟宁波独存"。

万历十年（1582），张居正死后不久，因为邹元标奏请，朝廷即颁旨："凡天下书院，俱准复之。"拨乱反正，基本结束了其禁毁天下书院的错误主张。但权臣余威抑或政策的惯性，对书院建设带来的危害仍然不可小视。如在十二年（1584），我们还能见到福建龙溪县因为朝廷诏令革除私创书院，而将观澜书院改作孔氏家庙的记录。② 万历后期，围绕罗汝芳、顾宪成在宁国府志学书院，无锡东林书院的讲学，更引发朝野争议，并最终导致天启年间魏忠贤残害东林、禁毁天下书院。

---

① 《明文海》卷三六九。
② 乾隆《龙溪县志》卷四，乾隆二十七年刻本。

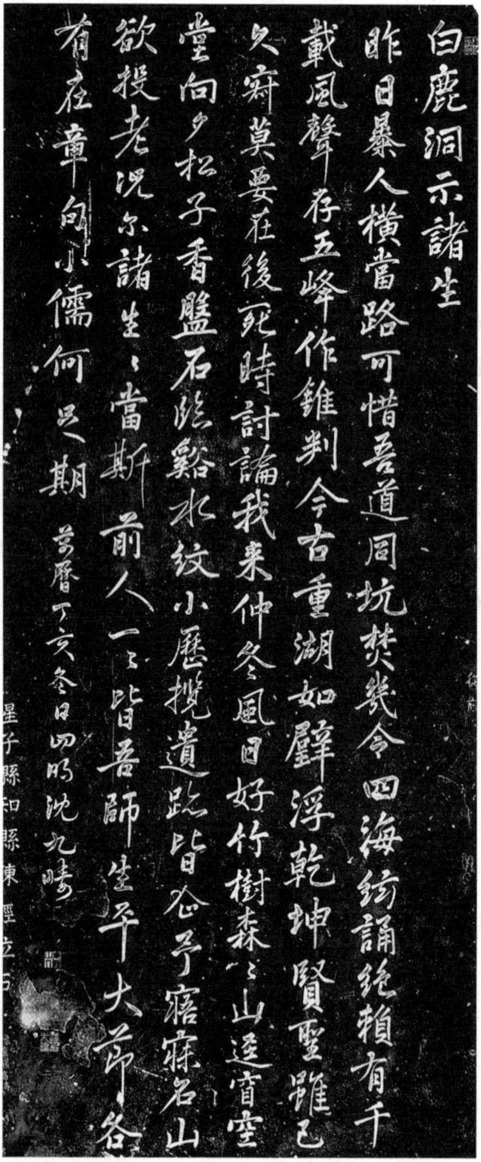

图 8.2　明刊批评张居正毁书院的《白鹿洞示诸生》诗碑

第三节　天启之毁：魏忠贤残害东林

一代名相张居正，是中国历史上最有作为的政治家之一，也是难得的改革家，万历前十年尽管有不少问题存在，但毕竟还是一个富有朝气的振兴的时代。张氏身后，明王朝政治日益腐败，社会矛盾激化，很快走向衰落。政坛上，万历皇帝以挣脱权臣的约束而放纵自己，集酒色财气"四病"于一身，深居宫中，尽情游乐，大肆敛财，不理朝政，大臣们则因循唯诺，无所作为，以求自保。其结果是，政府失职而混乱，朝纲不整，官吏们"报君之心已灰，纳贿之门如市"。[①] 对国计民生漠然视之，并且为了谋取更多的利益，而日渐结党营私，形成所谓浙党、宣党、昆党、楚党、秦党、蜀党等派系。

与此同时，民间书院讲学之风日盛，到万历末年形成了东林、关中、紫阳、江右四大书院群体。讲学之人，多为政治斗争中被清洗的正直官员。尽管他们惩于嘉靖、万历禁毁教训，有意在书院规章中规定，不议时政，不谈朝廷、郡邑得失，但一本出为忠臣，处则风范地方之圣训，从"事即是学，学即是事，无事外之学"的学术原则出发，书院仍然免不了"风声雨声读书声，声声入耳；家事国事天下事，事事关心"，进而成为清议、公正的化身。再加反对派的打压与摧残，书院就由讲学之所，日渐变成具有社团性、政治性的社会民间组织，并被人冠以"东林党"之名。恶者欲以东林名"党"而加讨灭，善者则以同志而聚于东林名下。尤其是经过李三才入阁、京察、梃击、红丸、移宫几大政治事件之后，东林书院也就成

[①] 《明神宗实录》卷四五〇。

了天下讲学书院的代名词,并与东林党画上了等号。

有关东林书院的基本情况及围绕东林讲学而形成的争议,以下将做专门讨论。这里我们将以全新的资料,介绍东林书院修复以前,围绕万历初年罗汝芳讲学宁国府志道书院之旧事,并引出禁立书院祠宇,并禁刊离经叛道新书的公案。

此事的主角是杨时乔、余继登二人,时间在万历二十六(1598)年。据《明史》记载,杨时乔"受业永丰吕怀,最不喜王守仁之学,辟之甚力,尤恶罗汝芳。官通政时,具疏斥之,曰:'佛氏之学初不涵于儒,乃汝芳假圣贤仁义心性之言,倡为见性成佛之教,谓吾学直捷,不假修为。'于是以传注为支离,以经书为糟粕,以躬行实践为迂腐,以纲纪法度为桎梏,逾闲荡检,反道乱德,莫此为甚,敕所司明禁,用彰风教。诏从其言"。①

余继登以为杨疏所言甚是,"服其有见",并进一步提请移文各地学官,凡"地方中但有罢闲官员、山人方士、学佛学仙者,听其于山林空寂之处,各修其业。有于通都大邑中聚徒至数十人者,即行驱逐。其不由抚按具题、擅立书院祠宇者,即行禁约,并禁坊间所刻离经叛道新说诸书,不许鬻卖。士子行文,务依二祖所颁示集注、大全为主,而参以蒙引、存疑诸书,各阐理道,勿杂禅机。提学校文,务取不背经义,纯正典雅者。童儒仍用新说者不准入学,生员仍用新说者径自黜革。至于乡试会试行文,知会一体遵行。有仍前不遵者,容臣部及该科指实参治,庶异说渐熄,圣学自明,士心既定,士习

---

① 《明史》卷二二四《杨时乔传》,第5909页。杨疏题为《为文体日坏,士习渐移,恳祈敕谕儒臣申明祖制,尊圣谕,辟邪说,以维世道人心事》,全文见余继登《淡然轩集》卷二《覆杨止庵疏》,万历三十一年刻本。

自端，国家将来或可收得人之效矣"。① 在这里，余继登将罗汝芳等阳明学者和习释、道者并视，禁其在通都大邑建书院讲学、刻书以传播其学说。其中既有学术的原因，更有政治的影响。所谓准许山林空寂各修其业，禁止城市数十人聚会讲学，是因为害怕书院成为士人社团，集结反对派力量，因而要"即行驱逐""即行禁约"。这是一种典型的由学术而及政治的禁毁思维，由此衍生出天启年间的东林党案，实在是渊源有自。

天启初年，宦官魏忠贤与熹宗乳母客氏勾结成更为黑暗的阉党集团。他们控制特务机关东厂、锦衣卫，荼毒人民，擅权乱政，引起东林党人的愤慨。于是，两者的对立就不可避免，终于酿成惨烈的东林党案，并由东林党而殃及天下东林讲学书院，明代书院遭遇到了第三次禁毁的劫难。

关于天启禁毁书院，史书有如下一些简要的记载：

> （天启五年）秋七月壬戌，毁首善书院。……甲戌，追论万历辛亥、丁巳、癸亥三京察，尚书李三才、顾宪成等削籍。八月壬午，毁天下东林讲学书院，削尚书孙慎行等籍。②

> 明年，忠贤党张讷请毁天下书院，劾三俊与邹元标、冯从吾、孙慎行、余懋衡合污同流，褫职闲住。③

---

① 《淡然轩集》卷二《覆杨止庵疏》。
② 《明史》卷二二《熹宗本纪》，第303页。
③ 《明史》卷二五四《郑三俊传》，第6563页。

（天启五年）秋八月，毁天下书院。御史张讷（阆中人）上疏力诋邹元标、孙慎行、冯从吾、余懋衡（字持国，婺源人）等，请毁其讲学书院。于是，元标、慎行、从吾、懋衡俱削夺，东林、关中、江右、徽州及天下一切诸书院皆毁。讷为忠贤鹰犬，最效力，忠贤深德之。书院既毁，未几逆祠建矣。时元标已前卒，追论夺官，崇祯初赠尚书，谥忠介。慎行寻复以红丸事遣戍，具详后。从吾以病卒，崇祯初复官，谥恭定。懋衡亦于崇祯初复官。①

（天启五年）八月，毁天下书院。质实御史张讷上疏力诋邹元标、孙慎行、冯从吾、余懋衡等，请毁其讲学书院。于是，元标、慎行、从吾、懋衡俱削夺，东林、关中、江右、徽州及天下一切书院皆毁。讷为忠贤鹰犬，最效力，忠贤深德之。书院既毁，未几逆祠建矣。时元标已前卒，追论夺官，崇祯初赠尚书，谥忠介。慎行寻以红丸事遣戍。从吾以病卒，崇祯初复官，谥恭定。懋衡字持国，婺源人，亦于崇祯初复官。张讷阆中人。②

神宗万历十年，阁臣张居正以言官之请，概行京省查革，然亦不能尽撤。后复稍稍建置，其最著者，京师有首善书院，江南曰东林书院。孙国敉《燕都游览志》曰：首善书院在宣武门内左方，天启初，都御史邹元标、副都

---

① 《御批历代通鉴辑览》卷一一三，乾隆三十三年刻本。
② 《御定资治通鉴纲目三编》卷三三，乾隆四十年刻本。

第八章 讲会的劫难：明季三毁书院

御史冯从吾为都人士讲学之所、大学士叶向高撰碑、礼部尚书董其昌书。党祸起，魏忠贤矫旨毁天下书院，砸碎碑碣，即其地开局修历。《春明梦余录》曰：京师有首善书院，不知者统谓之东林。当日，直借东林以害诸君子耳。盖东林无锡书院名也，宋儒杨时建。后废为僧寺，万历中吏部考功郎顾宪成罢归，即其地建龟山祠，同志者为构精舍居焉，乃与行人高攀龙等开讲其中。及攀龙起为总宪，疏发御史崔呈秀之赃。呈秀遂父事魏忠贤，日唊忠贤曰，东林欲杀我父子。既而杨涟、左光斗交章劾珰，珰益信呈秀之言不虚也。于是，遂首毁京师书院，而天下之书院俱毁矣。①

追溯源流，天启禁毁书院是由魏忠贤及其爪牙一手制造的。天启四年（1624），阉党开始发难，乔应甲一月之内连上十三疏，攻击曾受顾宪成援救的淮抚李三才，指其为东林党党魁，称"东林得淮抚则暗有所恃，淮抚得东林则两有所扶"。② 张讷则参劾吏部尚书赵南星，牵连17人被革职。一时之间，竟成参究东林官员之疏时上，处分之章日下的局面。

天启五年（1625）正月，阉党"十孩儿"之一的兵科给事中李鲁生，以"假道学不如真节义"为理，建议将京城首善书院匾额对联全部撤去，改为"忠臣祠"，奉祀辽阳阵亡将士。五月，御史周维持向魏忠贤奏报："严斥邪党，不许别创书院，群聚朋徒。乞敕中外，并将旧日所建书院，不论省直府

---

① 《续文献通考》卷五〇。
② 《明熹宗实录》卷四九。

县,立时改毁。"① 七月,御史倪文焕以"东林巨魁"为名,参劾李邦华、李日宣、周顺昌,"毁其讲学书院"。又以首善书院虽已改为褒忠祠堂,但书院碑记尚存,可能给讲学之人留下旗帜,"请碎讲院碑"。后有旨:"其私创书院匾额虽去,碑记犹存,著礼部即毁碎回奏,以为聚徒植党之戒。"② 于是,首善书院石碑尽数毁碎。京城首善书院的被毁,可以视作阉党禁毁书院的全面开始。

八月,素有"魏忠贤鹰犬"之称的御史张讷,奏请毁拆全国书院。此疏说全国书院最盛者为东林、关中、江右、徽州四处。东林书院"其来已久,乃李三才科聚东南财赋,竭民膏血为之修建者,良田美宅,不下数十万金。孙慎行、高攀龙辈窟穴其中,以交结要津,纳贿营私,皆是物也。如租佃户高转逊编朴千余,从来硬不完纳。近日借口灾伤,逋欠尤多,有司不敢问"。又说冯从吾开办关中书院侵占官地民田一千三百多亩,徽州书院日常供输之费高达巨万金,江右书院是借东林为己声张,都是操柄误国。在编造罗织这些罪名之后,张讷转而针对书院其人、其事、其言大肆攻击,并提出禁毁要求,其称:

> 书院虽有数处,而脉络总之一条。南北相距不知几千里,而兴云吐雾,尺泽可以行天。朝野相望不知几十辈,而后劲前矛,登高自为呼应。其人自缙绅外,宗室、武弁、举监、儒吏、星相、山人、商贾、技艺,以至亡命罪

---

① 庄廷鑨:《明史抄略·哲皇帝本纪下》,《四部丛刊》。《明熹宗实录》卷五八所记文字稍异,作"将党人旧日凡有倡建书院,不论省直州县,立时改毁"。
② 《明熹宗实录》卷六一。

第八章 讲会的劫难：明季三毁书院

徒，无所不收。其事则遥制朝权，掣肘边镇，把持有司，武断乡曲，无所不为。其言凡内而弹章建白，外而举劾条陈，书揭文移，自机密重情，以及词讼细事，无所不关说。数年以来，民生不得安堵，疆圉不得宁帖，朝廷不得收正人之用，而受嘉言之益，谓非若辈之为祟耶！而不特此也，其巧借最大题目以钳轧人口，一空善类，如指梃击，指进丸，指移宫，敢于启衅宫闱，首发大难，而一时聚讼纷纷，翻腾清世，直蒙两朝以不白，而亏损皇上之孝思。今虽改正实录，宜布史馆，而当日礼卿娓娓千言污蔑先朝，可终置不问乎？伏乞敕下各省直抚按官，但凡有书院处所，尽数拆改，将房屋田土逐一登报，亟行变价，解助大工，不许隐漏。其或现任官员，有枉道会讲，骚扰一方者，严加禁止。至若孙慎行、冯从吾、余懋衡三大头目，位尊势重，未经处分，恐根株不拔，引蔓牵藤，为害更烈，乞圣断施行。

得到张讷奏疏后，魏忠贤即下矫旨，拆毁书院，惩处书院讲学之人。其称：

这都城书院改作忠臣祠，久已有旨令改，如何到今尚未具复？其东林、关中、江右、徽州一切书院，俱著拆毁。暨田土房屋，估价变卖，催解助工。本内有名如邹元标，少负忠名，出山潦倒，其身虽死已久，然巨奸依势之恶尚存。著削了籍，仍追夺诰命。外如孙慎行、冯从吾、余懋衡名虽假乎理学，行无异于市井，或通关节，而居之不疑，或躬窝主，而觍颜无耻。甚至假仙惑世，吞产谋孤。读此令人发指。此三员都著削了籍为民，仍追夺诰命。……河东巡盐御史,既例不入陕,独以会讲而入,糜费公私,俟回道时都察院考核示惩。①

从上引张讷之疏和魏忠贤矫旨中可以看出,东林书院之毁是与东林党人,及诸多政治事件相牵连。阉党将东林书院和东林党捆绑在一起,必欲置之死地而后快。

事实上,八月,阉党在京城就残杀了杨涟、左光斗等"东林六君子"。从此冤狱大兴,他们编制《东林党人榜》《东林朋党录》《东林点将录》《东林协从》《东林同志录》等,以"东林遗奸""东林羽翼""东林鹰犬""东林帮手""东林嫡派""东林邪党""党附东林""结党东林""卖身东林"等"罪名"对付一切反对势力,搞"生者削籍,死者追夺,已经削夺者禁锢",东林书院和东林党遭到万劫不复的残酷打击。

天启六年(1626)二月,徐复阳上疏请将已经改为忠臣祠的首善书院移建于城外,以拔除"党根"。其称:"党有根,斯有孽。有根之人,有根之地,人已褫夺,地可复腥膻乎?""与其议改,毋宁议移。""况京师一移,则海内书院认敢不毁。必如是而后潜伺之阴谋可杜也。"② 这件事,在《明史·魏忠贤传》中,被记作"徐复阳请毁讲学书院,以绝党根"。三月,高攀龙、周起元等"东林后七君子"罹难。四月,魏忠贤借"开读"事件,再令将"苏常等处私造书院尽行拆毁,刻期回奏"。③ 四月二十八日,应天巡按徐吉

---

① 以上张讷之疏及魏氏矫旨,见《明熹宗实录》卷六二;又见《明熹宗七年都察院实录》卷一〇。
② 《明熹宗实录》卷六八。
③ 《明熹宗实录》卷六六。

第八章 讲会的劫难：明季三毁书院

发出十万火急票牌，责令无锡县官吏，"即便督同该地方人等，立时拆毁。拆下木料，俱即估价，以凭题解。不许存留片瓦寸椽"。① 五月初旬，一代名院，全部夷为平地。②

对于天启之毁，明清之际人孙承泽曾有过一个综述性记载，颇能反映当时讲学与党禁何以联系到一起的情况，兹引录如下：

> 有明盛时，各省俱有书院，自张江陵为政，始行禁止。江陵殁后，复稍稍建置，其著名者如江西之仁文书院，陕西之关中书院，及无锡之东林书院，而东林为盛。至天启中，京师始有首善书院。然人不知有各处书院也，而统谓之东林，又不知东林所自始也，而但借此二字以为排陷君子之具。东林书院者，乃明（按："明"为"宋"之误）杨龟山先生讲学之所也，后废为寺。顾泾阳先生自吏部罢归，购其地建杨先生祠，同志者相与构精舍居焉。至甲辰冬，始与高忠宪数公开讲其中，立为讲会，一以考亭白鹿洞规为教。然躬与讲席者，仅数人。时泾阳先生已辞光禄之召不赴，于新进立朝诸公漠无与也。适忠宪起为总宪，风裁大著，疏发御史崔呈秀之赃。呈秀遂父事忠贤，日唾忠贤曰："东林欲杀我父子。"忠贤亦不知东林为何地，东林之人为何人，辄曰东林杀我。既而杨左诸人攻珰，珰益信诸人之言不虚也。于是，有憾于诸君子者，牵连罗织以逢逆珰之恶，银铛大狱，惨动天地。于是，首毁京师首善书院，而天下之书院俱毁矣。③

---

① 《东林书院志》卷一四，第565页。
② 以上东林书院禁毁情况，参见朱文杰《东林书院被毁经过》，载《东南文化》1997年第3期。
③ 《书院考跋》，见《畿辅通志》卷一一二。

天启之毁书院，以政治上迫害东林党人为主要目标，遭到毁拆的书院，相比万历时期要少，其能辑录得到的，只有28所，兹据以制作成表8.2。

表8.2 天启禁毁书院情况一览

院名	院址	禁毁时间及记事	资料出处
首善书院	京师（京）		《畿辅通志》卷一一二
关中书院	西安（陕）		
东林书院	无锡（苏）	不留片瓦寸椽	许献等：《东林书院志》卷一八
明德书院	嘉定（苏）	改为劝农公所	柳诒征：《江苏书院志初稿》
西湖书院	杭州（浙）	天启五年，改为陆贽祠堂	《西湖志纂》卷三
紫阳书院	徽州（皖）		
紫阳书院	婺源（皖）		
福山书院	婺源（皖）		李才栋：《江西古代书院研究》，第354页 乾隆《江南通志》卷一六四 道光《徽州府志》卷三
中天书院	黟县（皖）		
碧阳书院	黟县（皖）		
林应书院	黟县（皖）		
还古书院	休宁（皖）		
泊阳书院	乐平（赣）		
怀玉书院	玉山（赣）		
濂溪书院	德化（赣）		
仁文书院	吉水（赣）		李才栋：《江西古代书院研究》，第354页。 雍正《江西通志》卷二一
征士书院	进贤（赣）	天启间，魏忠贤废毁天下书院，改为迎春亭	
钟陵书院	进贤（赣）		

第八章 讲会的劫难：明季三毁书院

续表

院名	院址	禁毁时间及记事	资料出处
栖贤书院	进贤（赣）		
鹅湖书院	铅山（赣）		
双溪书院	浮梁（赣）	天启间，魏忠贤毁天下书院，遂属民产	
友教书院	南昌（赣）		
正学书院	南昌（赣）		
复古书院	安福（赣）		
复真书院	安福（赣）		
白鹭洲书院	庐陵（赣）		
萃和书院	太和（赣）		
筠阳书院	高安（赣）	天启间，魏珰尽毁天下书院，奉檄甚亟，知府陶履中以改建公署申报	

天启被禁书院之所以较少，与地方官民反对阉党，拒不执行禁令有关，试举数例如下：

> 祝万龄，咸宁人……师乡人冯从吾，举万历四十四年进士，累官保定知府。天启六年，魏忠贤尽毁天下书院，万龄愤。逆党李鲁生遂劾万龄倡讹言，谓天变、地震、物怪、人妖，悉由毁书院所致，非圣诬天实甚。万龄遂落职。崇祯初，用荐起黄州知府，集诸生定惠书院，迪以正学。[①]

---

① 《明史》卷二九四《祝万龄传》，第 7549—7550 页。

以上指天变、地震、物怪、人妖，悉由毁书院所致。有识之士即在京城附近举揭正学，拉起了反对的大旗。

> 吕维祺，字介孺，河南新安人。父孔学称仁孝。维祺少能文，究心理学，闻乡先正孟云浦之风，私淑之，著《知非箴》《心法吟》。万历四十一年进士，授兖州推官，清狱囚，罢驿夫，行保甲法，擒黄河巨盗三十余人，立山左大会，置学田，注邵康节《孝弟诗》以教学者……擢吏部稽勋主事，历考功文选员外郎，验封郎中，执法不附。……魏珰闻而衔之。天启元年，假归，立芝泉讲会，从游者甚众。珰焰方炽，指为东林党人，毁书院，去程朱位，维祺祀伊洛七贤其中，与李日暄辈讲诵不辍。会城建珰祠，维祺移书诸绅，戒勿与。珰益恨，四年，推考功郎中，竟矫旨别推焉。①

由此可见，吕维祺以东林党人身份在中原立讲会，祀伊洛七贤，讲诵不辍，公然与阉党势力对抗。以下所记安福县知县即在江右王门重镇与阉党周旋，斗智斗勇，力保书院。

> 高赍明，广东人，进士。天启间，知安福县，有惠政。时魏珰毁天下书院，建生祠，邑有复古、复礼诸书院，皆在毁中。赍明曰：复古祀王文成、湛甘泉、邹文庄，文成学问事功在天下，毁之则得罪名教；甘泉为粤儒宗，某粤人，毁之则得罪乡先达；文庄为安福理学开先，毁之则得罪地方，宁死不敢为。诸书院岿然得存，邑人至今颂之。②

---

① 《东林列传》卷六《吕维祺传》。
② 雍正《江西通志》卷六一，《景印文渊阁四库全书》第516册。

第八章 讲会的劫难：明季三毁书院

正是以上各种形式的反对，有力地抑制了魏忠贤对书院的禁毁，减少了损失。但可惜的是，党争并没有随魏忠贤的失败而告结束，崇祯君臣将讲学书院和阉党的生祠混为一谈，纷争不清。① 虽然后来终有诏复书院之举，但时当明末王朝衰落之际，书院历经三毁，终致一蹶不振。

第四节　禁毁笼罩下的明季书院

明代中后期近百年时间内，书院连遭嘉靖、万历、天启三次禁毁，其所受到的打击非常严重，对书院的发展产生了深远的影响。一方面，它从总体上终结了书院蓬勃发展的强势劲

---

① 按，崇祯元年正月初五，倪元璐上《首论国是疏》，请求将"海内讲学书院，凡经逆党矫旨拆毁者，并宜令其葺复。盖书院、生祠相为胜负，生祠毁，书院岂不当复哉"，"奉旨：朕屡旨起废务秉虚公，酌量议用，有何方隅未化，正气未伸。这所奏不当，各处书院不许倡言创复，以滋纷扰"。算是严厉的批评，并且遭到了同僚指责。二十四日，倪元璐再上《驳杨侍御疏》，为书院讲学辩护，其称："夫元标之为两截人者，以其前半峭直后半宽和耳。若诋之为要钱多藏，则又是厂臣不爱钱之转语，臣决不敢奉命也。故谓都门聚讲非宜则可，谓元标讲学有他肠必不可；谓聚讲之徒不尽端人则可，谓讲之意或出邪谋必不可。且当日逆党之所以驱逐讲学诸人，而拆毁书院者，其意正欲以箝学士大夫之口，而恣其无所不为之心。自元标以伪见驱，而逆党遂以真儒自命，学宫之席俨然揖先圣为平交，使讲学诸人而在，岂遂至此哉！……当崔、魏之世，人皆任真率性为颂德生祠，使有一人矫激假借而不颂不祠，岂不犹赖此人哉！臣固非有取于假借，亦非谓东林贤者之于名义尽属假借也。东林已故及被难诸贤，自邹元标、王纪、高攀龙、杨涟之外，又如顾宪成、冯从吾、陈大绶、周顺昌、魏大忠、周起元、周宗建等之为真理学、真气节、真清操、真吏治，戍遭如赵南星之真骨力、真担当，其余被废诸臣，臣不敢疏名以冒荐举之嫌，而其间之为真名贤、真豪杰者多有其人，岂有所矫激假借而然哉？""奉旨：朕总揽人才，一秉虚公，诸臣亦宜消融意见，不得互相诋訾。"以上见倪元璐《倪文贞集·奏疏》卷一，《景印文渊阁四库全书》第1297册。由此可见当年纷争之一斑。

头，而另一方面，又强化了书院的社团性质，并引生出其政治性特色。

嘉靖之毁书院，主要针对王、湛讲学。从统计数据上看，嘉靖一朝建复书院596所，是明代历朝中最多的，其年平均数为13.244所，也是最高的，这说明书院的发展正处在巅峰状态。这哪里是"虽世宗力禁而终不能止"的问题，分明越禁越多。为什么会出现这种情况，论者多认为这是王门弟子以"师虽殁，天下传其道者，当有人也"的精神，"联讲会，立书院，相望于远近"，而强力反弹的结果，是一种"官方越禁，民间越办"的逆反心理的结果。这种判断，从大方向上讲是对的，但又可以补充之处。这时的王、湛门人不都在民间，出任地方官、朝官的大有人在。据统计，各级官府所建的书院，占57%到68%的比例。[1]尽管这些政府官员或为王、湛门徒，或为王、湛之学的信奉者，但我们不能完全将其归为"民间"，因为他们创建书院毕竟是动用了各级政府的资金与资源，因此也就很难说是"官府越禁，民间越办"。而另一方面，尊奉王、湛的地方官，又不能简单地将其不加区别地归于"官府"。我们必须注意到，在对待王、湛讲学这一问题上，他们和中央政府之间存在不同意见甚至是矛盾的地方。这说明，地方和朝廷没有保持一致。地方官府的保护、支持乃至直接经营，才是嘉靖年间越禁书院越多的主要原因所在。待到徐阶以内阁首辅主盟京师，大开讲会时，"凡抚台莅镇，必立书院，以鸠集生徒"，这才出现了中央和地方的一致。正是这种一致成就了嘉靖、隆庆长达50年的书院高速发展期。

然而，嘉靖之毁对书院的发展不是没有伤害的，朝廷发出

---

[1] 见邓洪波《中国书院史》，第284—285页。

第八章 讲会的劫难：明季三毁书院

的不完全是"空头禁令"。尽管王、湛之学流布天下，可以抵消这种伤害，但禁毁书院的疾风骤雨，并没有随嘉靖十六年、十七年两次具体行动而转瞬即逝，以政治上莫须有的罪名禁毁书院的专利被发明出来之后，就成了书院发展永久的内伤。

明显的例证是，湛若水在正德十五年（1520）制定《大科训规》时，就规定："朝廷立有太学及府州县学，所以教养人材甚密。本山书院，不过初为退居求志之地，四方儒士因而相从，间有生员向慕而来，亦所不却。但只可以请假养病行之，盖提学师乃朝廷所立之师也，辞师以从师，于义理恐有碍。"① 这说明，这位所到之处必建书院的大师，对处理书院与官府学校之间的关系有着清醒的认识，其处理也应该说是得当的。

但后来反对者的奏疏中，却有"多将朝廷学校废坏不修，别起书院"的指责。这说明，对书院讲学的禁锢是可以不需要理由的。如此风气，谁又能说不会影响书院的发展呢？讲学的书院被拆毁而人却被皇帝慰留南京的湛若水，最终还是选择了致仕回家，这难道不是压力的结果吗？因此，至少我们可以合理地推测，如果没有禁毁事件的发生，嘉靖年间的书院总数会更多，发展速度会更快。

万历之毁，源于对讲学的憎恶，由权相张居正强力推行，而且持续时间至少五年，书院所受的打击是严重的。显而易见的是 64 所书院改作公廨的文献记载，以及我们所能辑录到的各地遭到禁毁的 365 所书院，伤痕遍布十余个省区，其伤害真可谓不轻。统计数字也能说明问题。万历一朝建复书院总数 295 所，虽居明代第二位，但年平均数只有 6.276 所，位次嘉

---

① 湛若水：《大科训规》，见《湛甘泉先生文集》卷六。

靖、隆庆、正德之后，落到了第四位，发展速度受到了很大的影响。可以说，张居正的禁毁，彻底断送了明代书院因王、湛讲学而蓬勃兴盛的大好局面。从此，书院由盛转衰，走向下行之路。

天启之毁，由政治斗争而殃及书院，纯然出于阉党魏忠贤的祸国之心，连张居正时代重振官学，统一思想，以利改革的借口也不用再找，毫无理由可言。由"东林欲杀我"而还以残杀东林，拆毁殆尽，片瓦寸椽不留，可谓残暴。本来已经走在下坡路上的书院，经此一劫，就再也不可挽回地滑向低谷了。

据统计，天启年间全国也新建了21所书院，其中还包括颇具气象的京师首善书院。但终究经不住统治集团内部激烈党争的折腾，到魏忠贤矫旨尽毁天下书院，不但新建书院扫地以尽，而且相当一批旧有书院也遭拆毁。崇祯初年，魏忠贤垮台，经御史刘士佐等人疏请，诏令兴复天下书院。于是，全国新建书院84所，重建2所，合计86所，总数居弘治之后为第五位，年平均数居成化之后为第六位，也算有了一点起色。但此时的明王朝，在关外清军和关内李自成、张献忠农民起义军的联合打击下，统治已是风雨飘摇。值此末世，书院之振兴实属无望。

要言之，嘉靖初禁，抑制了书院的强劲发展势头；万历再禁，终结了书院的兴盛局面；天启三禁，书院几乎气绝。好不容易由王、湛两位大师讲学而带来的明代书院的辉煌，就这样一步一步地被断送，这就是三毁书院所带来的最直接的后果。

结语　明代书院讲学的特点

以讲会为中心考察完明代书院的发展历程之后,我们有必要就其发展特点做一个回溯性的总结。有关明代书院讲会特点的总结,可从形上、形下两个方面来进行。形而上者,约略言之,其大要不外有二:一是讲会友伦、师道并重,进而讲究吾党同志,形成同质性,使之结成社团,并由学术转向政治;二是讲席虽然轮换,讲会则所共尊。无论由朱转王,抑或由王转朱,明代学术谱系之流变,皆在立书院、联讲会中得以完成。以下谨就属于形而下者之讲学方式、组织形式两个方面予以申论。

一　以讲为学,以会为学

聚徒会众,以讲为学,是明代书院讲学的一大特色。然稽考明人文献,谈到"以讲为学",则多批评之词。魏校在给邹守益的信中就说:

> 伯载诵吾兄书,乐与四方讲学者接,此吾兄惓惓盛心也。虽然讲学者众,世道固甚可喜,而亦甚可忧,何也?

讲而不学者众也，是以讲为学者也。行必顾言，义必胜利，吾兄亦尝省其私乎？高明今方为人师匠，一言一行，后进楷模，愿以圣门讷言敏行为主。人心多动，则不能自还。明道有言，只外面有些罅隙便走。又曰人心缘境出入，亦不自知敬。为吾兄诵之。①

魏氏信中既以讲学为喜，更以"讲而不学""以讲为学"为忧，批评之意甚明，并以讷言敏行相规劝。邹守益在回信中虽对魏之规劝厚爱表示感谢，但对交砥互砺的讲学津津乐道，其指示错误、偏颇而趋人于中行之说，更表明他其实并不认为"以讲为学"就是"讲而不学"。其回信称：

凛凛然敏事讷言之规，敢不祗服，以无负厚爱！今伯载聚处里闬，洪甫复来柄郡教，斯文之兴，其几先兆矣。愿时加汲引，交砥互砺，以为来学标的。道，天下之达道也，古今人共由之。有所错误，有所偏陂，则相与指示，期趋于中行。古人舍己从人，乐取诸人以为善，意正如此。②

及至万历二十六年（1598），"以讲为学"的问题被再度提及。但这次已不是师友间的规劝，而是将其和讲学名家罗汝芳过往在宁国府、云南等地书院讲学传道扯在一起，上报朝廷，并最终引出驱逐学人而禁立书院的事件。其始作俑者是南京通政使杨时乔。

---

① 魏校：《庄渠遗书》卷四《与邹谦之》，嘉靖刻本。
② 邹守益：《复魏庄渠》，《邹守益集》卷一〇，第524页。

结语　明代书院讲学的特点

《明史》载，时乔"最不喜王守仁之学，辟之甚力，尤恶罗汝芳，官通政时，具疏斥之"。[1] 杨氏有疏云："（罗）大意在维世道正人心，而所指清本澄源者在辟邪说，所指为邪说之魁者，则原任参政罗汝芳也。"疏中罗列罗氏在宁国、云南等地"日集诸生文会讲学"，传其邪说，并称："数年来，始有直以释老之说为孔子之说，又以禅老在孔子上，直揽人于文章如科举文字者，又以传注为支离，而其言惟以讲为学，会众聚徒，即是不事修为阶级，以知为道，血气心知，即是不事躬行循理。一切皆归于禅老，后学皆不以经书为本领，内则心无所主，外则其言不归于禅老，则归于庄列，子史文体遂坏矣。"其时罗汝芳已逝世十年，秋后算账，似不厚道。

嗣后，礼部左侍郎摄部事余继登仍借"疏中辟邪崇正之论""移文都察院，转行直隶提学御史及各该巡按，遍行各提学官，地方中但有罢闲官员、山人方士、学佛学仙者，听其于山林空寂之处各修其业，有于通都大邑中聚徒至数十人者，即行驱逐。其不由抚按具题擅立书院、祠宇者，即行禁约，并禁坊间所刻离经叛道新说诸书，不许鬻卖。士子行文，务依二祖所颁示《集注》《大全》为主，而参以《蒙引》《存疑》诸书，各阐理道，勿杂禅机。提学校文，务取不背经义纯正典雅者，童儒仍用新说者不准入学，生员仍用新说者径自黜革。至于乡试、会试行文，知会一体遵行。有仍前不遵者，容臣部及该科指实参治。庶异说渐熄，圣学自明"。[2] 如此驱逐学人、禁刊新书、禁立书院，可谓凌厉。

然而，从《明史》"前尚书余继登奏请约禁，然习尚如

---

[1] 《明史》卷二二四《杨时乔传》，第5909页。
[2] 《淡然轩集》卷二《覆杨止庵疏》。杨时乔号止庵，上引杨疏文字等皆见余氏文中。

故"的记载来看,"士大夫多崇释氏,教士作文每窃其绪言,鄙弃传注"的局面并没有真正改变。① 立书院,联讲会,会众聚徒,以讲为学仍然是当时的主流。数年之后,顾宪成等重建东林书院,更将书院讲学推至另一个层面。

应该说,上述魏校的观点代表讲学者内部不同的声音,而杨时乔、余继登等人的意见,表达的则是反对阳明学派之最恶立场。尽管他们的切入点、关注点不尽相同,但对书院以讲为学的批评却是共通的。这表明,在反对者看来,从正嘉到隆万,数十年间,聚众会徒,以讲为学始终是一个悬而未决的问题。但实际上,就阳明后学而言,以讲为学则是一个持续了数十年的讲学传统。

需要指出的是,魏、杨、余等人的反对基本上还是在学术层面的交锋,虽然余氏之驱人禁院之议,几乎可以视作嘉靖、万历禁毁书院之后续动作,抑或看成是天启之毁的前奏,但终究还没有包藏明显的祸心,离以政治压制学术尚有足够安全的距离。职此之故,在经历东林书院—东林学派—东林党的惨案、改朝换代的巨变之后,清康熙晚期的学人胡煦可以留下比较中肯的评说文字。其称:

> 朱子之学以学为学,后儒之学以讲为学。子曰:君子欲讷于言而敏于行。

> 有借朱子而指摘阳明者。圣人之门,贵行而不贵言,使朱子而居阳明之时,不识能逮阳明之事功否?②

---

① 《明史》卷二一六《冯琦传》,第5705页。
② 胡煦:《周易函书别集》卷一二《篝灯约旨·朱子》,雍正刻本。

胡煦为康熙五十一年（1712）进士，官至礼部侍郎，已身处18世纪初而远离晚明当年的是非场景，所言属公平之论。因而，我们认同并赞赏其由"以学为学""以讲为学"分别朱子之学、阳明之学的观点，并进而主张，朱王之学互为参照，可以得出"以讲为学"是明代阳明学人书院讲学的一大特点的结论。

何以阳明学者要不同于"以学为学"的程朱理学传统，而高扬"以讲为学"的旗帜呢？这与阳明后学秉持"讲学须得与人人面授""须口口相传"的师训不无关系。《王阳明全集》附录钱德洪《刻文录叙说》一文，其称：

> 先生读《文录》，谓学者曰："此编以年月为次，使后世学者，知吾所学前后进诣不同。"又曰："某此意思赖诸贤信而不疑，须口口相传，广布同志，庶几不坠。若笔之于书，乃是异日事，必不得已，然后为此耳！"又曰："讲学须得与人人面授，然后得其所疑，时其浅深而语之。才涉纸笔，便十不能尽一二。"[①]

由此可知，王阳明对"面授"和"口口相传"的讲学方式情有独钟，因为只有这样才能知受教者学之浅深并相机而授，广布其学于天下同志。至于"笔之于书"，和口传、面授相比，其力"十不尽一二"，相差太远，不被王阳明看好。

先师既有如此圣训，阳明后学形成"以讲为学"远胜"以学为学"的普遍共识也就不足为奇了。因为以面授和口耳

[①] 《王阳明全集》卷四一，第1574页；又见《徐爱、钱德洪、董沄集》，第184页。

相传为主的"以讲为学",比之以读书和穷尽经史为主的"以学为学",要优越、快速、有效得多。更何况孔子早就慨叹,"学之不讲……是吾忧也",而学不讲不明,理不辩不明,本来就是古之明训。正是在这种情势之下,阳明学人奉"以讲为学"为利器,立书院,联讲会,鼓荡起百余年的心学思潮。

与"以讲为学"相近的表述还有"以会为学"。"以会为学"见王畿《与汪国潭》,其称:

> 弟春暮赴江西之约,期与东廓、念庵诸兄会于青原、白鹿之间。盖以会为学,务求取善之益,非敢以学为会也。①

在这里,"以会为学"和"以学为会"相对应,是王畿使用的一个谦词,意在表明他期赴青原会、白鹿洞书院讲会等这类江右著名讲会的崇敬之情。其实无论是"以会为学",还是"以学为会",仅是一体两面,只有将两者合而观之,才可得圆满之义。所谓"会所以讲学明道,非徒崇党与立门户而已也",②会之核心在讲学,在明道,讲学者既可以"以会为学",又何尝不可以"以学为会"呢?事实上,王畿一生赴会无数,会之于他,讲之于他,已经成为生命不可或缺的组成部分,会而讲之,年逾八十而不止,以讲会为志业,实乃天性使然。同时代,像王畿这样的人如邹守益、钱德洪、王艮等有很多,而学习仿效他们的后学则更多。代代相传,相生相衍,于是以讲为

---

① 《王畿集》卷一一,第281页。
② 王畿:《约会同志疏》,《王畿集》卷二,第53页。

结语　明代书院讲学的特点

学，随地举会，随缘结会，以会为学，以会证学，^① 赴会订学。^② 凡此种种，不胜枚举，自然演成明代书院讲学的一个持久而鲜明之特色。

以讲为学、以会为学、以会证学，其核心都是讲学，而一旦讲得过多，流而成弊，其结果也就难逃魏校所指之"讲而不学"。这是一个显而易见的病灶。因此，自王阳明开始，就提出了诸多防范措施，将讲学划为"讲之以口耳""讲之以身心"两类，主张轻口耳而重身心，轻讲说言词而重躬身实践，并将其上升为源自孔孟的一个重要原则。王阳明曾说："世之讲学者有二，有讲之以身心者，有讲之以口耳者。讲之以口耳，求之影响者也；讲之以身心，行著习察，实有诸己者也。如此，则知孔门之学矣。"^③ 四十余年之后的万历初年，王畿

---

① "以会证学"最原始的表述为"以会证此学"，见查铎万历年间为水西书院讲会所订立的《水西会条》序言中，其称："孟子云：'人之所以异于禽兽者几希。庶民去之，君子存之。'几希者，言此心之灵，只这些子。然人与禽兽之分，实系于此。故能存之，则此心之灵，常为之主。所以参三才而灵万物者以此。不能存之，则中无所主，而恣情纵欲，尚气斗狠，无所不为，名虽为人，实违禽兽不远矣。今语人以禽兽，未有不忿然怒者，乃在于几希之存不存。噫，可畏哉！故学也者，所以存此几希；学矣而有会也者，正求与朋友合并讲明此几希而求存之也。此会之不可以已也。然会以证此学，非必会而后学也。未会之先，用功何如，则于会中商之。既会之后，新得何如，则于会中启之，不徒泛泛浮论，徒长知见。庶乎会可以久，而学可以成也。"（《丛书集成初编》第733册，第1页）

② 王畿《松原晤语》有："因兄屡书期会，往赴松原新庐，共订所学。……往复证悟，意超如也。"又《书同心册卷》有："阳和张子志于圣学有年……期予往会，商订旧学……或发主静翕聚之旨，或申求仁一体之义，或究动静二境得失之机，往复参互，要在不悖师门宗教，诚所谓同心之言矣。"（分见《王畿集》卷二，第42页；卷五，第121页）又江右王门高弟"联讲会，以订证文成之学，因辟正学书院于省会，群彦士而修业焉"（见《刘蕺山集》卷一三《大中丞张浮峰先生暨配胡淑人合葬墓志铭》，《景印文渊阁四库全书》第1294册）。

③ 王守仁：《传习录》卷中，第172页。

在赴张元忭云门之会时，仍在强调老师的观点，其称："夫学必讲而后明，务为空言而实不继，则亦徒讲而已。……故曰讲学有二，有以口耳者，有以身心者。入耳出口，游谈无根，所谓口说也；行著习察，求以自得，所谓躬行也。"[1] 凡此云云，无非都是区别讲学的原则，可以存而不论。

这里我们将引王门安福弟子刘晓另一版本的言说，看看在同一原则指导之下，乡村书院的讲会中又是如何讲学的：

> 讲学不能废词说。词说似胜，躬行则寡。讲说亦不必别求，《五经》《四书》切于身心者甚多。先师天启，倡道东南，辩论考索，至当归一，直与洙泗血脉贯通。吾辈今日只宜探讨体验，优游实践，尊其所闻，行其所知。其于圣人之言有所未透，则当研究以求融会，其于贤儒之论有所未合，不妨放过以阙疑。殆究而言之，皆是糟粕，惟在咀嚼真味，以完精神，更不必索隐探玄，以惑后学。[2]

强调体验实践，强调尊闻行知，反对索隐探玄，意在躬行，讲求的是身心真味，反对的是言之糟粕。主张以研究融会而释未透，以阙疑而放过未合，以《四书》《五经》而切身心，意在防止讲词言说之胜而寡躬行。如此这般，可谓用心良苦。

正是内部原则的建立以及诸多约束，王门书院讲会以讲为学、以会为学得以长期在身心躬行的正确轨道上前行。然而，以讲为学、以会为学似乎也有一种滑入口耳之学、讲而不学的

---

[1] 王畿：《书同心册后语》，见《王畿集》附录二《龙溪会语》卷六，第782页。
[2] 《复真书院志》卷四《刘梅源先生语录》。

宿命。诚如王畿所说,"只因吾人许多习闻旧见缠绕,只得与剖析分疏。譬诸树木,被藤蔓牵缠,若非剪截解脱,本身生意终不条达"。无可奈何,"吾人今日讲学,未免说话太多,亦是不得已"。正是这种不得已的"在言语上承接过去,翻滋见解"的太多"说话","为病更甚",其结果"只是胜口说,与本根生意原无交涉也"。① 随着王门后学第一代门生相继去世,王学末流失去支持,一些书院讲会终于还是坠入原本就刻意防范的空谈性命,甚至由儒入禅的歧途。所幸东林学派由王转朱,东林书院由辨无善无恶而惩王学末流之弊,东林讲会挽口耳而归之身心,使以讲学为学、以会为学的讲学模式又回归到正确的发展路径。

二 轮会与联属大会

在一乡、一邑、一郡等一定的区域范围之内,通过一定的机制,轮流做东举办讲会,甚而跨越县州府省地界,联属而举大会,是明代书院讲学在组织形式上的最大特点。会讲、讲会虽在宋元即已成为书院讲学的常态,但联属而动,轮流举会,则到明代才蔚然风行。它是随地举会,以讲为学、以会为学、以会证学、以会订学等种种行为制度化的成果,是讲会走向成熟与辉煌的标志。

轮会有几种不同的表现形式。一会之内因为分工形成的轮值当班主事,是较低级别的轮会。王时槐万历年间为安福县东山会作《东山会田记》,其称:

---

① 王畿:《冲玄(元)会纪》,见《王畿集》附录二《龙溪会语》卷一,第 683 页。

昔邹文庄公亲受学于越中王先生之门，归而以所闻示邑之仕绅耆旧，诸文学后进咸翕然兴起者，发蕴启扃，而人睹日月之重辉也。于是，联诸同志会集于东山塔院，已而门人于塔院之后，特建讲堂，月举二会，轮直具膳以为常。公没，令子若孙太常宪佥迨今太史侍御，世遵行之弗替也。盖嘉靖壬寅，既历六十有余年矣。①

应该说，东山会中诸同志之举会、具膳，初始只是一种自发之举，等到规定月举二会，且轮值具膳以为常态之后，那就是一种自觉的行为，是一种制度的结果了。正是因为这种制度化的轮值，才使得东山之会可以坚持六十余年之久。安福县城复古书院也定有会中同志轮年主会之约，邹守益曾作《书复古精舍轮年约》，以"志量充满，弗伪弗废""亦临亦保，亦式亦入""维持充拓"相期。② 由此可知，由会中同志轮值供膳、轮年主会是安福讲会的一种重要举措，或许这种制度化的轮会，正是安福讲会之所以能够超迈他邑而为赣省之冠的重要原因之一。

与安福县的月举二会、轮值供膳、轮年主会类似，福州共学书院的会长直季，也是书院内部的一种轮会制度。共学会长为诸生领袖，负责"公举"院长、稽查各社诸生、统计会课会讲人数、支领经费等事。《共学书院会规》："会课分为云、龙、凤、虎、明、照、类、求八社，各立会长，每月以初三、十三、二十三日为期。""会长八人，每季供给银壹两，年计银肆两，按季给之。如有他出不任会事者，自行呈明，毋得滥

---

① 《塘南王先生友庆堂合稿》卷三。
② 邹守益：《书复古精舍轮年约》，《邹守益集》卷一七，第814页。

受，以滋议端。"①《共学书院善后》称："凡馆席以宪禁为据，一切禁戒，详具票中，分款职管，各当遵守。如云字号会长，掌云字号舍凡若干间，龙字号会长，掌龙字号舍若干间，听其稽查。中有习读暂归者，送锁钥与本号会长封识，本生与会长俱不得转让他人，以市私恩，俟复业时，仍付锁钥居之。如有败群致犯宪规者，会众听会长检举，会长听八社公检，一衷以主铎者，毋得徇私容隐，致干物议。""凡遇会讲、会课之期，直季会长总计人数，应用领若干，开单付看院门子，于乡绅处支给。会毕，直季者即同院会长查实，开注在簿，以凭季终送福州府及两县正官覆核印钤。如本日用有羡余，随即缴贮，有不足，不妨补领。"② 可见，共学会长虽然也是诸生领袖，但它不凭成绩优异而自动当选，需得接受八社会众"公检"，其责已转向稽查、管理，而且因为按季轮值，又有"直季会长"之称。

在一定的区域之内，由著名学者定期轮值主会是书院轮会的又一种形式。最典型的例证是王畿、钱德洪二人迭主宁国府的水西会。如前所述，水西会是宁国府属宣城、泾县、南陵、宁国、太平、旌德六邑大会，其创办与王、钱二人嘉靖二十七年（1548）率宁国、徽州士人赴江右复古书院讲会等有关，并且从一开始就确定了由二人迭主讲席。对此，邹守益的记录是："岁戊申，绪山钱君、龙溪王君赴会青原，诸生追随于匡庐、复古之间，议借泾邑水西三寺，以订六邑大会，延二君迭主讲席。"③ 王畿的记载略有不同，其称：

---

① 《共学书院志》卷上。
② 《共学书院志》卷下。
③ 《水西精舍记》，嘉庆《泾县志》卷八；又见《邹守益集》卷七，第403页。

> 戊申春仲，余因江右诸君子之期之青原，道经于泾，诸友闻余至，相与扳聚，信宿而别，沨沨若有所兴起。诸君惧其久而或变，复相与图会于水西，岁以春秋为期，蕲余与绪山子迭至，以求相观之益。余时心许之。①

由此可知，宁国六邑参考江右青原、复古会制，从一开始就请王畿与钱德洪轮值主会。

嘉靖二十八年（1549），首次宁国六邑大会，因故改在夏季，王畿主会，会众除宁国府之外，有"旁郡闻风而至者，凡二百三十人有奇"。会期十天，"晨夕会于法堂，究订旧学，共证新功，沨沨益有所兴起"。② 次年，"绪山钱子、龙溪王子皆迎以主会"，邹守益亦应邀率众参加，到水西崇庆寺时，"则积雪载途矣"。会期七天，会众"几二百人"。③ 其后，王畿、钱德洪轮流主持水西讲席，岁值赴会。如在《水西同志会籍》中，王于"嘉靖丁巳，岁值予赴会之期"，会期自四月朔至十三日，会众"百余人，晨夕聚处，显论微言，随所证悟，充然各自以为有得"。④ 在《宛陵会语》中，王也有"予以常期赴会宛陵，侯大集六邑之士友长幼千余人"讲会的记录。⑤ 王既自称"岁值"赴会，"常期赴会"，则王、钱二人轮主宁国六邑大会之制，持续经年，实属难能

---

① 王畿：《水西会约题词》，见《王畿集》附录二《龙溪会语》卷一，第679页。
② 王畿：《水西会约题词》，见《王畿集》附录二《龙溪会语》卷一，第679页—800页。
③ 邹守益：《书水西同志聚讲会约》，见《邹守益集》卷一五，第737—738页。
④ 《王畿集》卷二，第35—36页。
⑤ 《王畿集》卷二，第43页。

可贵。难怪龙溪曾说:"我一生精力在讲学,而尤属望于宁国者深矣。"① 事实上,经王、钱等人多年培植,水西书院之会成为南直隶最具活力的王学重镇,史有"水西之学名天下"之说。

一府之内,各县轮举大会,周而复始,长年坚持,是书院轮会的一种高级表现形式,典型的例证是徽州六邑大会。徽州古称新安,故又作新安六邑大会。六邑则指所辖歙县、休宁、婺源、祁门、黟县、绩溪六县。大会创始与王畿、钱德洪轮值赴会有关,且与前述宁国府六邑大会之水西会同时,在嘉靖二十九年(1550)。王畿在《建初山房会籍申约》中曾谈到此事,其称:

> 新安旧有六邑同志之会,予与绪山钱子更年莅会,以致交修之益。初会斗山,后因众不能容,改会于福田。今年秋仲,属休宁邵生汝任辈为会主,驰报让溪、觉山、周潭诸公及六邑之友,相期十月初九日会于建初山房。②

此条材料有三点值得注意,一是新安六邑大会之创始与王、钱二先生有关。二是大会初举于斗山(书院),后改会于福田(寺)。三是会期在十月。查邹守益嘉靖二十九年(1550)与王、钱二人共赴水西、斗山之会,其《斗山书院题六邑会簿》称:新安"六邑同志咸集","出六邑大会簿,订轮年之约,以征言。首祁门,次歙,次婺源,次休宁,周而复始,期以共

---

① 查铎:《纪龙溪先生终事》,见《王畿集》附录四,第848页。
② 《王畿集》卷二,第49页。

明斯学，毋愧于先哲"。① 由此可知，新安六邑轮举大会之事始于斗山书院，其创始与浙中、江右王学领袖关系密切。② 按：后世朱学者，或以新安为紫阳学术根本之地，不太愿意承认此事，而指大会始于陈白沙（弘治年间）或熊桂（正德十年）二人之紫阳书院讲会，③ 当谨予更正。

新安六邑大会之制，自嘉靖历隆庆、万历、泰昌以至天启、崇祯，跨越六朝，经受明季三毁书院的考验，至少坚持了九十年，可谓长久。而其轮年举会之法，六县共"订轮年之约"是一个基本原则。讲会的具体实施有一个完善的过程。其始如邹守益所言，只有祁门、歙、婺源、休宁四县轮值，黟县、绩溪二县则附修会事，未能独力承担。到万历二十三年（1595），绩溪县"独当一面"，首次承办六邑大会之后，六县轮年举会之制才最终排定，即黟县子、午年，绩溪丑、未年，歙县寅、申年，休宁卯、酉年，祁门辰、戌年，婺源巳、亥年。④ 在《还古书院志》的记载中，我们可以看到书院自万历二十五年至崇祯十二年（1597—1639）共42年的时间里所存有的完整会纪资料。除天启七年（1627）因书院被魏忠贤毁坏而停会一次之外，七次大会，逢卯、酉之年必举，六年一次，丝毫不差。兹将会纪情况制作成表9.1，以供研究参考。

---

① 《邹守益集》卷一五，第736页。
② 在南直隶的三个会圈中，笔者依陈大绶《重建东山书院记略》，提了新安六邑大会创始于邹守益嘉靖二十九年之东山讲会的观点。《祁门县志》卷一八。
③ 新安六邑大会创始二说，详见陈时龙先生《明代中晚期讲学运动（1522—1626）》，第339页。事实上，汪六符在《新安学会录》中，将新安大会与宋淳熙八年（1181）朱熹、陆九渊白鹿洞书院之会相联系，认定新安大会创始于庆元二年（1196）朱熹主教的天宁山房讲学，号为天宁大会。其事见《紫阳书院志》卷一六《会纪》。
④ 此处从陈时龙先生的说法，见《明代中晚期讲学运动（1522—1626）》，第340—342页。

结语 明代书院讲学的特点

表9.1 明代新安六邑大会还古书院会纪一览

讲会时间	会期	主教	主会/临会	到会人数	赴会	司会
万历二十五年丁酉十月	10天	余一龙	知县 祝世禄	数百人		
万历三十一年癸卯十月	10天	焦竑	知县 李乔岱	近千人	谢汝栋等	查云洲 14人
万历三十七年己酉十月	10天	余鲁源		不及详载		程熙明等 19人
万历四十三年乙卯九月	10天	金凤仪	知县 张汝懋	各邑150余人	外府外省 30余人	程熙明等 27人
天启元年辛酉十月	10天	高攀龙	程参寰	各邑138人	外郡27人	汪秉之等 35人
天启七年丁卯	书院毁于魏忠贤之禁，停会一次					
崇祯六年癸酉十月	10天	万尚烈 吴士	知县 王佐	不及详载	吴芝芳等 13人	王致吾等 18人
崇祯十二年己卯十月	10天	汪有源 翟文种		不及详载	汪调阳等 6人	王应祥等 12人

新安六邑大会之所以能够坚持近百年，有两点值得引起特别注意。首先是会所固定。虽然"往往于歙则斗山（书院）、汪村、崇文、向杲寺、等觉寺、福田寺，于休则天泉（书院）、建初、汶溪、落石、山斗、还古（书院）、白岳，于婺则福山（书院）、虹东（书院）、雪源、善济寺、天仙观、三贤寺、黄连山房，于黟则中天（书院）、延庆，于祁则东山（书院）、十王山、洞元观、谢氏、方氏、马氏宗祠，于绩则

太平山房、许氏家祠",① 可谓佛寺、道观、家祠、山房、书院,到处举会,但书院仍是主体。

其次是有一个由主会、司会、主教三者合一的制度化运作模式。主会主要由地方行政长官出任,代表官府,职责是召集会众,聘请名家担任主教,并出面邀请外地著名士绅参加大会。司会则由本县热心讲学、办事干练的士绅出任,是一个团队。还古书院的经验是,司会者来自城中、东牧、西牧、南牧四区,皆一时之选,代表民间力量,维持讲会正常运作,甚至当官府出现问题而缺席时,也能保证学会如期举行。主教则以著名学者担任,意在保证大会的学术水准。还古所聘六邑大会的主教多为名家。如焦竑乃状元出身,师事耿定向、罗汝芳,布道南京。高攀龙则为东林领袖,虽其并未亲临讲坛,但书面讲义之教言十五条却一举改变了大会"非良知莫宗"的局面,新安之学从此由王转朱。②

联属而举大会,一般先在较小的范围之内进行,等到影响较大、条件成熟之后,再逐渐扩大地域空间,由乡而县,由县而府,由府而省,甚至联省而动。上述江右惜阴会由安福县南乡而起,进而为县境四乡及县城复古书院大会,白鹭洲书院吉安九邑大会,青原五郡大会等,均是联属举会的成功先例。而宁国府六邑大会以水西书院为中心,新安六邑大会轮举于各邑,虽是两种表现形式,则同属联属举会的典型。而更大范围的举会,见于记载的还有约略包括徽州、宁国、池州、饶州、广德、滁州的青阳阳明书院六郡大会,环太湖地区东林、明道诸书院等联合举办的丽泽大会,等等,已备记于前,此不赘

---

① 《紫阳书院志》卷一六《会纪》。
② 《还古书院志》卷一一《会纪》,天启元年条按语。

述。其他徽宁广三郡大会、徽宁池饶四府大会、联省的江浙大会等则值得记述如下。

徽宁广三郡大会由宁国府知府罗汝芳主持,在水西书院举办,其事见曹胤儒《罗近溪师行实》,其称:"甲子,修水西书院,联徽、宁、广德之大夫士讲会其间,理学丕振。"① 与徽州府、宁国府、广德州三郡大会同时的,还有徽州、宁国、池州、饶州四府大会。值得注意的是,四府中的饶州府属江西省。这样,与三郡大会不同,四府大会实际上就是江左、江右两省联会了。可见,王学之会以同志联属,并不一定受行政区划的限制。四府大会创自罗汝芳、王畿,其事见周绅《颖滨书院讲学会序》,其称:"近代讲学,创自陈白沙,躬诣紫阳(书院),聚六邑人士,每岁一会,定有规条。后龙溪、近溪两先生扩而广之,为四府大会,各县轮司,罔敢逾期。"② 罗汝芳作为宁国知府,既创徽宁广三郡大会,则四府大会由其联络频主宁国、徽州六邑各书院讲会的王畿共同发起,自属题中之义。

由此,我们可合理推测,江左地区的跨郡大会,先由三郡大会开其端,进而推广到江右地区,发展成为跨越两省的四府大会。其灵魂人物则是罗汝芳、王畿,核心则是宁国、徽州二府各自的六邑大会。受其影响,罗、王后学则将这种联郡大会推广于南直隶地区。刘织为主的阳明书院六郡大会,汪有源在扬州所举的十州县大会,施宏猷、汪有源共举的南都十四郡大会,等等,皆闻名于时。③

---

① 《罗汝芳集》附录,第 839 页。
② 乾隆《绩溪县志》卷三,乾隆二十一年刻本。
③ 汪、施之十州县大会、十四郡大会的记载,见嘉靖《宁国府志》卷二八《人物志》,详陈时龙《明代中晚期讲学运动(1522—1626)》,第 346—347 页。

联郡大会与邑会、郡会同步而举,是书院讲会链中的一个突出环节,旨在整体运作。如江右之四府大会,就是"邑会季举,郡会岁举,徽、宁、池、饶四郡大会,于每岁暮春举于四郡之中"。① 会中讲学论辩,机锋逼人,以讲为学的特点十分明显,其中竟有致人"愤泣"者。在记录邹元标吉水仁文书院讲学情况的《仁文会纪》中,就记载着一段新安人汪君畤因答问语涉支离而被逼退的故事。兹引如下,以传当年大会之神韵:

> 新安王文轸冒雨雪渡番湖,千余里而造先生之门。先生问汪君畤彼时来意。轸答以在饶(州)作四郡大会,祝师主教,有一友歌"水尽山穷孔孟乡"。祝师问:如何是水尽山穷。君畤答语稍涉支离,祝师逼之,因愤泣而别,以造先生之门。②

邹元标仁文书院之会,始于万历禁毁书院之后,上文所称祝师,当为万历二十年(1592)创建还古书院以为徽州六邑大会之所的休宁县知县祝世禄。由此可知,创于嘉靖中期的四府大会,传至万历中期,差不多半个世纪,还是活力依旧,有着很强的生命力。

联合各郡而举一省大会,亦是阳明学者努力的方向。前述南都十四郡大会已经接近目标,但南都所辖共十八郡,毕竟难说圆满。查成功举办一省大会的唯有江西。其发起主盟者是罗汝芳,承办者为永丰县聂静(号泉崖),罗氏门人黄思孔刻

---

① 道光《徽州府志》卷一一之三《人物志》,张振德条。
② 邹元标:《仁文会纪》,见邹氏《邹先生语义合编》卷下,万历四十七年刻本。

结语 明代书院讲学的特点

《江省大会录》,① 以记其讲会内容。可惜此录今已不传,我们仅能从罗氏当年的邀请函中了解江省大会的概况。其称:"江右名区,赖诸先达讲学立会,在诸郡邑兴起,已非一日矣。所少者,通省合并一会。"因此,他先请得"宗师岩泉徐公"支持,并与省会诸绅共议,将会所定在南昌塔寺。但此议为吉安府诸缙绅反对,"咸谓省中事体未便,惟永丰地僻路均,且聂泉崖兄力任供应",因而改定永丰作为通省大会之所,并"敬报"全省,"凡缙绅士夫及高尚隐逸,俱以来年二月中旬为始,悉赴永丰,共成合省大会"②"理学惟吉安为盛",此之谓也。学术权威超迈官府,使江省大会得以成功举办于永丰。

而后,有着更大学术热情的吉安阳明学人,又发起并成功举办了更大范围的江西、浙江两省王学大会——江浙同志大会。江浙同志大会,③ 又作江浙大会,④ 因为举行的地点不同,又有冲玄之会、怀玉书院之会、闻讲书院之会之别。

冲玄之会倡议于嘉靖二十七年(1548)六至七月的吉安青原惜阴大会,核心人物是罗洪先、邹守益、刘魁、刘邦采、钱德洪、王畿。初议会址为道教圣地龙虎山,至八月罗、王等人到实地考察后定在冲玄观。谈到筹备情况时,王畿曾说:"窃念浙为首善之地,江右为过化之区,讲学之风于斯为盛。"

---

① 罗怀智:《罗明德公书目》,见《罗汝芳集》,第 8 页。
② 罗汝芳:《束合省同志》,《罗明德公文集》卷五,见《罗汝芳集》,第 678 页。
③ 邹守益《乌土溪水利记》称:"江浙同志大会,初举于冲玄,再举于怀玉,予与刘师泉、陈明水束装而赴焉。"见《邹守益集》卷七,第 412 页。邹氏《广信讲语》有:"先师云亡,浙、江为大会,以振微言。己酉会于冲玄,庚申复会于怀玉。"见《邹守益集》卷一五,第 726 页。
④ 王畿《冲玄(元)会纪》有"乃定为每岁江浙大会之约"之说,见《王畿集》附录二《龙溪会语》卷一,第 681 页。以下所引王畿文字,亦出于此。

此际，王氏既"得冲玄精庐，乃定为每岁江浙大会之约，书壁示期"。冲玄观墙上的会约文字由罗洪先题写，其称：

> 嘉靖戊申中秋，山阴龙溪王畿，宣城贡安国、王汝舟，新淦云泉吴远，吉州念庵罗洪先、王托，洪都王绎，安仁桂轨同游仙岩，入龙虎山，冒雨过冲玄观，登爱山楼。凭阑四顾，万木萧森。感年华之不留，慨朋簪之难簪。日者，青原之会，绪山钱德洪、晴川刘魁、东廓邹守益、狮泉刘邦采诸君子，相期选胜名山，论心晏岁，偶逢兹境，良副夙怀。且楚越道理适均，而朱陆异同可合。鹅湖地近，再求续于荒盟；刿曲舟来，永言归于新好。共勤远志，无负斯文。吉水周充以病留上清。①

罗洪先状元出身，且有书壁之约，因而被尊为冲玄之会的主盟。②

嘉靖二十八年（1549）九月，冲玄之会如约举行，但盟主罗洪先以外父之葬未能赴会。会期"旬余"，赴会者江西方面有邹守益、聂豹、刘邦采、陈九川（明水）等，浙江方面有王畿、钱德洪等，另有南直隶方面的洪觉山、谢惟仁、汪希文等，实际上是三省大会，会众七十余人，③ 几乎包括了当年

---

① 罗洪先：《夏游记》，《罗洪先集》卷三，第69—70页。
② 盟主之说，见陈九川《明水陈先生文集》卷一《简罗念庵》，清抄本，其称："往秋力疾，赴冲玄之会，栖居旬余，而盟主不至，曷副初心？"又，罗洪先《刻冲玄录序》亦称："忆冲玄之会，议实始余，以外氏葬，不克赴，恒有愧心。"见《罗洪先集》卷一一，第497页。
③ 冲玄之会会众人数，《王畿集》所载两个版本的《冲玄会纪》，一作百余人（卷一，第3页），一作七十余人（附录《龙溪会语》卷一，第681页）。今舍简约本而作七十余人。

全部的王学精英。讲会成果有王畿的《冲玄会纪》,① 邹守益的《冲玄录》传世,盟主罗洪先除为重刻《冲玄录》作序以抒己见之外,还特意补作《夏游记》,以记赴会青原、约会冲玄之事,并就邹、王诸人会中之主要议题做了回应。讲会内容,如陈来所论,涉及寂感、心体自然、大学诸条目,辨志去私、规矩方圆、格致内外、真性太极、不睹不闻、著善掩恶、释道二氏、闲思杂念、忧患、良知意见、戒惧慎独诸议题,颇为广泛。②

冲玄之会原本"定为每岁江浙大会之约",但第二次江浙大会却要等到十年之后才在怀玉书院举行。怀玉书院在广信府玉山县,地当江浙两省交界处,本为宋元旧院,明代成化、正德皆曾修复,但屡被僧人侵占。嘉靖三十五年(1556),提学王宗沐报请巡抚马森、巡按徐绅,再改寺院为书院。历经吉阳何迁、东泉郑本立暨方伯张元冲、副使翁大立、陆稳、郡守林光祖、周俶合志赞襄、鄱阳知县沈桂、铅山知县陈垣等人董其事,至三十七年(1558),新院舍始落成。在官方布局中,嘉靖重建怀玉书院,是要将其建成为鄱阳湖以东的王学基地,以与省会正学书院相呼应。刘宗周在张元冲的墓志中就谓其"宦辙前后在江西最久,政事之暇,日与东郭、念庵、洛村、枫潭诸公联讲会,以订证文成之学,因辟正学书院于省会,群彦士而修业焉。先生岁时进考,其成喁喁如也,异时名世巨儒多出其中已。又建怀玉书院于信州,以处湖东诸郡士,且特迎

---

① 《冲玄会纪》,清刻本因避康熙皇帝名讳,改作《冲元会纪》,今应改回。又《会纪》两个版本,简约版仅七条,完全版则为十一条,当以完全版为准。
② 陈来:《明嘉靖时期王学知识人的会讲活动》,《中国近世思想史研究》,第372页。

龙溪、绪山两先生递主讲席,江右宗风丕振。遂留绪山卒文成《年谱》之役,相与上下其议论,逾年而竣。先生之有功于师门如此"。① 既迎王畿、钱德洪递主讲席,又在院中修成《王阳明年谱》,可见官方对其建设极为重视。因而其规模宏敞,自属情理之中,院中规制已如前述,此不赘言。惟邹守益曾谓:"予谒书院多矣,白鹿幽而境未爽,石鼓奇而基未弘,岳麓壮而局未端,兼之者,其怀玉乎!"② 其幽奇壮丽之境,由此可窥一端。

怀玉书院之江浙大会,在邹守益的记忆中,是冲玄之会十年之后的事。在《怀玉书院志序》中,他说:"嘉靖庚戌,念庵子约江浙同志会于冲玄,凡十年矣。庚申之春,绪山子复约于怀玉,同志自远而集,凡百余人。"③ 但冲玄之会举于己酉而不是庚戌,其《广信讲语》亦云:"先师云亡,浙、江为大会以振微言。己酉会于冲玄,庚申复会于怀玉。"④ 可见邹氏记忆稍误。其实怀玉之会举于冲玄会后十年并未错,但时间是己未,而庚申之会则是怀玉书院举行的第二次江浙大会。

嘉靖三十八年(1559,己未),怀玉书院首举江浙大会,主盟钱德洪,会众百十人。有关大会记录,见参会者夏浚所作《易简堂记》,其称:

> 嘉靖戊午,怀玉书院工成。……初,山长绪山钱子应聘入山,既正皋比之席,乃驰疏约会,山长巾石吕子(怀)赴焉,吉阳胡子、近庵桂子、学愚吴子暨予小子浚

---

① 《刘蕺山集》卷一三《大中丞张浮峰先生暨配胡淑人合葬墓志铭》。
② 邹守益:《怀玉书院志序》,《邹守益集》卷四,第202页。
③ 《邹守益集》卷四,第202页。
④ 《邹守益集》卷一五,第726页。

结语　明代书院讲学的特点

偕往。时己未四月己卯也。盍簪之朋凡百十人，相与印证此学，期于大同，其聚甚乐，偲偲如，于于如也，视诸鹅湖盟会有光焉。①

怀玉书院设置两位山长，在明代实属罕见。但从钱德洪疏约吕怀这一细节，似乎又可看出，钱山长的地位要略高于吕山长。钱、吕二人同聘于提督学政，其地位高下如何，可以存而不论。重点在于，他们二位同为山长，同为主盟，一起主持了怀玉书院第一次江浙同志大会。

次年（1560，庚申）怀玉书院再举江浙大会，钱德洪以书院山长和《阳明年谱》主修的双重身份，② 再任大会主盟。邹守益、刘邦采、夏浚等与会，会众百余人。王畿有《怀玉书院会语》传世，③ 内容以去善恶杂用而扫除私欲为主，但不记所讲年月。夏浚在给邹守益的信中曾说："某不自意得缘怀玉之会，获领教言之详，若积善为祈天之本，寡欲兆多男之祥，当终身诵之服之。④ 可见，扫除私欲之外，积善、寡欲等也是讲会主题之一，与会之人从讲学中受益匪浅，可以终身诵

---

① 《易简堂记》，见佚名《玉山县怀玉草堂斗山端明书院志》；又见《月川类草》卷六。
② 当年玉宗沐、张元冲等聘钱德洪为怀玉书院山长的主要目的之一，就是希望钱能"卒成"《王阳明年谱》于院中。而据罗洪先《阳明先生年谱考订序》称：十六年之后，"洪甫（钱之号）携《年谱》稿二三册来，谓之曰，戊申青原之聚，今几人哉？洪甫惧，始坚怀玉之留。明年四月，《年谱》编次成书，来践约"云云（《罗洪先集》卷一一，第516页）。则钱后来坚守怀玉书院，终于编成《年谱》，可见其对于主修先师《年谱》之重视。
③ 《王畿集》卷二，第40—41页。
④ 夏浚：《简东廓先生二》，见《月川类草》卷一〇。转引自陈时龙《明代中晚期讲学运动（1522—1626）》，第98页。

之服之。

闻讲书院之会接续庚申怀玉书院之会召开,主会者为邹守益,会众主要是畏"高邃"未赴怀玉大会的江西、浙江、南直隶三省讲学同志。吕怀在同一年的端午节前二日作《东廓邹先生文集序》时,对此会缘由及与会主要人物、讲会主题等做过交代,其称:"庚申,怀以南仆少卿致政家食,先生赴绪山钱丈怀玉之约,偕刘狮泉、陈明水、管南屏、濮回堂、况郭山诸丈会信,合诸友论致良知之学于信之闻讲堂。"所讲以心之真知为良知云云。邹守益自己也说,怀玉大会时,因为"怀玉高邃,无力者不能往,乃会徽、宁、苏、湖、广德同志,以聚于广信"。① 邹氏所讲为《孟子·鸡鸣而起》一章,并著有《广信讲语》传世。

与冲玄之会不同,闻讲书院之会和两次怀玉书院之会,除民间著名学者的身影之外,我们时时可以感知来自官方的支持。提学副使王宗沐《怀玉书院碑》称:"明年己未,余再至。首立御制《敬一箴》楼,像先师。复定规条,申厉约束,厘夫马供亿烦费,益以东岳庙与永丰县博山寺租,以给诸生,规制又稍备备。复请于巡抚何公迁、巡按郑公本立,聘余姚郎中钱公德洪、永丰少卿吕公怀主教事。"② 邹守益也说:"是役也,敬所、苍溪二督学主其议,吉阳、浮峰二中丞协其绩,而东泉柱史既藩臬赞其成,巾石大仆、绪山秋卿、南屏冬官莅其教。"③ 由此可见,建楼像祀,划拨外县田租以为经费,请求巡抚聘请山长主教,等等,规制区划,皆由官府。两相对照,我们即可明了,民间的王学领袖可以发动联省师门大会,但难

---

① 邹守益:《广信讲语》,《邹守益集》卷一五,第725—727页。
② 王宗沐:《敬所王先生集》卷一六。
③ 邹守益:《怀玉书院志序》,《邹守益集》卷四,第202页。

以为继，仅此而已，虽有每岁之约，而冲玄之会却一举不再。十年之后，怀玉、闻讲之会连岁三举，实则得力于省、府、县各级官府"主其议""协其绩""赞其成"。可见，官府的支持对于书院讲会的存废兴举实有着极大的影响。

　　应该说，民间的王学领袖，可以在乡邑等较小的范围之内，以一己或诸弟子之力成"立书院、联讲会"之势，但要跨府联省，在更大的范围之内数举大会，就有些力不从心了。这时，官府的协调、支持就显得必要且重要了。诚然，王学有在朝、在野之分。官府衙门、庙堂之上的王门子弟及其后学，可以动用官府的力量，适时支援。提学王宗沐"像先师"一语，中丞张元冲"有功于师门"之说，凡此种种，即透露出其王门子弟的身份。正是他们以官府身份的支持，才有联省大会连年的成功举办。总之，朝野上下王门弟子及其后学的合力推动，才是"立书院、联讲会"可以"相望于远近"，甚至倾动朝野的根本原因。

附　录

附录表1　明代书院统计

单位：所

省区	洪武	建文	永乐	宣德	正统	景泰	天顺	成化	弘治	正德	嘉靖	隆庆	万历	天启	崇祯	未详	合计
直隶							/1	1/1	6/2	36/	5/	18/1	1/	3/	18/4	88/9
河南				/1		1/	9/1	2/1	2/1	19/5	2/	18/		6/	30/1	89/10
山西	/1		1/		/1		6/2	4/1	13/1		11/1	5/	1/	18/	59/7
陕西				1/		/2	11/3	2/1	8/		11/		2/		7/	42/6
甘肃						1/			11/		1/		1/	3/	17/
辽东								3/		3/						6/
山东	1/		/1		3/1	1/	7/2	6/1	30/	4/1	12/1	2/			20/	87/9
江苏	/1		/3	2/	2/	2/	/1	5/	8/2	34/6	9/	19/2	1/	3/	17/1	103/16
安徽	4/		/1				4/2	2/2	7/1	53/2	3/	19/2	1/	8/	30/3	131/13
浙江			/2	/2	1/	/2	4/5	2/1	4/2	45/10	4/	25/2		7/	48/3	139/31
江西	7/4		2/5	1/1	4/3	3/6	/4	2/4	9/5	21/6	53/8	12/	34/4	3/	8/1	51/9	210/60
福建	7/10	/1	/1	/2	1/7	/2	/2	2/5	/2	22/4	50/3	5/	13/2		7/1	25/5	136/44
湖北	1/		1/			1/	1/	2/1	8/1	13/2	26/		16/1	2/	6/	27/3	104/8
湖南		/1			/1		/1	3/4	4/2	3/3	31/6	1/1	9/2	1/	3/	23/1	78/22
广东	4/1		4/1	1/	2/1		4/2	4/	9/	4/1	64/4	2/	36/1	1/	19/	41/1	195/12
广西	1/1		2/1		/1	1/		2/		1/1	22/	1/	5/1		2/	4/	7/	50/5
云南								4/	7/	23/	12/	14/	1/	2/	16/	79/
贵州								2/	3/	11/	2/	7/			3/	28/
四川				2/			7/2		9/	18/1	3/	7/	1/	4/	15/	66/3
小计	25/18	/1	9/10	3/10	15/16		8/9	8/11	48/30	75/20	122/28	550/46	65/2	275/20	21/	84/2	399/31	1707/255
合计	43	1	19	13	31	17	19	78	95	150	596	67	295	21	86	430	1962

注："/"前为新建书院数，后为重建书院数。

附录表 2 明代书院分省统计

单位：所

省区	新建书院 统计数	名次	重建书院 统计数	名次	合计 总数	名次	曹松叶 统计数	最新 统计数
直隶	88	9	9	9	97	10	37	
北京								6
河北								70
河南	89	8	10	8	99	9	81	112
山西	59	14	7	11	66	14	26	61
陕西	42	16	6	12	48	16	24	28
甘肃	17	18			17	18	18	8
青海								1
宁夏								2
辽东	6	19			6	19	3	
辽宁								7
山东	87	10	9	9	96	11	43	69
江苏	103	7	16	5	119	6	46	66
上海								5
安徽	131	5	13	6	144	5	73	99
浙江	139	3	31	3	170	4	120	199
江西	210	1	60	1	270	1	251	287
福建	136	4	44	2	180	3	138	107
湖北	104	6	8	10	112	7	43	69
湖南	78	12	22	4	100	8	102	102
广东	195	2	12	7	207	2	94	156
海南								17
香港								1
广西	50	15	5	13	55	15	61	71
云南	79	11			79	12	50	66
贵州	28	17			28	17	18	27
四川	66	13	3	14	69	13	11	63
合计	1707		255		1962		1239	1699
省平均数	89.842		13.421		103.263		65.210	67.960

附录表3 明代书院分朝统计

单位：所

朝代	新建书院数	重建书院数	合计 总数	合计 名次	年平均数 平均数	年平均数 名次	曹松叶统计数
洪武 1368—1398	25	18	43	8	1.387	12	18
建文 1399—1402		1	1	14	0.250	15	0
永乐 1403—1424	9	10	19	11	0.863	14	10
洪熙 1425							1
宣德 1426—1435	3	10	13	13	1.300	13	7
正统 1436—1449	15	16	31	9	2.214	11	16
景泰 1450—1456	8	9	17	12	2.428	9	9
天顺 1457—1464	8	11	19	11	2.375	10	8
成化 1465—1487	48	30	78	6	3.391	7	63
弘治 1488—1505	75	20	95	4	5.277	5	62
正德 1506—1521	122	28	150	3	9.375	3	86
嘉靖 1522—1566	550	46	596	1	13.244	1	348
隆庆 1567—1572	65	2	67	7	11.166	2	51
万历 1573—1619	275	20	295	2	6.276	4	219

续表

朝代	新建书院数	重建书院数	合计 总数	合计 名次	年平均数 平均数	年平均数 名次	曹松叶统计数
泰昌 1620							0
天启 1621—1627	21		21	10	3.000	8	10
崇祯 1628—1644	84	2	86	5	5.058	6	56
未详	399	32	431		1.556		275
合计	1707	255	1962		7.083		1239
每朝平均数	100.411	15.00	115.411				72.882

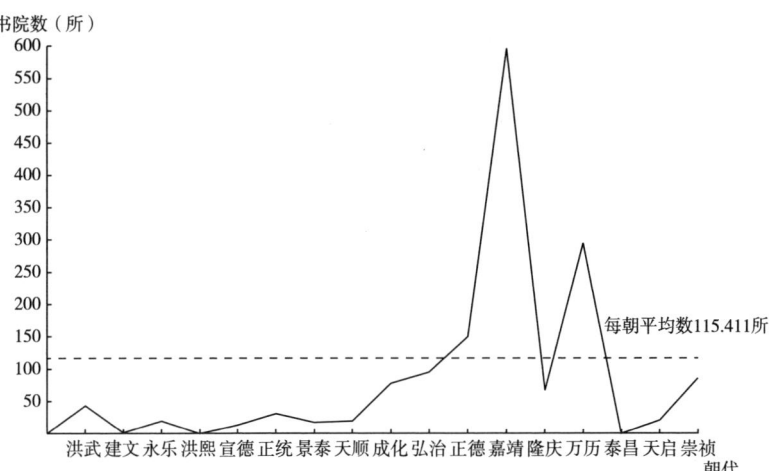

附录图1　明代书院发展轨迹参考Ⅰ

| 明代书院讲会研究 |

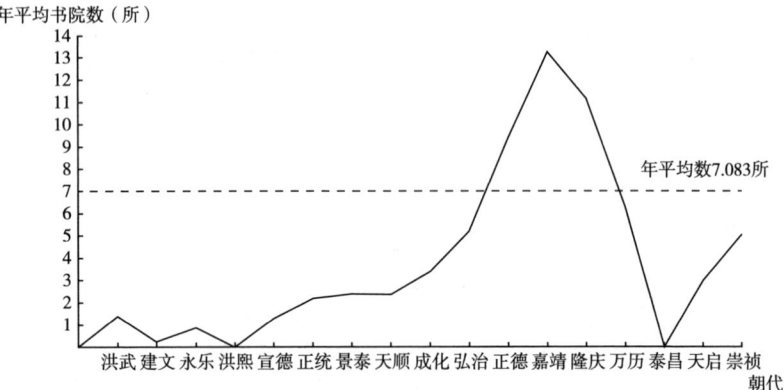

附录图2　明代书院发展轨迹参考Ⅱ

参考文献

一 书院志

（明）陈论、吴道行：《重修岳麓书院图志》，万历二十年刊本

（明）程美等：《明经书院录》，嘉靖、隆庆增补本

（明）方季和：《瀛山书院志》，《中国历代书院志》本

（明）方学渐：《崇实会约》，《中国历代书院志》本

（明）何载图：《关中书院志》，万历三十七年刊本

（明）来时熙：《弘道书院志》，弘治刊本

（明）李安仁等：《重修石鼓书院志》，万历十七年刊本

（明）李梦阳：《白鹿洞书院新志》，嘉靖刊本

（明）吕高：《湖南书院训规》，《江峰漫稿》附刻本，南京国学图书馆影印本，1934

（明）马书林等：《百泉书院志》，嘉靖十二年刊本

（明）聂良杞：《百泉书院志》，万历六年刊本

（明）孙国桢：《共学书院志》，万历刊本

（明）孙慎行、张鼐等：《虞山书院志》，万历刊本

（明）萧良干：《稽山会约》，《丛书集成初编》本

（明）萧雍：《赤山会语》，《丛书集成初编》本

（明）萧雍：《赤山会约》，《丛书集成初编》本

（明）岳元声、岳和声：《仁文书院志》，《中国历代书院志》本

（明）查铎：《楚中会条》，《丛书集成初编》本

（明）查铎：《水西会条》，《丛书集成初编》本

（明）翟台：《水西问答》，《丛书集成初编》本

（明）翟台：《惜阴书院绪言》，《丛书集成初编》本

（明）张文化：《二张先生书院录》，万历十七年刊本

（清）方季和：《五刻瀛山书院志》，道光十六年刊本

（清）耿介：《嵩阳书院志》，康熙二十三年刊本

（清）来锡蕃等：《鳌峰书院纪略》，道光十八年刊本

（清）李来章：《敕赐紫云书院志》，清刻李氏礼山园全集本

（清）林邦辉：《蔚文书院全志》，嘉庆二十四年刊本

（清）刘绎：《白鹭洲书院志》，江西人民出版社，2008

（清）欧阳厚均：《岳麓诗文钞》，道光十年刊本

（清）施璜：《紫阳书院志》，康熙刊本

（清）施璜等：《还古书院志》，乾隆六年刊本

（清）书院弟子：《姚江书院志略》，乾隆五十九年刊本

（清）王昶：《天下书院总志》，清抄本

（清）王会釐：《问津院志》，光绪三十一年刊本

（清）王吉：《复真书院志》，康熙二十三年刊本

（清）王同：《杭州三书院纪略》，清抄本

（清）许献等：《东林书院志》，东林书院整理本，中华书局，2004

（清）杨毓健等：《重修南溪书院志》，康熙五十六年刊本

（清）佚名：《玉山县怀玉草堂斗山端明书院志》，清抄本

（清）游光绎：《鳌峰书院志》，道光十年正谊堂增补本

（清）赵宁：《岳麓书院志》，康熙二十七年镜水堂刻后印本

陈连生：《鹅湖书院志》，黄山书社，1994

赵所生、薛正兴：《中国历代书院志》（全十六册），江苏教育出版社，1995

朱瑞熙、孙家骅：《白鹿洞书院古志五种》，中华书局，1995

二　地方志

正德《云南志》，天一阁藏本

嘉靖《东乡县志》，嘉靖刻本

嘉靖《南阳府志》，南阳地区地方志总编室

嘉靖《宁国府志》，嘉靖刻本

万历《温州府志》，万历三十二年刻本

天启《平湖县志》，天启刻本

康熙《常州府志》，康熙三十四年刻本

康熙《抚宁县志》，康熙二十一年刻本

康熙《徽州府志》，康熙三十八年刻本

康熙《无锡县志》，康熙刻本

康熙《婺源县志》，康熙三十二年刻本

康熙《云南通志》，《景印文渊阁四库全书》本

雍正《广西通志》，《景印文渊阁四库全书》本

雍正《河南通志》，《景印文渊阁四库全书》本

雍正《湖广通志》，《景印文渊阁四库全书》本

雍正《畿辅通志》，雍正十三年刻本

雍正《江西通志》，《景印文渊阁四库全书》本
雍正《宁波府志》，雍正十一年刻乾隆六年补刻本
雍正《山西通志》，《景印文渊阁四库全书》本
雍正《陕西通志》，《景印文渊阁四库全书》本
雍正《浙江通志》，《景印文渊阁四库全书》本
乾隆《衡州府志》，乾隆二十八年刊刻光绪元年补刻本
乾隆《绩溪县志》，乾隆二十一年刻本
乾隆《江南通志》，乾隆元年刻本
乾隆《龙溪县志》，乾隆二十七年刻本
乾隆《蕲州志》，乾隆二十年刻本
乾隆《绍兴府志》，乾隆五十七年刊本
乾隆《汀州府志》，同治六年刊本
乾隆《云南通志》，乾隆元年刻本
嘉庆《介休县志》，嘉庆二十四年刊本
嘉庆《泾县志》，民国重印本，1914
嘉庆《四川通志》，嘉庆二十一年刊本
嘉庆《重修宜兴县旧志》，嘉庆二年刻本
道光《徽州府志》，道光七年刻本
道光《蒲圻县志》，道光十六年刊本
同治《嘉定府志》，巴蜀书社，2017
同治《祁门县志》，同治十二年刻本
同治《韶州府志》，同治十三年刊本
同治《泰和县志》，光绪四年刻本
同治《永新县志》，同治十三年刻本
光绪《吉安府志》，中华书局，2016
光绪《江西通志》，光绪七年刻本
光绪《续修庐州府志》，光绪十一年刊本

光绪《南阳县志》,光绪十三年刊本
光绪《三原县新志》,光绪六年刻本
民国《大名县志》,民国铅印本,1934
民国《杭州府志》,《中国地方志集成》本
民国《乐昌县志》,民国铅印本,1931

三 其他古籍

(后晋)刘昫等:《旧唐书》,中华书局,1975

(宋)李昉:《太平广记》,《景印文渊阁四库全书》本

(宋)李心传:《建炎以来系年要录》,上海古籍出版社,2008

(宋)牟巘:《牟氏陵阳集》,《景印文渊阁四库全书》本

(宋)邵伯温:《邵氏闻见录》,《景印文渊阁四库全书》本

(宋)释普济:《五灯会元》,《景印文渊阁四库全书》本

(宋)王迈:《臞轩集》,《景印文渊阁四库全书》本

(宋)徐鹿卿:《清正存稿》,《景印文渊阁四库全书》本

(宋)喻良能:《香山集》,《景印文渊阁四库全书》本

(宋)真德秀:《西山文集》,《景印文渊阁四库全书》本

(宋)周必大:《文忠集》,《景印文渊阁四库全书》本

(宋)周应合:《景定建康志》,嘉庆六年金陵孙忠湣祠刻本

(宋)朱熹:《晦庵集》,《景印文渊阁四库全书》本

(元)富大用:《古今事文类聚新集》,《景印文渊阁四库全书》本

(元)李存:《俟庵集》,《景印文渊阁四库全书》本

(元)柳贯:《待制集》,《景印文渊阁四库全书》本

（元）同恕：《榘庵集》，《景印文渊阁四库全书》本

（元）吴澄：《吴文正集》，《景印文渊阁四库全书》本

（明）曹于汴：《仰节堂集》，《景印文渊阁四库全书》本

（明）陈九川：《明水陈先生文集》，清抄本

（明）丁宾：《丁清惠公遗集》，崇祯十一年刊本

（明）董斯张：《广博物志》，《景印文渊阁四库全书》本

（明）范景文：《文忠集》，《景印文渊阁四库全书》本

（明）冯从吾：《冯恭定全书》，康熙刻本

（明）冯从吾：《关学编（附续编）》，中华书局，1987

（明）冯从吾：《少墟集》，《景印文渊阁四库全书》本

（明）高攀龙：《高子遗书》，《景印文渊阁四库全书》本

（明）耿定向：《耿天台先生文集》，《四库全书存目丛书》本

（明）顾宪成：《顾端文公遗书》，《四库全书存目丛书》本

（明）顾宪成：《泾皋藏稿》，明刻本

（明）郭汝霖：《石泉山房文集》，《四库全书存目丛书》本

（明）胡居仁：《胡文敬集》，《景印文渊阁四库全书》本

（明）胡俨：《颐庵文选》，《景印文渊阁四库全书》本

（明）胡直：《衡庐精舍续稿》，《景印文渊阁四库全书》本

（明）焦竑：《澹园集》，中华书局，1999

（明）李梦阳：《空同集》，《景印文渊阁四库全书》本

（明）刘孔当：《刘喜闻先生集》，《日本所藏稀见明人别集汇刊》本

（明）刘元卿：《刘聘君全集》，《四库全书存目丛书》本

（明）刘宗周：《刘戢山集》，《景印文渊阁四库全书》本

（明）刘宗周：《证人社约》，《丛书集成初编》本，商务印书馆

（明）吕柟：《泾野子内篇》，赵瑞民标点，中华书局，1992

（明）罗大竑：《紫原文集》，《四库禁毁书丛刊》本

（明）罗洪先：《罗洪先集》，徐儒宗整理，《阳明后学文献丛书》本，凤凰出版社，2007

（明）罗汝芳：《罗汝芳集》，方祖猷、梁一群、李庆龙等编校整理，《阳明后学文献丛书》本，凤凰出版社，2007

（明）罗汝芳：《盱坛直诠》，上海古籍出版社，2023

（明）孟化鲤：《孟云浦先生集》，《四库全书存目丛书》本

（明）倪元璐：《倪文贞集》，《景印文渊阁四库全书》本

（明）聂豹：《聂豹集》，吴可为编校整理，《阳明后学文献丛书》本，凤凰出版社，2007

（明）欧阳德：《欧阳德集》，陈永革编校整理，《阳明后学文献丛书》本，凤凰出版社，2007

（明）彭韶：《彭惠安集》，《景印文渊阁四库全书》本

（明）钱一本：《万历邸钞》，广陵古籍刻印社，1991

（明）沈德符：《万历野获编》，中华书局，1959

（明）沈懋学：《郊居遗稿》，万历三十二年刊本

（明）孙应奎：《燕诒录》，《四库全书存目丛书》本

（明）王艮：《重镌心斋王先生全集》，明刊本

（明）王艮：《明儒王心斋先生遗集》，袁承业编校本，1912

（明）王畿：《龙溪王先生全集》，道光二年刻本

（明）王畿：《王畿集》，吴震编校整理，《阳明后学文献丛书》本，凤凰出版社，2007

（明）王时槐：《塘南王先生友庆堂合稿》，《四库全书存目丛书》本

（明）王守仁：《王阳明全集》，吴光、钱明、董平、姚延福编校，上海古籍出版社，1992

（明）王祎：《王忠文集》，《景印文渊阁四库全书》本

（明）王直：《抑庵文集》，《景印文渊阁四库全书》本

（明）王宗沐：《敬所王先生集》，《四库全书存目丛书》本

（明）魏校：《庄渠遗书》，嘉靖刻本

（明）夏燮：《明通鉴》，中华书局，1959

（明）徐爱、钱德洪、董沄：《徐爱、钱德洪、董沄集》，钱明编校整理，《阳明后学文献丛书》本，凤凰出版社，2007

（明）徐榜：《白水质问》，《丛书集成新编》本

（明）徐一夔：《始丰稿》，《景印文渊阁四库全书》本

（明）许孚远：《大学述》，日本尊经阁文库藏万历二十二年序刊本

（明）颜钧：《颜钧集》，黄宣民点校，中国社会科学出版社，1996

（明）杨寅秋：《临皋文集》，《景印文渊阁四库全书》本

（明）尹台：《洞麓堂集》，《景印文渊阁四库全书》本

（明）余继登：《淡然轩集》，万历三十一年刻本

（明）余继登：《皇明典故纪闻》，书目文献出版社，1995

（明）湛若水：《湛甘泉先生文集》，康熙二十年刊本

（明）张居正：《张太岳文集》，万历四十年唐国达刻本

（明）郑善夫：《少谷集》，崇祯九年刻本

(明)郑岳:《山斋文集》,《景印文渊阁四库全书》本

(明)周汝登:《东越证学录》,《四库全书存目丛书》本

(明)祝世禄:《环碧斋尺牍》,万历刻本

(明)邹德涵:《邹聚所先生文集》,《四库全书存目丛书》本

(明)邹守益:《邹守益集》,董平编校整理,《阳明后学文献丛书》本,凤凰出版社,2007

(明)邹元标:《邹先生语义合编》,万历四十七年刻本

(明)邹元标:《愿学集》,《景印文渊阁四库全书》本

(清)陈鼎:《东林列传》,康熙十五年刻本

(清)陈宏绪:《江城名迹》,《景印文渊阁四库全书》本

(清)方苞:《望溪集》,《景印文渊阁四库全书》本

(清)顾炎武著,黄汝成集释《日知录集释》,岳麓书社,1994

(清)胡煦:《周易函书别集》,雍正刻本

(清)黄虞稷:《千顷堂书目》,《景印文渊阁四库全书》本

(清)黄宗羲:《明儒学案》,中华书局,1985

(清)沈佳:《明儒言行录》,《景印文渊阁四库全书》本

(清)施闰章:《学余堂文集》,《景印文渊阁四库全书》本

(清)汪琬:《尧峰文钞》,清抄本

(清)阎若璩:《潜邱札记》,乾隆九年刻本

(清)张廷玉等:《明史》,中华书局,1974

(清)张英等:《御定渊鉴类函》,《景印文渊阁四库全书》本

(清)朱彝尊:《曝书亭集》,《景印文渊阁四库全书》本

（清）庄廷鑵：《明史抄略》，《四部丛刊》本

"中研院"史语所校勘《明实录》，"中研院"，1962

四　今人著作

白新良：《中国古代书院发展史》，天津大学出版社，1995

陈宝良：《中国的社与会》，浙江人民出版社，1996

陈笃彬、苏黎明：《泉州古代书院》，齐鲁书社，2003

陈谷嘉、邓洪波编《中国书院史资料》（全三册），浙江教育出版社，1998

陈谷嘉、邓洪波：《中国书院制度研究》，浙江教育出版社，1997

陈来：《中国近世思想史研究》，商务印书馆，2003

陈时龙：《明代中晚期讲学运动（1522—1626）》，复旦大学出版社，2007

陈雯怡：《由官学到书院》，联经出版公司，2004

陈元晖、王炳照、尹德新：《中国古代的书院制度》，上海教育出版社，1981

邓洪波：《中国书院诗词》，湖南大学出版社，2002

邓洪波：《中国书院史》，武汉大学出版社，2012

邓洪波：《中国书院学规》，湖南大学出版社，2000

邓洪波：《中国书院楹联》，湖南大学出版社，1999

邓洪波：《中国书院章程》，湖南大学出版社，2000

邓志峰：《王学与晚明的师道复兴运动》，社会科学文献出版社，2004

丁刚、刘琪：《书院与中国文化》，上海教育出版社，1992

樊树志：《晚明史（1573—1644）》，复旦大学出版社，

2003

冯象钦、刘欣森：《湖南教育史（第一卷）》，岳麓书社，2008

郝万章：《程颢与大程书院》，中州古籍出版社，1993

何宗美：《明末清初文人结社研究》，南开大学出版社，2003

何宗美：《明末清初文人结社研究续编》，中华书局，2006

侯外庐等：《宋明理学史》，人民出版社，1987

胡青：《书院的社会功能及其文化特色》，湖北教育出版社，1996

胡昭曦：《四川书院史》，巴蜀书社，2000

湖南省书院研究会：《书院研究第一集》，湖南大学出版社，1988

湖南省书院研究会：《书院研究第二集》，湖南大学出版社，1989

季啸风主编《中国书院辞典》，浙江教育出版社，1996

李邦国：《朱熹和白鹿洞书院》，湖北教育出版社，1989

李兵：《书院与科举关系》，华中师范大学出版社，2005

李才栋、熊庆年：《白鹿洞书院碑记集》，江西教育出版社，1995

李才栋：《白鹿洞书院史略》，教育科学出版社，1989

李才栋：《江西古代书院研究》，江西教育出版社，1993

李才栋：《中国书院研究》，江西高校出版社，2005

李国钧主编《中国书院史》，湖南教育出版社，1994

刘伯骥：《广东书院制度》，"国立编译馆"中华丛书编审委员会，1978

刘卫东、高尚刚:《河南书院教育史》,中州古籍出版社,1991

刘勇:《中晚明士人的讲学活动与学派建构——以李材(1529—1607)为中心的研究》,商务印书馆,2015

吕妙芬:《阳明学士人社群:历史、思想与实践》,"中研院"近代史研究所,2003

彭国翔:《良知学的展开:王龙溪与中晚明的阳明学》,生活·读书·新知三联书店,2005

钱茂伟:《姚江书院派研究》,中国社会科学出版社,2005

钱穆:《国史大纲》(修订本),商务印书馆,1996

钱穆:《钱宾四先生全集》,联经出版公司,1998

秦家伦主编《王学之思:纪念王阳明贵阳"龙场悟道"490周年论文集》,贵州民族出版社,1999

盛朗西:《中国书院制度》,中华书局,1934

孙家骅、李科友:《白鹿洞书院碑刻摩崖选集》,北京燕山出版社,1994

孙彦民:《宋代书院制度之研究》,台湾政治大学教育研究所,1963

吴万居:《宋代书院与宋代学术之关系》,文史哲出版社,1991

吴宣德:《江右王学与明中后期江西教育发展》,江西教育出版社,1996

吴震:《明代知识界讲学活动系年:1522—1602》,学林出版社,2003

吴震:《阳明后学研究》,上海人民出版社,2003

解光宇:《新安理学论纲》,安徽大学出版社,2014

谢国桢：《明清之际党社运动考》，上海书店出版社，2006

徐林：《明代中晚期江南士人社会交往研究》，上海古籍出版社，2006

徐梓：《元代书院研究》，社会科学文献出版社，2000

杨布生：《岳麓书院山长考》，华东师范大学出版社，1986

杨布生等：《中国书院与传统文化》，湖南教育出版社，1992

杨金鑫：《朱熹与岳麓书院》，华东师范大学出版社，1986

杨慎初、朱汉民、邓洪波：《岳麓书院史略》，岳麓书社，1986

岳少峰：《关中书院与关中学派》，三秦出版社，2004

张正藩：《中国书院制度考略》，江苏教育出版社，1985

章柳泉：《中国书院史话》，教育科学出版社，1981

赵所生、薛正兴主编《中国历代书院志》（第九册），江苏教育出版社，1995

朱汉民、邓洪波、高峰煜：《长江流域的书院》，湖北教育出版社，2004

朱汉民：《湖湘学派与岳麓书院》，教育出版社，1991

朱汉民：《中国的书院》，商务印书馆，1993

朱文杰：《东林党史话》，华东师范大学出版社，1989

朱文杰：《东林书院与东林党》，中央编译出版社，1996

邹友兴：《丰城书院研究》，江西高校出版社，1998

〔日〕大久保英子『明清時代書院の研究』國書刊行會、1976

〔日〕冈田武彦：《王阳明与明末儒学》，吴光、钱明、屠承先译，上海古籍出版社，2000

339

〔日〕小野和子『明季黨社考——東林と復社』同朋舍、1996

〔日〕小野和子:《明季党社考》,李庆等译,上海古籍出版社,2006

〔韩〕丁淳睦:《韩国书院教育制度研究》,岭南大学出版部,1979。

〔韩〕丁淳睦:《中国书院制度》,文音社,1990

〔韩〕金相根:《韩国书院制度之研究》,台湾嘉新水泥公司文化基金会,1965

John Meskill, "Academies and Politics in the Ming Dynasty", Charles O. Hucker, *Chinese Gouernment in Ming Times: Seuen Studies*, New York and London: Columbia University Press, 1969, pp. 149-174

John Meskill, *Academies in Ming China: A Historical Essay*, Tucson, Arizona: The University of Arizona Press, 1982

五 论文

曹晔:《明代的理学讲会与地方礼教——以绍兴府为中心的考察》,《中国文化研究》2019年第4期

陈来:《明嘉靖时期王学知识人的会讲活动》,《中国学术》第4辑,商务印书馆,2000

陈时龙:《讲学与范俗:明代安福复真书院的讲学活动》,《井冈山大学学报》2018年第4期

邓洪波:《南宋书院与理学的一体化》,《湖南大学学报》2004年第5期

樊树志:《东林非党论》,《复旦学报》2001年第1期

樊树志:《东林书院的实态分析——"东林党"论质疑》,

《中国社会科学》2001年第2期

胡适:《书院制史略》,《东方杂志》第21卷第3期,1924

兰军:《联讲会,立书院:浙江阳明学讲会研究》,博士学位论文,湖南大学,2017

李才栋:《关于书院讲会与会讲的答问》,《教育参考》,1986

李才栋:《关于书院讲会的几个问题》,《中国书院》第四辑,湖南教育出版社,2002

李才栋:《关于书院讲会与会讲的再答问》,《教育史研究》1997年第4期

李才栋:《关于书院刻书与讲会等问题的一封信》,《教育史研究》2001年第2期

李庆:《"东林非党论"质疑》,《中国典籍与文化》2004年第3期

刘岐梅:《论张居正禁讲学》,《孔子研究》2004年第5期

刘少雪:《明代讲会与教化》,《华东师范大学学报》1995年第3期

柳光敏:《明代书院发展史研究》,博士学位论文,华东师范大学,2000

柳诒徵:《江苏书院志初稿》,《江苏省立国学图书馆年刊》第4期,1931

吕妙芬:《明代吉安府的阳明讲会活动》,《近代史研究所集刊》第35期,2001

吕妙芬:《明代宁国府的阳明讲会活动》,《新史学》第12卷第1期,2001

吕妙芬:《圣学教化的吊诡:对晚明阳明讲学的一些观察》,《近代史研究所集刊》第30期,1998

吕妙芬：《晚明江右阳明学者的地域认同与讲学风格》，《台大文史哲学报》第 56 期，2002

吕妙芬：《阳明讲学会》，《新史学》第 9 卷第 2 期，1998

吕妙芬：《阳明学派的构建与发展》，《清华学报》新 29 卷第 2 期，1999

吕妙芬：《阳明学者的讲会与友论》，《汉学研究》第 17 卷第 1 期

钱明：《中晚明的讲会运动与阳明学的庶民化》，《地方文化研究》2013 年第 3 期

乔清举：《甘泉文集考》，《中国哲学》第十七辑，岳麓书社，1996

瞿东林：《东林书院和东林党》，《文史知识》1984 年第 11 期

任冠文：《论张居正毁书院》，《晋阳学刊》1995 年第 5 期

任健：《明王国光〈司铨奏草〉研究》，硕士学位论文，山西大学，2010

彭勇：《明代中期社会改革的再探讨——兼以王国光的事迹为观察视角》，《西部史学》2019 年第 2 期

史明：《明末书院的创建与毁禁》，《齐鲁学刊》1996 年第 3 期

孙立天：《读 John Meskill 的〈明代书院：历史散论〉》，《中国书院》第 7 辑，湖南大学出版社，2006

王炳照：《古代书院的讲会制度》，《光明日报》1983 年 8 月 26 日

王琎、吕思为：《书院讲会的历史沿革及其启示》，《交通高教研究》2004 年第 6 期

王兰荫：《明代之社学》，《师大月刊》第 25 期，1936

吴景贤：《紫阳书院沿革考》，《学风》第 4 卷第 9 期，1934

吴宣德：《讲会定义献疑》，《教育史研究》2001 年第 4 期

杨金鑫：《朱张岳麓会讲考略》，《岳麓书院通讯》1984 年第 2 期

余英时：《从政治生态看朱熹学与阳明学的分歧》，《东亚文明研究通讯》第 6 期，2005

俞舒悦：《明代书院讲会的平民化传播研究》，硕士学位论文，广西大学，2019

张秉国：《"'东林非党论'质疑"的质疑》，《聊城大学学报》2006 年第 5 期

张兆裕：《万历初年的书院整顿探微：基于〈司铨奏草〉中相关资料的考察》，《明史研究论丛》第十六辑，中国社会科学出版社，2017

赵子富：《明代的书院》，《中国文化研究》1996 年夏之卷

朱文杰：《东林书院被毁经过》，《东南文化》1997 年第 3 期

后　记

　　本书由我 2007 年的同名博士论文修改而成，耗时近一年。修改工作主要集中在三个方面：一是梳理、排比、利用承担国社科重大项目"中国书院文献整理与研究"期间获取的相关资料，期待文献基础更为扎实；二是收集、整理、消化、接受十余年来国内外相关研究取得的成果，期待填平学术研究的时差断痕；三是以东亚书院与儒学的视域来观照明代书院讲会，开阔视野，开启跨界思维模式，期待修改后的作品，成为像样的国社科重大项目"东亚国家书院文献整理与研究"的阶段性研究成果。

　　书稿虽然已经完成，但我对明代书院讲会的关注，始于 20 世纪八九十年代，基于书院与学术一体化的整体考量。在书院千余年的发展史上，明代承先启后，地位十分重要。"联讲会，立书院，相望于远近"，是明代书院生存状态最真实的写照，而讲会则是明代书院最显著的特点。讲会既是学术传播的载体，亦是思想交锋的平台，更是社会变迁的缩影。本书以讲会为切入点，试图通过实证与理论的双重维度，重构明代书院的历史谱系，揭示其与学术、政治、地方社会的复杂关联。如今书稿完成，虽自知疏漏难免，然亦愿略述研究心路，以志其缘起、方法与未尽之意。

　　研究之初，面临的最大挑战在于如何厘清"讲会"与"会

后 记

讲"之异同。前贤如胡适、吴景贤、钱穆等先生已就此展开讨论，或视讲会为书院之灵魂，或将其与书院分置不同路径。但明代文献中，"会讲""讲会"常混用互训，其义交叠。本书通过大量文集、方志，尤其是书院志、会语、会录、会纪、会记、会约、会规、会条、会引、会籍、会序等一手资料的梳理，提出"讲会"一词应取广义，即泛指书院所举之会，涵盖学术讨论、教学交流、平民教化等多元形态。同时，首次将明代书院讲会分梳为学术型、教学型、教化型三个系统，分别指向学人、生徒、平民群体。这一分类虽属尝试，然希冀为后续研究提供基础框架。

实证研究是本书的重要方法。通过统计全国八十余所书院讲会的活动记录，结合分省、分朝数据，揭示出明代书院讲会的分布规律与发展轨迹。例如，嘉靖至万历年间，王门、湛门学者以"联讲会，立书院"为号召，形成诸如宁国水西会、徽州六邑大会、江右惜阴会、江（西）浙（江）大会等跨地域的讲会网络。此类讲会不仅突破书院围墙，更通过"轮会""联属大会"等组织形式，由家而乡，由乡而县，由县而府，由府而省，甚至跨越行省边界，促成地域文化的同质化。又如东林书院由学术组织演化为政治社团的过程，则凸显了讲会与专制政治的紧张关系，最终招致明季三毁书院的劫难。这些结论的得出，皆建立在大量个案分析与数据支撑之上。

本书亦试图突破传统书院史研究的界限，将讲会置于学术思想史、社会文化史、政治史的多重视野下考察。例如，王阳明"以讲为学"的实践，不仅重塑了书院讲学的范式，更催生了"会讲四方"的士人群体；泰州学派"百姓日用之学"的平民化传播，则反映了儒学诠释的下移与地方教化的深化；而晚明东林讲会"由会而党"的转向，揭示了学术自由与政治干预的永恒矛盾。这些议题的讨论，既得益于吕妙芬、陈来、吴震、

345

陈时龙等学者的启发，更有在既有研究基础上提出新见的意图。

然而，研究过程中亦深感局限。首先，明代讲会史料虽丰，但散见于府州县志、书院志、文集、会语之中，且多集中于名儒大家的活动记录，基层书院与地方性讲会的细节仍显模糊。例如，教化型讲会如何具体影响民俗？边陲书院讲会的运作机制与中原有何差异？此类问题尚需更多田野调查与民间文献的发掘。其次，本书对讲会与科举之学的关联虽有涉及，但未能深入剖析其知识体系与传统儒学的关系。科举之会长期遭学界轻视，然其作为文化传承的重要载体，实有再评价之必要。最后，海外书院讲会的比较研究虽有涉及，但有待拓展与深入，东国朝鲜、东洋日本等地书院对明代讲会模式的吸收与变异，或可为后续研究提供新视角，开辟新领域。

本书的完成，离不开诸多师友的襄助。当年博士论文有一段几百字的致谢词，谨移录于下，以致鸣谢。

2004年9月，在到千年学府岳麓书院工作二十年又二个月的时候，我以教授之身成为在职博士生。如今，年近五十，学位论文总算完成，这段学习生活可以顺利地划上句号了。

回想这段可以称奇的人生经历，感慨良多，感恩更多。

导师朱汉民教授是现任岳麓书院山长，情在师友之间，尤其是这三年半，从论题的选定，到论文的谋篇布局和修改，多有指点与启导；书院同事陈戍国教授、张松辉教授、陈先初教授、章启辉教授、肖永明教授等在论文开题和写作中提出建设性意见；同学张国骥教授、龚抗云教授等，在学习过程中，互相勉励，相互启发；书院的其他老师，以及办公室、教务办和资料室等同仁提供了各种方便，在此一并表示衷心的感谢！

| 后 记 |

感谢论文评审与答辩专家南开大学的白新良教授、北京师范大学的王炳照教授、厦门大学的刘海峰教授、湖南省社科院的王兴国教授、湘潭大学的郭汉民教授和刘启良教授、本院的姜广辉教授等，感谢他们的中肯评价和宝贵意见；感谢同事杨代春教授承担答辩秘书工作；感谢学生谢丰、彭爱华一起讨论论文，王胜军、陈吉良、周文娟等帮忙校对。

感谢杨慎初教授、陈谷嘉教授这两位岳麓书院的老山长扶持与见证我在书院研究领域的开拓与成长；感谢美国纽约市立大学李弘祺教授长久以来对我研究书院的提携与支持；感谢近年来韩国国民大学校郑万祚教授、岭南大学校李树焕教授、日本福冈教育大学鹤成久章教授对我研究东亚书院的支持与帮助。

时光飞逝，上列名单中陈戍国、王炳照、郭汉民、杨慎初等四位前辈已经位列仙班，令人感伤，更生感怀、感念与感激。

本书的修改、出版，要感谢霍兴聪、梁天麒两位博士的协助，感谢院领导的资助，感谢社会科学文献出版社赵晨、窦知远两位编辑的悉心尽责。

明代书院讲会的研究，不仅是对一段历史的回溯，更是对文化传承机制的反思。讲会所承载的自由讲学精神、地方文化建构意识、学术与政治的张力，至今仍有启示意义。学海无涯，本书仅为抛砖引玉之作，疏漏之处，恳请方家不吝指正。若能引发学界对书院讲会的进一步关注，则幸甚至哉。

邓洪波
2024 年 12 月 21 日于岳麓书院胜利斋

图书在版编目（CIP）数据

明代书院讲会研究／邓洪波著．--北京：社会科学文献出版社，2025.3．--（岳麓书院学术文库）．
ISBN 978-7-5228-4950-8

Ⅰ．G649.299

中国国家版本馆 CIP 数据核字第 2024NX8913 号

·岳麓书院学术文库·
明代书院讲会研究

著　　者／邓洪波

出 版 人／冀祥德
责任编辑／赵　晨
文稿编辑／窦知远
责任印制／岳　阳

出　　版／社会科学文献出版社·历史学分社（010）59367256
　　　　　地址：北京市北三环中路甲29号院华龙大厦
　　　　　邮编：100029
　　　　　网址：www.ssap.com.cn

发　　行／社会科学文献出版社（010）59367028

印　　装／北京联兴盛业印刷股份有限公司

规　　格／开　本：889mm×1194mm　1/32
　　　　　印　张：11.125　字　数：267千字

版　　次／2025年3月第1版　2025年3月第1次印刷

书　　号／ISBN 978-7-5228-4950-8

定　　价／89.00元

读者服务电话：4008918866

版权所有 翻印必究